Ellas
sí pueden

DOUGLAS CAMARILLO, PHD.

— • —

Pastor de la Iglesia El Rey Jesús, Texas
©Segunda Edición - 2023

sí pueden

Segunda edición 2023

Primera publicación original de
Page Publishing 2021

Segunda publicación original de
MMC EDITORIAL GROUP
Dirección: 6413 Bandera Rd, San Antonio TX, 78238
Instagram y Facebook: mmceditorialgroup
Email: info@mmceditorialgroup.com
Página Web: mmceditorialgroup.com

Contactos autor:
info@douglascamarillo.com

Douglas Camarillo

Página web: www.douglascamarillo.com

Libro impreso en Los Estados Unidos de América

Categoría: Vida Cristina

- CONTENIDO -

- AGRADECIMIENTO -

Al único y sabio Dios, al creador de todo lo que existe, al hacedor de voluntades. Al que puso en mí el querer y el hacer para no desfallecer en los ocho largos años que duré estudiando, orando, intercediendo e investigando, para lograr esta bendición de libro que hoy les presento. A Él mi más grande y único agradecimiento!

- INTRODUCCIÓN -

Esta convicción del apóstol se confirma en varios pasajes de sus Cartas Pablo recomendó a Febe como "Ministro" (el término griego es "diácono", pero aún no tiene el sentido técnico del diácono actual) de la Iglesia del Cencrea. Los saludos personales que el apóstol envía a través de sus escritos atestiguan el importante papel que las mujeres tienen en las iglesias fundadas por él, y aunque luego nos adentraremos y haremos una evaluación seria de la reflexión del apóstol Pablo sobre la Iglesia y la participación o actividad femenina en el liderazgo primigenio; podemos afirmar con seguridad, que es un problema de desconocimiento bíblico, el admitir la posibilidad de alguna negación al ministerio de las mujeres en el cuerpo de Cristo.

Hagamos una breve síntesis como aperitivo de lo que está por venir, de dos de los tantos ejemplos que citaremos y desarrollaremos a lo largo de este libro. Por ejemplo, alguno podría estar pensando: «Todo esto está muy bien pastor, suena excelente, pero cómo me podría explicar lo dicho por Pablo que la mujer aprenda en silencio, y que no permite a la mujer enseñar, ni ejercer dominio sobre el hombre, sino estar en silencio».

Lo primero que deseo dejar claro es que la palabra mujer tiene que entenderse, tal y como Pablo la mencionó en 1 Timoteo 2:11–12, teniendo en cuenta el contexto de toda la carta en sí misma. Él le habla a la mujer como mujer casada Guné[27] y no como una mujer en general. Pablo dice claramente que para las solteras no tiene ningún mandamiento de parte del Señor (1 Corintios 7:25), y que únicamente lo que escribe es para mujer y hombre casados, y siervos del ministerio. Esto lo profundizaremos más adelante en el capítulo 4: "Pablo Versus Pablo".

Por otro lado, tenemos lo escrito en Romanos 16:7, allí Pablo alaba a una mujer llamada Junia. En algunas traducciones modernas, su nombre se transcribe tan masculino como Giunio, Giunius, o Junias, pero ningún comentarista antes del siglo XIII ha cuestionado si este apóstol era una mujer. Juan Crisóstomo, arzobispo católico de Constantinopla (349– 407 d. C.), escribió de Romanos 16: 7: "¡Oh, cuán grande es la devoción de esta mujer al punto de ser digna de ser llamada apóstol!".

Este testimonio unánime por más de un milenio ha permanecido hasta el período de la Iglesia medieval. La razón de esta evidencia es simple: todos los manuscritos griegos y latinos llevan el nombre del apóstol Junia o Julia, ambos femeninos y comunes en el griego antiguo, mientras que las alternativas al masculino, sugeridas por los comentaristas modernos, son nombres romanos y no están respaldados por evidencia en ningún manuscrito.

Bernadette Brooten[64] escribió sobre el hipotético nombre de Giunias, el masculino de Junia, "¿Qué podría decir un erudito moderno sobre Giunias? Solo esto: no está atestiguando ninguna referencia en la literatura antigua, solo ha citado a quienes proponen la hipótesis de Giunias". Tenga en cuenta que Brooten no solo está hablando de este nombre en los manuscritos del Nuevo Testamento, sino de todos los manuscritos seculares o sagrados griegos o latinos antiguos.

¿Qué significa que en Romanos 16, Pablo comenta sobre una mujer apóstol?, significa que los traductores que encontraron el nombre de una mujer apóstol inaceptable, lo sustituyeron con el nombre masculino de Junias, y reemplazaron la palabra de Dios con la suya; seguramente influenciados por la misoginia[8] y el androcentrismo[41] reinante en la época.

A veces olvidamos que los primeros cristianos bajo la Roma pagana sufrieron para proclamar a Cristo como Señor. Para Giunia y Andrónico (su esposo, además), ser apóstoles no era un motivo de privilegio sino de prisión. Pablo se llama a sí mismo como el último de los apóstoles, no digno de ser llamado apóstol porque persiguió a la Iglesia, pero llama a Giunia: "Relevante y mayor entre los apóstoles". Sería bueno saber más sobre Andrónico y Junia y la fundación de la Iglesia en Roma, pero este grupo de creyentes fue acosado durante la persecución de Nerón y su historia murió con ellos.

A diferencia de muchas Iglesias hoy, la primera Iglesia honró el ministerio de mujeres que Dios había dado. Aquellos que quieran disminuir la contribución de Junia deben recordar que Pablo no se refiere a ella como el menor de los apóstoles, sino que, por el contrario, la elogia como mayor. Antes de la Reforma Protestante casi todas las mujeres participaban, de diversas maneras, en las actividades económicas de la ciudad. Sin embargo, su intervención en la vida pública era escasa o nula, y su nivel de alfabetización era bajo, aunque gracias a la naciente difusión de obras impresas, la alfabetización aumentó.

La relación de las mujeres con la religión y la fe, era generalmente de carácter privado, o confiada a la organización familiar. En este contexto, la Reforma intervino como un elemento nuevo y disruptivo, porque colocó la Biblia en manos de todos, entre esos todos, se encontraban las mujeres. La literatura calvinista de hecho propuso una nueva imagen de un buen cristiano: tenía que ser simple y puro, pero también debía conocer la Biblia lo suficiente como para poder ganar una confrontación con los sacerdotes tradicionales. En realidad, las mujeres en ese tiempo estaban liberando sus almas de satanás, de la opresión y dominio de los sacerdotes y los doctores en teología, del poder e injusticia de la Iglesia tradicional de esa época.

Ahora bien, las mujeres sobre las que escribo en este libro son seres humanos comunes que existieron y tuvieron participación, o que existen hoy y están activas luchando por ser reconocidas. Sus historias y testimonios son una representación de cómo es, o cómo fue la vida para ellas en lo personal, familiar y ministerial.

Créame, no he escrito nada más de lo que me fue revelado y permitido por el Espíritu Santo, al investigar y aprender a lo largo de ocho años de exploración, oración, e intimidad con el Señor, en el proceso de realización de este libro. No he convertido, ni mucho menos es mi intención, presentar a nadie como superhéroe, o fuera de serie. Solamente he tratado de reflejar sus luchas, lágrimas y sonrisas, sus éxitos y sus fracasos, sus alcances y abandonos. A todas, incluso a las que he citado de la Biblia, de seguro las engañaron en algún momento, les mintieron, las calumniaron, las traicionaron, las decepcionaron, pero seguro estoy que también las honraron, amaron y apoyaron. En todo esto, para mí lo más importante es el honor y gran privilegio que me da el Señor de escribir esto, y el gran deseo que tengo de exponer su palabra con respeto y dedicación, al hablar de ellas de la forma más clara, abierta y radical, de lo que jamás lo hubiese hecho.

Intento que usted al leer experimente e imagine los hechos y evidencias presentados en este libro, y tenga una experiencia inmersiva en las profundidades de la voluntad de Dios, su palabra y sus revelaciones; y en las experiencias que cada una de estas grandes mujeres tuvo y tendrá. ¡Realmente espero lo disfrute!

Douglas Camarillo, PhD. Pastor El Rey Jesús, TexasEs decir, que es la predicación y la enseñanza de la Palabra con revelación del Espíritu Santo lo que permite que Dios se manifieste de manera continua y poderosa en esa área. Por ende, no podemos ignorar este tema, o permanecer encajonados en mentalidades pecaminosas de nuestra cultura o parecer carnal. Es por ello que en estos últimos tiempos Dios está desatando revelación fresca y así restaurando todas las cosas a su intención original. Ya es hora que las mujeres sean empoderadas para que también ellas se levanten en su llamado y propósito, ya que Dios creó a los dos sexos para que juntos gobernemos y expandamos el Reino de Dios.

Este libro nuevo "Ellas sí pueden" ayudará al lector a entender todo lo anterior, y además a tener la firme convicción que cuando se permite la deshonra y el desprecio a la mujer, el Espíritu Santo se contrista, el diablo gana ventaja y el Reino no avanza como pudiera. La Palabra deja muy claro que Dios creó al ser humano a su imagen y semejanza; nos hizo varón y mujer conforme a Su perfecta voluntad. Cuando valoremos a la mujer como es debido sin verla como inferior o menos importante en nuestras vidas, familias y ministerios podremos experimentar la plenitud de Dios y formaremos parte del movimiento de la gloria de Dios que está invadiendo la tierra.

Apóstol Guillermo Maldonado, pastor fundador y principal del Ministerio Internacional El Rey Jesús, Miami, FL

– UNO –

DETALLES RELEVANTES

"Ana es una joven soltera que, literalmente, nació en la iglesia y fue criada con los más altos principios familiares, de buena conducta, pureza y santidad, que al ir creciendo, corriendo y jugando por entre los pasillos de la iglesia, y oyendo al pastor predicar y ministrar a lo largo de sermones que muchas veces le aburrieron o le parecieron cansones, pero que la mayoría de ellos le ministraron y llegaron a tocar las más profundas fibras de su corazón, siente gran pasión por enseñar, ministrar y predicar el poder de Dios, a todo el que la rodea".

"Por lo cual, ella se acerca a su pastor, en uno de los momentos más cruciales en su vida como hija de Dios. Aquel pastor que tantas veces y que, a lo largo de los años, vio fluyendo en el poder sobrenatural de Dios, aquel poder que la hizo enamorarse de su presencia y que la llevó a experimentar las grandes manifestaciones de su amor, poder, autoridad y gloria, para buscar asesoría sobre cómo puede encaminarse en el llamado que Dios tiene para ella dentro de la Iglesia, y que siente como un gran estallar dentro de su corazón. Un llamado que la consume y la impulsa a hacer cosas que salen de los más recónditos lugares de su espíritu, alma y cuerpo".

"Pero ella no está preparada a esa edad para comprender las respuestas y explicaciones que le fueron dadas. Se encuentra muy confundida y decepcionada cuando el pastor Juan le dice, que, aunque sabe que ella ama a Dios, enseña bien, habla de la palabra con pasión, y que es comprometida con lo que hace y cree, no puede darle la oportunidad de desarrollar esto dentro de la iglesia porque es mujer. Ana se va llorando a su casa, muy sorprendida y desilusionada, mientras se pregunta: ¿Por qué puso Dios en ella estos sentires, dones y deseos, si jamás podría usarlos solo debido a su género? Por otro lado, el pastor Juan queda muy pensativo y cabizbajo porque él ha visto a Ana crecer espiritualmente, conoce su corazón y sabe que ella tiene el potencial para hacer esto que le explicaba. Él mismo quisiera guiarla en su llamado pastoral, pero no quiere desobedecer a Dios y menos enfrentarse a sus autoridades y a todo el concilio y congregación. Finalmente, se convence que hizo lo correcto, Ana entenderá con el tiempo que no es una decisión de él, sino de Dios, porque así Él lo dispuso en su palabra".

Tal vez no hay tema más debatido en la Iglesia de hoy, del que las mujeres sirvan en el ministerio como pastor, que sean predicadoras, o que estén en autoridad sobre los hombres. Gran parte de la Iglesia se ha negado a reconocer los dones de sus miembros femeninos y tiene, podríamos afirmar, una violación directa al mandamiento de Dios a través de Pablo en 1 de Tesalonicenses 5:19, donde nos dice: "No apaguéis al Espíritu". Como resultado de esta violación, muchos dones y regalos de Dios a las personas, han permanecido en estado latente, han estado siendo detenidos por satanás a través del legalismo y la religión, o se han ido intactos a la tumba, mientras millones de personas van pereciendo sin Cristo, y la Iglesia ha languidecido en derrotas discutiendo y parando el llamado de muchos, por ejemplo, el de las mujeres.

La gran comisión no se ha cumplido completamente y la venida del Señor es inminente, hay muchas señales que así lo afirman. Por lo tanto, es hora que la Iglesia permita que los dones dados por Dios a través del Espíritu Santo a quien Él lo desea, estén por encima y superen la tradición religiosa que la Iglesia quiere imponer, para determinar quién debe funcionar como un apóstol, profeta, evangelista, pastor, maestro o predicador del evangelio. Es tiempo de dejar a Dios ser Dios, ya que Él es soberano y no existe quien pueda encasillarlo o encerrarlo en las cuatro paredes finitas de su mente, su conocimiento, su pensamiento, ministerio, o Iglesia.

Isaías 55:8

"Porque mis pensamientos no son vuestros pensamientos, ni vuestros caminos mis caminos, dijo Jehová".

Joel 2:28

"Y después de esto derramaré mi Espíritu sobre toda carne, y profetizarán vuestros hijos y vuestras hijas; vuestros ancianos soñarán sueños, y vuestros jóvenes verán visiones".

Este es un tiempo en que Dios está derramando su Espíritu sobre toda carne. Es un momento en que sus hijos e hijas están profetizando, predicando, enseñando y ministrando, las buenas nuevas del Reino de Dios aquí en la tierra, por todas partes. No pares la obra de Dios entre las mujeres que te rodean, más bien apóyalas y descubre el llamado que hay en sus vidas. Eso te valida como un líder obediente a tu Señor y te hace un verdadero padre espiritual que cuida que todas sus ovejas lleguen y desarrollen su llamado en Dios. Más que un muy importante título que tengas como pastor de la iglesia local, profeta, o apóstol de las naciones.

Históricamente el liderazgo de los hombres es preeminente en la Iglesia de estos tiempos, por el hecho de ser ellos los que aparecen más en los textos del nuevo testamento. Los conocemos por sus nombres y por sus acciones. Las mujeres aparecen menos y pocas se mencionan por su nombre. Además, en algunas de las cartas encontramos declaraciones en contra de su liderazgo, y en otras se ponen a las mujeres en una posición subordinada. Sin embargo, sabemos sin lugar a dudas, que un gran número de mujeres líderes tuvieron papeles protagónicos en el ministerio de Jesús y en la Iglesia primitiva, de seguro eso fue más real de lo que podíamos leer o imaginar. Pero para llegar a esta firme declaración, la lectura de la Biblia, debe ser meticulosa y profunda, utilizando la "hermenéutica de la sospecha", ya que normalmente solo usamos la "exégesis del silencio", como cualquiera popularmente la pudiera mencionar.

Una de las claves para entender mejor el liderazgo de las mujeres en el Nuevo Testamento, es observar cómo varía su participación en los diferentes períodos de los orígenes del cristianismo. Esto permite no solo verlas en cada etapa, sino también comprender por qué en algunos textos, las mujeres son aceptadas como líderes y en otros fueron excluidas deliberadamente al traducir los originales.

Tradicionalmente existen tres períodos distintos en los orígenes del cristianismo:

1. El período del ministerio de Jesús, que incluye su ministerio en Galilea y Jerusalén.

2. El período apostólico, es decir la expansión del evangelio por los apóstoles, (30–70 d. C.).

3. El período post-apostólico, el de la Iglesia primitiva (70-110

d. C.), durante el cual los seguidores de Jesús han salido de las sinagogas y han fundado la comunidad cristiana naciente, conocida comúnmente como la Iglesia primitiva. Es la fase en la que comienza la institucionalización de la Iglesia, hacia el final del primer siglo y comienzo del segundo.

Los acontecimientos del primer período, los leemos en los cuatro Evangelios; los del segundo período en las siete cartas auténticas de Pablo[1] y en los Hechos de los Apóstoles, y los acontecimientos del tercer período los encontramos en el resto de la literatura bíblica del Nuevo Testamento. Antes de adentrarnos a estudiar cada período por separado, es importante distinguir entre los propios eventos y los escritos que registran estos eventos, ya que a excepción de las siete cartas auténticas de Pablo[1] y el documento Q[2], todos los escritos fueron formados en período post–apostólico, hacia los años que van desde el 68 al 110 d. C.

Del tiempo que Jesús estuvo entre nosotros no existe hasta el momento ninguna carta o libro datado en esa fecha. Hasta ahora no se ha conocido ningún escrito atribuible a esa época del cristianismo naciente. Los evangelios que narran la vida de Jesús fueron escritos entre el año 68 y el 100 d. C. Y por eso, cuando leemos un libro, el Evangelio de Juan y los Hechos de los Apóstoles, por ejemplo, hay que tener en cuenta que, a pesar de los acontecimientos narrativos de Jesús según Juan, o de los tiempos apostólicos según el libro de los Hechos, el contexto en el que fueron escritos es el de la era post–apostólica. Esto es significativo conocerlo porque hacia el final del tercer período del cristianismo naciente, hubo una fuerte tendencia de la exclusión de las mujeres y la resistencia contra ellas y su liderazgo; por ser una época fuertemente marcada por el androcentrismo[3].

Las mujeres durante el movimiento de Jesús

En tiempos de Jesús, la presencia de las mujeres como parte del movimiento era fuerte. El hecho que hay pocos nombres de las mujeres reseñados en los evangelios, no indica necesariamente que las mujeres líderes del movimiento eran pocas. Esta sería la celebración de una lectura fácil y superficial. Por lo tanto, además de la importancia de la visualización del componente femenino cuando hablamos con la gente en términos generales (ellos, los otros, los hermanos, el hombre, etcétera), hay que mirar con cuidado cada vez que se menciona el nombre o la acción de una mujer, para destacar algún hecho bíblico. Esto significa que el evento en relación con esta mujer o estas mujeres era tan supremamente importante, que al autor no le quedó otra opción y se vio obligado a incluirlo.

Si nos centramos exclusivamente en textos de la mujer cuyo nombre se menciona, solo María Magdalena aparece con frecuencia, lo que la abandera como un gran líder del primigenio movimiento cristiano. Pero buscar nombres de las mujeres no es la mejor manera de afirmar su liderazgo. Hay que reconocer que, en este período, los nombres que encontramos son pocos. Un principal argumento, para decir que había varias mujeres en el movimiento de Jesús, es la de su mención en el final de los evangelios sinópticos. Las mujeres en los tres evangelios aparecen como testigos de la crucifixión, sepultura, resurrección y apariciones. Algunas de ellos se mencionan por su nombre, pero esto no es lo más importante, sino el hecho que había muchas mujeres que habían venido con Jesús a Jerusalén, desde Galilea. Marcos, el primer Evangelio, escrito alrededor de los años setenta del siglo primero, registra en 15:40–41 que: **"...también había algunas mujeres mirando desde lejos, entre las cuales estaban María Magdalena, María la madre de Jacobo el menor y de José, y Salomé, quienes, cuando él estaba en Galilea, le seguían y le servían..."**. Aunque no es el deseo de hacer esto en esta introducción, ya que en los capítulos por venir lo explicamos profunda y claramente, se hace importante analizar estas palabras, veamos el significado de "le seguían", es la palabra Akoloudséo[4], significa: Estar en el mismo camino, acompañar como discípulo; "le servían", diaconéo[5], actuar como diácono, ministrar, administrar y servir. "Seguir", Akoloudséo[4] y servir diaconéo[5] en griego son palabras importantes en el vocabulario teológico del nuevo testamento.

Mujeres líderes en el período apostólico

Después de la partida de Jesús, según Lucas, los apóstoles pudieron ser hombres y mujeres, a ambos se les da la responsabilidad para realizar la tarea de ser sus testigos en Jerusalén, Judea, Samaria y fuera de Palestina: en Asia Menor y hasta Roma. El libro de los Hechos, escrito alrededor del año 85 d. C., básicamente, narra la historia de Pedro, Pablo y los otros apóstoles y discípulos que participaron en este tiempo. Pero hay que leer entre las líneas que se dieron de los hechos narrados, por ejemplo, en relación con Priscila, Lidia, Tabita, la madre de Juan Marcos y otras mujeres, cuya presencia se ve disminuida por idiomas y cultura androcéntrica y patriarcal.

Analicemos por un momento uno de los fenómenos del lenguaje que oculta las mujeres, el androcentrismo[3] del primer siglo, por ejemplo: Veamos la visita de Pablo en Atenas: Pablo comienza su discurso ante el Areópago y dijo: **"Varones atenienses", (Hechos 17:22). Los lectores pensarán inmediatamente que estaban presentes filósofos únicamente masculinos, sin embargo, al leer el contexto de esa afirmación, leemos en Hechos 17:34 que había también mujeres, ya que el texto señala que: "...una mujer llamada Dámaris y otros entre ellos", se unieron al movimiento de los apóstoles. El hecho que el nombre de Dámaris aparezca mencionado la hace aparecer y relucir por sobre los demás, y la hace una mujer muy importante; Pero también existe la posibilidad que otras mujeres incluidas en la expresión: "Y otros entre ellos".**

Un dato digno de ser considerado es la creación de comunidades cristianas en las casas de familia. Sabemos que, en este espacio durante los tres primeros siglos se reunieron las primeras comunidades cristianas, donde la mujer tenía una más importante exposición que en los espacios públicos. En el conjunto de la ciudad no tuvo lugar porque era la ciudad, en la casa, sin embargo, sí se reunían. Siempre estaban presentes y no pocas veces como líderes. Por otro lado, varios textos dicen que los hombres y las mujeres fueron encarcelados por su fe. Pablo mismo dice que los pusieron en la cárcel, hombres y mujeres: Hechos 8:3: "Y Saulo asolaba la iglesia, y entrando casa por casa, arrastraba a hombres y a mujeres, y los entregaba en la cárcel", pero entonces se unieron al movimiento, compartieron la prisión con sus compañeros: Romanos 16:7: **"Saludad a Andrónico y a Junia, mis parientes y mis compañeros de prisiones, los cuales son**

muy estimados entre los apóstoles, y que también fueron antes de mí en Cristo".

Como menos importante, leemos la historia de Tabita o Dorcas: Hechos 9:36–41:

> **"Había entonces en Jope una discípula llamada Tabita, que traducido quiere decir, Dorcas. Esta abundaba en buenas obras y en limosnas que hacía. Y aconteció que en aquellos días enfermó y murió. Después de lavada, la pusieron en una sala. Y como Lida estaba cerca de Jope, los discípulos, oyendo que Pedro estaba allí, le enviaron dos hombres, a rogarle: No tardes en venir a nosotros. Levantándose entonces Pedro, fue con ellos; y cuando llegó, le llevaron a la sala, donde le rodearon todas las viudas, llorando y mostrando las túnicas y los vestidos que Dorcas hacía cuando estaba con ellas. Entonces, sacando a todos, Pedro se puso de rodillas y oró; y volviéndose al cuerpo, dijo: Tabita, levántate. Y ella abrió los ojos, y al ver a Pedro, se incorporó. Y él, dándole la mano, la levantó; entonces, llamando a los santos y a las viudas, la presentó viva"**

Esta historia, sin embargo, se tiene que volver a leer con cuidado, porque solo leemos el milagro de Pedro en la resurrección de Tabita, y no la vida de Tabita. Pero el texto es claro cuando dice que es un discípulo madsétria[6] solidario. Ser un discípulo solidario significa que era un maestro y que fue en predicación misionera, además de ser una mujer que dio respaldo a los pobres.

Los saludos a las mujeres en Romanos 16:1–16 son una verdadera joya que ayuda a identificar los nombres, la dirección y el número abundante de las mujeres, muchas de ellas como compañeras de lucha y cárcel. Aquí Pablo saluda a diez mujeres y dieciocho hombres; y, de las diez mencionadas, ocho son llamadas por su nombre. Si Pablo puede hablar de las mujeres por su nombre, significa que él conocía muy bien a las mismas, y también que se trataba de mujeres que se habían dado a conocer con él en algunas actividades. Entre las diez mujeres, destacan tres: Febe, diaconisa y benefactor; Priscilla, compañera de trabajo, y Junia, un posible apóstol mujer que, junto con su esposo Andrónico, pasaron tiempo en la cárcel compartido con él. Podemos dar por sentado que en este período también hubo tensiones sobre el liderazgo de las mujeres. Un conflicto con Pablo que observamos claramente, sucedió en la comunidad de Corinto (1 Corintios 14:34). Esto está claramente analizado más adelante.

Mujeres líderes en el período post–apostólico

Podemos observar en el Nuevo Testamento y los escritos bíblicos. Dos de los escritos del Nuevo Testamento han nacido más o menos de la misma edad: el Evangelio de Juan, en el que las mujeres se presentan de una manera muy positiva, como líderes, maestros y evangelistas, y epístolas pastorales como las de: 1 Timoteo y Tito, en el que la mujer es fuertemente atacada o censurada en su participación. La ideología de la sociedad romana vio una mala señal en el hecho que las mujeres no se sometieran a los hombres, en particular, al padre de familia, quien es el jefe de la casa. Los códigos de las casas, que leemos en Aristóteles, están avalados por la ideología de la sociedad romana. Y, aunque en la práctica no sucedió exactamente, se aceptó como la esposa ideal, niños, esclavos, todos debían someterse al padre de la casa. Así durante este período, el código de la casa de la familia ideal de la sociedad romana, se estaba empezando a introducir en las comunidades cristianas.

En las cartas se hizo hincapié en la reciprocidad, como en Efesios, Colosenses y primera de Pedro, aunque las esposas deben estar subordinadas a sus maridos, esto es de forma amorosa. Pero en otros textos bíblicos son más duros contra la mujer y no aparece reciprocidad. En la primera carta a Timoteo, hay varios códigos similares que aparecen en forma dispersa, sin una pizca de reciprocidad, muy aparte del verdadero análisis del uso y significado de las palabras del griego usadas por Pablo: En el capítulo 2:11, **"La mujer aprenda en silencio, con toda sujeción".** En 3:4 los niños deben obedecer y punto, y los esclavos deben simplemente servir y honrar sus maestros 6:1. Esta carta a Timoteo fue escrita a finales del siglo primero o a comienzos del segundo, donde se ve claramente una fuerte tendencia a la institucionalización de la Iglesia primitiva. Se promovió un fuerte movimiento por establecer los códigos de la casa de la sociedad romana, donde se espera que la Iglesia, como la casa de Dios, se adapte a estos parámetros del comportamiento humano.

Incluso dentro de la comunidad cristiana, había serios conflictos de clase. Es un momento en que la ekklesía[7] tiende a institucionalizarse para establecer sus fronteras, para limitar las inversiones y para excluir a las personas según las tablas de valores del momento; tanto por su especie y pensamiento, como líderes en este período, así como por los parámetros establecidos que ya habían penetrado la Iglesia primigenia. En consecuencia, como resultado de esta institucionalización y la influencia de la sociedad romana patriarcal, las mujeres estaban empezando a ser excluidas como dirigentes de las comunidades eclesiales en el segundo siglo; todo esto sin mencionar la fuerte influencia de la misoginia[8] establecida como norma de la sociedad en la época en que fue traducida la Biblia, después que se sucedió el gran sismo de occidente, con la separación de Martín Lutero, de la Iglesia tradicional.

No hay duda que las mujeres eran líderes importantes en los orígenes del cristianismo. Los mismos textos bíblicos dan testimonio de este hecho, a veces explícita y otras veces no tanto. La aplicación de una "hermenéutica de la sospecha" ayuda a ver cómo pudo ser oscurecida por un determinado idioma y liderazgo reinante en la época.

No hay duda que, por diferentes motivos, en su mayoría patriarcales, el liderazgo de las mujeres provocó tensiones, por lo que poco a poco han sido excluidas de la comunidad ya institucionalizada. Sin embargo, a lo largo de la historia, ha habido y siguen siendo las mujeres las que se han destacado por su liderazgo, y han roto el molde y los preceptos establecidos por el legalismo religioso.

– DOS –

¿UNA MUJER EN AUTORIDAD?

"Alguien seguramente la ha visto marchando por la calle principal, desde la barbería y el banco; una mujer muy joven con un vestido blanco, que llevaba una silla. De pie sobre la silla, levantó sus largas manos hacia el cielo, como pidiendo ayuda, y no hizo nada..., cerró sus grandes ojos y se quedó allí, con los brazos extendidos, como una estatua de mármol. Aun teniendo los ojos cerrados, Aimee podía sentir la presencia de la gente que la rodeaba, cuando llegó a las cincuenta personas, con la boca abierta, o silbando... La joven abrió los ojos y miró a su alrededor. Gente, gritó saltando de la silla, y dijo: Vengan, síganme pronto. Tomó la silla con el brazo y se abrió camino entre la gente, corriendo calle abajo por donde había venido, por la calle principal. La gente la siguió; primero los niños, después los hombres y las mujeres... La siguieron hasta la puerta abierta de la Obra Misionera Victoria. Había apenas suficiente lugar para que se sentaran todos. Cierren la puerta, susurró Aimee al oído del ujier que recibía sus órdenes. Cierren la puerta con llave y déjenla así cerrada hasta que yo termine".[9]

En una granja en Mount Forrest, Ontario, Canadá, su madre, Minnie Kennedy, de rodillas consagró esta niña al servicio de Dios antes de nacer. Ellos participaron en los metodistas y el Ejército de Salvación, el último de los cuales podría haber sido un modelo a seguir para Aimee en el área de mujeres predicadoras. El extravagante Ejército de Salvación predicó la igualdad total de los sexos, durante esa dura época para la mujer.

Aimee Semple McPherson, podría ser recordada por muchas cosas. En primer lugar, pudiéramos decir que fue la mujer que Dios más ha usado para sanar por la fe. El poder de Dios la ungió para sanar cientos de miles de personas en su época.

Como segundo, podemos afirmar que ella fue la primera mujer en conducir y ejecutar campañas evangelísticas, de costa a costa en los años 1900, en una gran predicación antes que se construyeran las carreteras.

Ella atravesó los Estados Unidos experimentando todo tipo de climas y situaciones, en ese gran carro viejo que los transportaba. Ella fue la primera mujer dueña de una estación de radio, y fue también la primera mujer con una estación de radio cristiana. Aimee Semple fue la primera en construir un templo de la magnitud del que hizo, El Ángelus Temple en California, con capacidad para cinco mil personas, entre otros..., pero sí en algo se debe recordar a esta gran mujer, es por oír la voz de Dios y obedecer su mandato; ya que para una mujer salir y predicar en su ciudad y nación, en esa difícil época, era un tiempo bien espinoso.

¿Qué fue lo que pasó en su vida que la impulsó para hacer lo que hizo? ¿Cómo llegó el coraje para hacer todo esto? ¿Cómo llegó la unción, las finanzas, la gente necesaria para ministrar y sanar tanta gente? Aimee Semple McPherson trató de luchar contra el llamado de Dios en su vida, pero finalmente cedió ante tan irresistible autoridad y propósito divino. Dios tiene una manera muy especial de tratar con las almas que se resisten a su llamado. Aimee se puso tan enferma al resistirse a caminar en su llamado, que casi muere. Allí, en su lecho de muerte, Él se le reveló y le dijo: ¿Irás?[10], y vaya que sí lo obedeció...

"Aimee nació en el seno de una familia en el ojo del huracán de las críticas. Su padre James y su madre Minnie, se llevaban casi 35 años de diferencia. Además, Minnie había sido la enfermera en la convalecencia de la primera esposa de James, convirtiéndose poco después de la muerte de esta, en su segunda mujer".[11]

Aimee Semple McPherson, nacida como Aimee Elizabeth Kennedy, vino al mundo el 9 de octubre de 1890, en Ontario, Canadá. Hija del ministro de música Morgan James Kennedy, director del coro de una Iglesia Metodista de la ciudad, y de Ona Mildred Pearce Kennedy, conocida como "Minnie", directora de la Escuela Dominical del Ejército de Salvación. Aimee desde muy niña dio señales de gran liderazgo, con activa participación en su escuela, ya a los trece años era oradora de diferentes eventos de la Iglesia y la ciudad; desde su infancia muchas personas venían de todas partes a escuchar a la niña con un gran don de Dios y una especial manera de expresarse. Ella siempre desafió todas las probabilidades y reglas de su tiempo.

La gran historia de su vida es la muestra como una mujer dramática, apasionada por Dios y por el ministerio, muy llena de vida y con una radiante energía, y vigor. Al principio de su vida ella era muy pobre, y tenía apenas suficiente dinero para comprar un vestido decente para predicar en sus servicios. Ella era llena de un gran potencial, pero con el tiempo satanás atacó su cuerpo y su mente. Su unción se mantenía igual, rebosante, osada, explosiva, caminaba siempre respaldada por el poder sobrenatural y las manifestaciones de Dios. Satanás no pudo quitar o cambiar la unción que estaba sobre ella, pero sí pudo atacar a su ser físico, su ser mental; al probar todos los trucos que conoce por milenios, para intentar paralizar este gran gigante espiritual.

"Aimee sufrió una profunda crisis de fe en la adolescencia. No podía entender la vigencia de un cristianismo que había renunciado a lo sobrenatural y que, en muchos casos, se comportaba como un club social o benéfico. Esa crisis le llevó a profundizar en sus creencias. Unos días más tarde pasó cerca de una carpa, donde el evangelista irlandés Robert Semple estaba predicando. Nunca había entrado en una reunión pentecostal. Tan solo sabía de ese movimiento que eran unas personas que se caían al suelo y hablaban en lenguas desconocidas. Aimee asistió al culto de Semple y su predicación directa y agresiva le turbó. Al poco tiempo recibió su llamado a través de un sueño en el que una voz le decía: Conviértete en una ganadora de almas. Unos meses después, en la primavera de 1908, Robert Semple le propuso matrimonio y seis meses más tarde se casaron".[12]

Después de dos años de casados, Aimee y su esposo fueron de viaje misionero a China. Debido a las malas condiciones que tuvieron que vivir y soportar, Robert y Aimee enfermaron de malaria, Robert llegó a estar muy grave y murió tan solo tres meses después de llegar a China. Aimee viajó a los Estados Unidos cuando su hija Roberta cumplió un mes de nacida, y un año después se casó con un conocido hombre de negocios neoyorquino llamado, Harold McPherson, con el cual tuvo a su hijo Rolf. Ella quiso llevar una vida de hogar, como cualquier mujer de su época, pero el gran llamado al ministerio siempre estaba a la puerta, y no se le hizo fácil. Su salud se deterioró seriamente en los siguientes tres años y finalmente fue medicamente desahuciada y enviada a morir en su casa..., "pero ella oía la voz de Dios que la llamaba de continuo, y le decía: ¿Irás?[10]", ¿Lo harás por mí? ¿Harás mi obra Evangelística?, imagino que le diría el Espíritu Santo, a lo que ella dijo que sí, y de inmediato desaparecieron sus dolores y se sanó completa y sobrenaturalmente.

Su esposo deseaba una mujer que atendiera los niños y la casa, él quería una mujer de hogar, pero ella sabía que tenía que cumplir su llamado. Aimee se fue con sus hijos a la casa de sus padres en Toronto, Canadá, dejó a los niños al cuidado de su familia y dio inicio al ministerio al que Dios la había llamado. Un tiempo después su amado Harold intentó unirse al ministerio, pero no se pudo adaptar a los servicios itinerantes y a la falta de futuro que él veía en ese tipo de vida. Finalmente, él se divorció y se volvió a casar, y llevó la vida normal que anhelaba.

La gran mujer de Dios realizaba los servicios de Avivamiento bajo una carpa, viajando de ciudad en ciudad por todos los Estados Unidos. El Señor convirtió las predicaciones en servicios de milagros y manifestaciones de prodigios, y portentos sobrenaturales. Las multitudes se congregaban donde estuviera, primero por la novedad de escuchar a una mujer predicadora que hablaba de Jesús en una forma muy tierna, y también porque veían la unción que fluía en su ministerio.

En un tiempo en donde las mujeres no eran nadie en ningún ministerio, eran solamente reconocidas como elementos accesorios, Dios la llamó a predicar a la ciudad de Los Ángeles en 1928, la cual se convirtió en la base de su ministerio. Por varios años, ella continuó viajando hasta conseguir el dinero para la construcción del Ángelus Temple, cuya dedicación se llevó a cabo el 1 de enero de 1923.

Este templo, con capacidad para 5.300 personas, se llenaba totalmente en los tres servicios diarios, siete días a la semana. Tenía una torre de oración en la que había intercesores 24 horas al día, un coro de cien voces y una banda de música de 36 personas. En 1923 también abrió el Instituto Bíblico "Faro del Evangelismo Cuadrangular Internacional", para entrenar y enviar evangelistas a todo el mundo; y en 1927 fundó la Iglesia del Evangelio Cuadrangular Internacional (Jesús el Salvador, Jesús el Sanador, Jesús bautiza en el Espíritu Santo, y Jesús el Rey que viene), la cual es una de las ramas más distinguidas del pentecostalismo, que se ha extendido en todos los continentes.

Aimee daba la bienvenida a todos en una época de terrible segregación en el sur de los Estados Unidos. Invitaba a todos a sus reuniones, predicaba en los barrios pobres de las ciudades, pasó por encima de las barreras raciales y en muchos de sus servicios se convertían hasta miembros del Ku Klux Klan[13]. También ayudó a muchos de los ministerios hispanos que comenzaron en Los Ángeles, y era muy especial con el pueblo Gitano. Durante la Gran Depresión ayudó a más de un millón de personas empobrecidas y con necesidades.

"En realidad no había nada que fuera demasiado extremo para ella. Fuera lo que fuese necesario para captar a la gente, Aimee lo hacía. Ella "se sentaba con publicanos y prostitutas", y se mostraba en lugares donde un cristiano común habría temido ser visto. Los pobres, los comunes, los ricos, todos la amaban por eso, y aparecían en sus reuniones de a miles. Pero por supuesto, los 'Religiosos' la odiaban. Cuando la política denominacional aparentemente obstaculizaba y hería a tantos ministros, Aimee raramente les dedicaba un pensamiento. Demolió la reclusión y la estrechez religiosa, y casi podría decirse que tenía lástima de aquellos que eran controlados por el poder".[14]

Aimee Semple McPherson era conocida dentro y fuera de la Iglesia, medios de comunicación masiva de todo el país cubrían sus eventos. En cada ciudad asistían a sus servicios líderes y pastores locales de diferentes partidos políticos y denominaciones religiosas.

El Ángelus Temple participaba en los desfiles de las ciudades, e incluso rivalizó con Hollywood en cuanto a la publicidad del ministerio. Esto atrajo multitudes de personas que de otra forma no hubieran entrado a una Iglesia a escuchar el mensaje de salvación. Ella creyó que debía utilizar los medios masivos de comunicación en su total expresión y forma disponible, y así aprovechar cada oportunidad para presentar el Evangelio a tanta gente como le fuera posible.

Fue una gran mujer que brilló en un mundo dominado por los hombres, pero nunca dejó que esto la detuviera, porque tenía la certeza que Dios la llamó a ganar almas para Él. Decía que el amor por las almas es un fuego que quema los huesos, y que mientras tuviera vida, la dedicaría a cumplir esta Gran Comisión. Tenía muchos seguidores que la amaban y seguían ciegamente, pero también tenía numerosos detractores que suscitaban contiendas por la ropa que ella usaba para predicar, el maquillaje, las joyas, por su oratoria, y por sus originales y dramáticas entradas. Aimee escribió numerosos libros, más de un centenar de canciones, siete óperas sagradas y trece dramas–oratorios. Su vida y su obra permanecen a través del tiempo, y los frutos de su ministerio dan fe de la poderosa unción del Espíritu Santo que reposó sobre ella.

Mateo 7:16–17

"Por sus frutos los conoceréis. ¿Acaso se recogen uvas de los espinos, o higos de los abrojos? Así, todo buen árbol da buenos frutos, pero el árbol malo da frutos malos".

Aimee Semple McPherson, pastora de una mega iglesia en los años más difíciles jamás vividos por mujer alguna en los Estados Unidos, marcó la pauta a seguir para grandes hombres y mujeres de Dios que la precedieron. Nadie en su época y en estos tiempos actuales puede dudar que Dios la coloco allí a hacer lo que hacía. Prodigios, portentos, milagros, y maravillas sobrenaturales, fueron el sello inconfundible en todo su ministerio, con todo y los errores y equivocaciones humanas que pudo haber tenido.

Hoy en día esta ungida mujer aún es un testimonio del poder de Dios manifestado en todo su esplendor y gloria. Con todo y eso, muchos religiosos en su tiempo, e incluso ahora, han afirmado que eso no era de Dios porque ninguna mujer puede estar en autoridad sobre ningún hombre, ni mucho menos ser pastora de una mega Iglesia, basándose en 1 Timoteo 2:9–12, pasaje bíblico que más adelante explicaremos a profundidad, con la revelación del Espíritu Santo. Lo verdaderamente importante es que el poder y manifestación del Espíritu Santo y sus inconfundibles y contundentes frutos, hablaron por sí solos y demostraron que sí ha habido y puede haber mujeres pastoras en autoridad en el cuerpo de Cristo.

"Aimee era conocida por su forma afectuosa de predicar. Con frecuencia trataba a la gente que la escuchaba como una madre trataría a su hijo. Nunca condenaba ni amenazaba; siempre alentaba a quienes la escuchaban a enamorarse de la gracia y la misericordia de Dios. Pero, como una madre firme, no era débil. Cierta vez, una lámpara le explotó en el rostro, y quedó envuelta en llamas. Rápidamente metió la cabeza en un cubo con agua, pero no antes que se le produjeran varias heridas en el cuello y el rostro. Para empeorar las cosas, todo esto había sucedido delante de un grupo de molestos pastores que habían ido a observar y burlarse. La carpa estaba llena la noche en que esto ocurrió, por lo que Aimee se retiró a la parte posterior, terriblemente adolorida. Uno de los que se burlaban subió a la plataforma y dijo: "La señora que predica sanidad divina se ha lastimado. Se quemó la cara, así que esta noche no habrá reunión". Pero tan pronto como acabó de decir esa palabra, Aimee entró corriendo nuevamente a la carpa y de un salto subió a la plataforma. Estaba en agonía, pero pudo reunir suficientes fuerzas como para sentarse al piano y gritar: "¡Alabo al Señor que me sana y quita todo mi dolor!". Cuando ya estaban cantando la segunda o tercera estrofa, la gente allí reunida fue testigo de un milagro: ¡El rostro de Aimee pasó de ser rojo como una langosta, a recobrar el color de la piel normal![15]

Todo acerca de Aimee Semple McPherson fue positivo, glorioso, bendecido y prosperado; aun y cuando experimentó un sinfín de problemas y contratiempos personales y ministeriales; fueron más importantes las victorias que obtuvo, que las pocas batallas que perdió. Ella tenía un corazón de oro y nunca había juzgado o condenado a nadie, ella era suave sobre los pecadores, los atraía con lazos de amor. El único deseo de Aimee era hacer el bien, ayudar a las almas y llevarlas a la vida eterna.

Aimee McPherson partió con el Señor, el 27 de septiembre de 1944, cuando se preparaba para la ceremonia de dedicación de una Iglesia en Oakland, California. A su funeral asistieron miles de personas. Los servicios conmemorativos fueron llevados a cabo en su cumpleaños, el 9 de octubre en el Ángelus Temple, y al cementerio solo alcanzaron a entrar 2000 personas aproximadamente, de las cuales 1700 eran pastores que habían sido ordenados por ella.

"Aimee fue la primera en muchas áreas de la vida social de la época. Mientras construía el templo en Los Ángeles, California, la estación de radio Rockridge, de Oakland, la invitó a ser la primera mujer en predicar en el aire. Esto hizo encender otro fuego dentro de ella, y tiempo después construiría su propia estación de radio. Pero primero debía construir el templo. Todos contribuyeron para el proyecto. Alcaldes, gobernadores, políticos, gitanos..., hasta el Ku–Klux–Klan. Aunque Aimee no estaba de acuerdo con el Ku–Klux–Klan, los integrantes del mismo la amaban. Pero fue este amor por ella, que los llevó a cometer un delito. Después de otra reunión en Denver en junio del año 1922, Aimee estaba en un salón contiguo con una reportera, cuando alguien se acercó a pedirle que fuera a orar por un inválido que estaba fuera. Ella llevó a la reportera consigo, ya que deseaba que fuera testigo de la oración. Pero cuando salieron, ambas fueron tomadas por la fuerza, les cubrieron los ojos con un pañuelo, y las llevaron a una reunión del Ku–Klux–Klan. Resultó que lo único que el KKK deseaba era un mensaje privado de la evangelista. Así que ella les habló de Mateo 27, sobre Barrabas, el hombre que pensó que nunca lo encontrarían. Después de predicar, Aimee escuchó cortésmente mientras los del Klan hacían un voto de apoyarla silenciosamente en todo el país.

Para ellos, esto simplemente significaba que donde quiera que Aimee fuera en los Estados Unidos, podría confiar en que ellos la observarían y la protegerían. Luego volvieron a cubrirle los ojos a ella y a la reportera, y las llevaron de regreso al salón en Denver".[16]

Como escritor deseo ser imparcial en todo lo que el Señor me ha dado para escribir, pero en este momento quiero darme la oportunidad de presentar a Aimee Semple McPherson como una gran mujer del Señor que obedeció y manifestó el poder sobrenatural del Dios vivo que predicamos, en todas las dimensiones posibles conocidas para la época y por conocer. Él la puso en autoridad, y Él la usó como quiso. Él la hizo fundadora y pastora de una gran Iglesia y Ministerio mundial, radiodifusora, constructora de megaproyectos, etcétera. Él es Dios y su soberanía nadie la puede limitar o encerrar en finitos y reducidos pensamientos humanos.

Solo deseo estar enfocado sobre el punto principal de este libro, Dios puede usar a quien quiera, eso incluye a la mujer. Solamente Dios puede hacer como Él quiera por su sobrenatural soberanía, y sé que Él puede usar a quien desee, tal y como lo hizo con Abraham, José, Moisés, Pablo, Mateo, Marcos, Lucas, entre otros grandes hombres de la biblia, así como también usó a Nabucodonosor, Ciro, y otros impíos más, y los llamó sus ungidos, sus hijos, sus pastores; también usó y sigue usando, en el esplendor de su soberana y absoluta libertad de ser Dios, a grandes mujeres, como por ejemplo, Deborah, Esther, Febe, Junia, Aimee Semple McPherson, Kathryn Kuhlman, Joyce Meyer, Cindy Jacobs, entre otras muchas más.

Cuando el ministerio de Aimee Semple McPherson estaba en pleno crecimiento y expansión, repentinamente su nombre aparece en los titulares de todos los diarios diciendo que ella había sido secuestrada. Aimee estaba en la playa con su secretaria, escribiendo un nuevo sermón. La secretaria fue a conseguir un poco de jugo para refrescarse. Algunas personas se acercaron a ella diciendo que tenían un bebé muy enfermo en el auto. Aimee, como de costumbre, se fue con ellos con entusiasmo a orar por la sanidad de ese niño.

Cuando se inclinó para alcanzar un bulto en el regazo de una mujer que se encontraba en el asiento trasero, esta le colocó cloroformo sobre su boca y nariz y ella fue empujada hacia adentro del automóvil. Cuando la secretaria regresó, no estaba Aimee por ninguna parte. Ella pensó que la vio en el agua, pero Aimee no regresó más.

La búsqueda de Aimee Semple McPherson fue exhaustiva, por ser quien era. Un buzo incluso se ahogó tratando de encontrarla.

Bien conocido es y sabemos, sobre todos los rumores que envolvieron el famoso secuestro de la pastora Aimee, tal como fue ampliamente cubierto por los medios de ese tiempo; reseña la cual fue publicada en todos los periódicos importantes de la época, a saber: "Divers Seek Body of Woman Preacher", New York Times, mayo 21, 1926. "No Trace Found of Woman Pastor", Atlanta Constitution, mayo 29, 1926. "Cast Doubt on Evangelist's Death in Sea", Chicago Tribune, mayo 29, 1926. "Bay Dynamited to Locate Body of Woman Pastor", Atlanta Constitution, junio 3, 1926. "Faithful Cling to Waning Hope", Los Angeles Times, mayo 20, 1926. "$25,000 Reward for Evangelist's Return", Boston Globe, mayo 29, 1926. "Kidnap Hoax Exposed", the Baltimore News, Julio 26, 1926. "Los Angeles Hails Aimee McPherson", New York Times, junio 27, 1926. "Evangelist Found: Tells Story of Kidnapping", Chicago Daily Tribune, junio 24, 1926. "Missing Woman Pastor Found in Douglas, Arizona", Boston Globe, June 23, 1926; entre otras tantas publicaciones más...

Pero juzgar y criticar el ministerio de alguien no es el tema de este libro, ni creemos que interesa para la presentación y discernimiento de los lectores. Solamente quisimos dejar nota de esto, para que cada lector tenga una foto más amplia de lo acontecido alrededor de esta gran predicadora que Dios usó con todo su poder y gloria.

Lo realmente importante es que una mujer con llamado, al igual que cualquier hombre, sí puede hacer la obra del ministerio para el cual Dios le ha llamado. Muy bien Dios puede usar a la mujer, y también puede poner en autoridad en un ministerio, iglesia, empresa, proyecto, etcétera.

– TRES –

EL GÉNESIS DE LA MUJER

Génesis 3:16

A la mujer dijo: Multiplicaré en gran manera los dolores en tus preñeces; con dolor darás a luz los hijos; y tu deseo será para tu marido, y él se enseñoreará de ti.

En este versículo el Señor nos habla muchas cosas que debemos estudiar en profundidad, así que aquí surgen varias preguntas interesantes:

1. A la mujer le dijo: Multiplicaré en gran manera los dolores de tus preñeces, con dolor darás a luz tus hijos. Si va a multiplicar el dolor de sus preñeces y con dolor dará a luz, ¿pudiéramos entender entonces que ya Eva había tenido preñeces sin dolor?, ¿o con poco dolor?; o será que simplemente le anunciaba lo que había de venir, ya que a ella nadie le había enseñado qué era estar preñada, o dar a luz.

2. Segunda cosa que le dijo: Y él se enseñoreará de ti. ¿Significa entonces que hasta ese momento Adán no se enseñoreaba de su esposa?, ¿o no le había sido dada ese tipo de autoridad?, ¿quiere decir entonces que hasta ese instante los dos eran iguales en la creación, ninguno era mayor o estaba en cargo sobre el otro?, ¿tenían la misma autoridad en funciones diferentes?, piénselo por un poco, analícelo.

Mi recomendación es que no dé por sentado lo que escucha o lee en cualquier parte, vaya siempre a la palabra de Dios escrita y su significado original.

3. En el punto anterior podemos decir que: Se establece una realidad que ha estado allí escrita por milenios. Podemos entender que Génesis 3:16, es el momento en donde Dios pone al hombre como autoridad por sobre su cónyuge y que antes no lo estaba, y más específico aun, que no puso al hombre como autoridad sobre la mujer en general, sino sobre su esposa.

4. Significa entonces: Que la autoridad dada a ambos para gobernar la creación expresados con anterioridad en Génesis 1:28–29, fueron tanto para Adán como para Eva, que ambos ejercían autoridad sobre la creación, y que esto se perdió en la caída, pero que Jesús lo restablece y restituye con su muerte y resurrección.

Como cristiano entiendo lo complejo y difícil que es profundizar en la lectura y análisis de las palabras en las lenguas hebreas o griegas, pero esto se hace necesario para la mejor comprensión de este capítulo. Comencemos entonces explicando que la palabra usada en Génesis 3:16 “Enseñorearse”, es la palabra Mashál[17]. En hebreo esta palabra significa: Gobernar, reinar, dominar, estar en autoridad, tener poder sobre alguien; a diferencia de la usada en Génesis 1:26 cuando Dios le mandó a enseñorearse de toda la creación, excepto de la mujer, que es la palabra hebrea Radáh[18], que significa: Pisar sobre, pisotear, subyugar, prevalecer contra ellos o sobre ellos, señorear, consumir. Significa esto que Dios mandó al hombre a gobernar a su cónyuge y a subyugar a la creación, excepto a su esposa.

Soy fiel creyente que debemos leer con atención y detenimiento, observando y comprendiendo el uso de las comas, el punto y coma, los puntos, etcétera. Entre otros signos gramaticales muy ricos y característicos de nuestra lengua; y dar así espacio al Espíritu Santo que nos hable y nos revele lo que estemos leyendo.

Dios hizo a la mujer como ayuda idónea del hombre. Él la creó como alguien que pudiera cubrir las necesidades del varón, y que a su vez este cubriera las de ella. Este es un punto de vista de la relación masculino/femenina que dice, que mientras las mujeres y los hombres son igualmente valiosos y ambos merecedores de dignidad y respeto por ser creación divina, están diseñados con propósitos diferentes y complementarios, para que puedan suplir lo que al otro le falta. Visto de este modo, que ni el hombre, ni la mujer, son superiores entre sí, ya que ambos son beneficiados del sexo opuesto por el diseño y propósito de Dios, queda claro que somos iguales ante los ojos de Dios y de la sociedad, siendo que, en la ejecución del plan divino en la familia, ambos forman parte de posiciones diferentes e igualmente valiosas.

Queda claro que, en el Reino de Dios ejercido a través de la mujer y el hombre, el esposo es la autoridad por sobre su esposa, como orden gubernamental divino.

¿En qué momento Dios le dijo al hombre, que podía gobernar a su esposa? Dios le delegó a Adán esa autoridad después de la caída, en Génesis 3:16, y no sobre toda mujer, solo se lo dio sobre su esposa Eva. Deseamos enfatizar esto porque el problema es que muchos creen que los hombres tienen autoridad sobre cualquier mujer o sobre todas las mujeres y se creen superiores a ellas, y esto no es así, Dios nunca hizo ni dictaminó eso. La mayoría toman erróneamente la primera carta de Pablo a Timoteo, en el capítulo dos, versículo once, donde Pablo no le habla al hombre o a la mujer en general, sino que puntualmente le habla al hombre casado y a su esposa. Y le dice: **"La mujer aprenda en silencio, con toda sujeción. Porque no permito a la mujer enseñar, ni ejercer dominio sobre el hombre, sino estar en silencio".**

¡Esto lo vamos a explicar con profundos detalles del griego usado por Pablo, más adelante en otro capítulo!... En Génesis tres, cuando ocurre la caída, el pecado entra y hace distinción entre el hombre y la mujer, el cual no estaba anteriormente presente. En otras palabras, antes de la caída, el hombre y la mujer eran totalmente iguales, no solo en valor, sino también en sus roles y funciones, con la sola diferencia de sus géneros. En la caída, la mujer es considerada culpable de lo sucedido, y es por esto que hoy tantas personas denigran a la mujer y la ponen en poco frente a los hombres; siendo que Jesucristo vino a redimir toda la creación de la caída, y definitivamente eso incluye a la mujer. Él las levantó de tal manera que las trató como iguales y las incluyó en su discipulado y ministerio.

Al parecer, los mismos apóstoles no entendieron claramente esta restauración de todas las cosas, y miraron o trataron a las mujeres como culpables, veamos lo que dice Pablo al respecto, aunque él aquí está refiriéndose a ella como mujer casada:

1 Timoteo 2:14

...y Adán no fue engañado, sino que la mujer, siendo engañada, incurrió en transgresión.

"La mujer había quebrantado su relación con el hombre, por lo cual fue divinamente señalada. En vez de ser una "ayuda idónea" para él, se había convertido en su seductora. Por eso perdió su condición de igualdad con el hombre; él iba a "enseñorearse" de ella como señor y amo. En las Escrituras, se describe a una esposa como que es "poseída" por su señor.

Entre la mayoría de los pueblos que no son cristianos, la mujer ha estado sometida, a través de los siglos, a la degradación y a una esclavitud virtual. Sin embargo, entre los hebreos la condición de la mujer era de una clara subordinación, aunque no de opresión ni esclavitud. El cristianismo ha colocado a la mujer en la misma plataforma que el hombre en lo que atañe a las bendiciones del Evangelio: **"Ya no hay judío ni griego; no hay esclavo ni libre; no hay varón ni mujer; porque todos vosotros sois uno en Cristo Jesús", (Gálatas 3:28).**

Aunque el esposo debe ser la cabeza del hogar, los principios cristianos llevarán al hombre y a su esposa a experimentar un verdadero compañerismo, donde cada uno está tan consagrado a la felicidad y bienestar del otro, que nunca ocurre que cualquiera de ellos trate de "enseñorearse" del otro".[19]

El tema del sometimiento de la mujer al esposo, y de la autoridad que hay sobre el esposo para ejercerla por sobre su esposa y familia, no es porque ellas sean seres menores o de inferior calidad e inteligencia; ya que todos somos iguales ante Dios. Es simplemente una cuestión de posiciones ejecutivas claramente delineadas por Él en el matrimonio, para que este pueda funcionar cabalmente y así poder manifestar su reino y gobierno. Es necesario aclarar que el sometimiento es por amor y no por la fuerza; ahora, claro está que cuando el varón no ejerce su posición de autoridad, como cabeza de su hogar, sino que anda en los deleites del mundo fuera de la voluntad de Dios, de seguro ella intentará tomar su lugar y retará su cabeza, porque definitivamente en toda empresa, y en la vida espiritual y sagrada como el matrimonio, tiene que haber alguien al mando.

El hombre es la cabeza de la mujer, pero Jesús es la cabeza del hombre, y el Padre es la cabeza de Jesús. Muchos pasajes bíblicos establecen que la mujer esté bajo la sujeción del hombre: Efesios 5:22–33; Colosenses 3:18; 1 Timoteo 2:8–15; Tito 2:4–5; 1 de Pedro 3:1–7, entre otras como Génesis 3:16...

La mujer tiene que amar a su marido, respetarlo y someterse a su autoridad; tiene que sujetarse, así quedó claramente tipificado y comandado por Dios en su palabra; pero sujetarse no quiere decir que las mujeres son inferiores a los hombres, ni mucho menos que nosotros los hombres somos dueños, amos y señores de ellas. Por esto y aun por más, es que Pablo manda a buscar a Timoteo desde prisión y le enfatiza la importancia de obedecer y respetar los principios establecidos en la palabra.

"En su primer encarcelamiento en Roma (60–62 d. C.), antes de que Nerón hubiera comenzado la persecución de cristianos (64 d. C.), él solo estaba bajo arresto en casa y tenía la oportunidad de gozar de mucha interacción con personas y ministerios (Hechos 28:16–31).

No obstante, es esta ocasión, cinco o seis años más tarde (66–67 d. C.), él estaba en una celda fría (4:13), en cadenas (2:9), y sin esperanza alguna de ser liberado (4:6). Abandonado por todos aquellos que estaban cercanos a él por temor de la persecución (1:15; 4:9–12, 16) y enfrentando la ejecución inminente. En estas condiciones, Pablo le escribió a Timoteo, alentándolo a que se apurara a llegar a Roma para una última visita con el apóstol (4:9, 21).

No se sabe si Timoteo llegó a Roma antes de la ejecución de Pablo. De acuerdo a la tradición, Pablo no fue liberado de este segundo encarcelamiento romano, sino que sufrió el martirio que él había previsto (4:6). En esta carta, Pablo, consciente de que el fin estaba cerca, entregó el manto apostólico del ministerio a 2 Timoteo (2:2) y lo exhortó a permanecer fiel en sus deberes (1:6), retener la sana doctrina (1:13, 14), evitar el error (2:15–18), aceptar la persecución por el evangelio (2:3, 4; 3:10–12), poner su confianza en las Escrituras y predicarla implacablemente (3:15–4:5)".[20]

Veamos lo que nos habla la lectura de Efesios, la cual, con lujo de detalles, define claramente cómo debe ser la relación hombre– mujer en el matrimonio y familia, y la relación de ellos para con su Dios y Creador.

Efesios 5:22–33

"Las casadas estén sujetas a sus propios maridos, como al Señor; porque el marido es cabeza de la mujer, así como Cristo es cabeza de la Iglesia, la cual es su cuerpo, y Él es su Salvador. Así que, como la Iglesia está sujeta a Cristo, así también las casadas lo estén a sus maridos en todo. Maridos, amad a vuestras mujeres, así como Cristo amó a la Iglesia, y se entregó a sí mismo por ella, para santificarla, habiéndola purificado en el lavamiento del agua por la palabra, a fin de presentársela a sí mismo, una Iglesia gloriosa, que no tuviese mancha ni arruga ni cosa semejante, sino que fuese santa y sin mancha. Así también los maridos deben amar a sus mujeres como a sus mismos cuerpos. El que ama a su mujer, a sí mismo se ama. Porque nadie aborreció jamás a su propia carne, sino que la sustenta y la cuida, como también Cristo a la Iglesia, porque somos miembros de su cuerpo, de su carne y de sus huesos. Por esto dejará el hombre a su padre y a su madre, y se unirá a su mujer, y los dos serán una sola carne. Grande es este misterio; mas yo digo esto respecto de Cristo y de la Iglesia. Por lo demás, cada uno de vosotros ame también a su mujer como a sí mismo; y la mujer respete a su marido".

¿Qué está diciendo Pablo aquí?, él está estableciendo una cadena de mando y explicando reglas del juego claras y sencillas, para el gobierno de Dios en el hogar, las cuales se deben aplicar en la familia al estar en la casa, en la calle, en la iglesia, etcétera.

El hombre está ejerciendo una autoridad delegada que le viene dada por el Padre que está en los cielos, el cual, al dar una orden a su mujer, diferente de lo que Dios dice y hace, ella no está obligada a aceptarla o someterse, porque en ese momento el hombre está fuera de la autoridad y la voluntad de Dios, y al hacer eso, pierde su posición y envestidura en el Reino de Dios aquí en la tierra.

Estos versículos de Efesios cinco, se refieren a la necesidad que la esposa respete a su marido y que el marido a su vez, ame a su esposa como a sí mismo. Esta enseñanza e impartición de doctrina por parte de Pablo a los efesios, está dirigida a un problema específico que vivía esa comunidad y que tenían el género masculino y el femenino, debido al pecado o la caída. Es decir, que las mujeres tendrían deseo por sus maridos "tu deseo será para tu marido", no hablaba del deseo normal que una esposa debe tener para su esposo como amante, sino más bien indicaba el deseo malsano de la femenina por dominar y controlar al hombre, que es sobre quien reposa la autoridad de Dios en la familia.

También el erróneo entendimiento que el hombre debe enseñorearse de su mujer "él se enseñoreará de ti", esto no habla de supremacía de género, sino más bien habla de gobierno y autoridad en la toma de decisiones y ejecución de planes, habla de una mujer que decide someterse a su autoridad en respuesta al amor y buen trato de este.

Pablo está diciendo: "Las casadas estén sujetas a sus propios maridos", y "los maridos deben amar a sus mujeres como a sus mismos cuerpos", lo cual corresponde adecuadamente al problema que surgió en la caída, donde, debido a la maldición del pecado, las mujeres empezaron a buscar la manera de tener el control de la relación marital por manipulación, y los hombres empezaron brutalmente a gobernar sobre sus esposas. La intención de Dios es que las mujeres se sometan al liderazgo y amor de sus esposos, tanto en el hogar como en la iglesia; y la intención de Dios hacia los hombres también es que ellos lideren y guíen a sus esposas con amor, honor y respeto, colocando las necesidades de ellas, sobre las particulares.

Veamos el siguiente caso real que le sucedió a un matrimonio el cual tuve la oportunidad de ministrar hace un tiempo atrás, y que, por motivos de ética, no mencionaremos sus nombres y detalles específicos:

Ella es mujer devota, comprometida con Dios y con la Iglesia. Él era un hombre que caminaba a medias, unos días haciendo la voluntad de Dios y otros comprometido con el mundo que le rodeaba, trabajo, amigos, reuniones sociales, etcétera. Ella pide una consejería matrimonial por algunos problemas que estaban confrontando como pareja... Al ver sus ojos pude ver claramente en ella, la decisión de no someterse. Él por su parte, todo el tiempo argumentó que ella era una rebelde, que no aceptaba su autoridad, que lo retaba constantemente delante de sus hijos, familia, amigos, etcétera.

Durante el proceso de la ministración, y buscando la raíz de esta malsana situación, llegamos a una realidad por demás incómoda que nunca pensé que podíamos alcanzar. Allí salió a flote la intención de parte del esposo de obligarla a tener sexo ilícito experimentando con las tendencias del libertinaje del mundo en este respecto. Ante esta situación, ella se negó rotundamente y comenzó a revelarse.

Digamos que esta confesión fue la gota que rebozó el vaso, ya que ella comenzó a contar como él le pedía hacer cosas en su intimidad con las cuales no estaba de acuerdo y se sentía degradada como mujer, y como ser humano. Ella explicó que accedió a la mayoría de sus peticiones tratando de mantenerlo contento como pareja, o para que él no se enfureciera y la golpeara; porque cada vez que intentaba rehusarse a esa situación en la cama, el hombre imponiendo su deseo se volvía iracundo, le mencionaba que ella era su ayuda idónea por lo cual le tenía que colaborar en su necesidad. En innumerables oportunidades la situación desató gran agresión física y verbal. El hombre insistentemente quiso llevar a su esposa a tener esta relación sexual malsana, en ese momento, ella puso punto final a casi todo en su matrimonio y comenzó a revelarse abiertamente, lo cual la llevó a buscar una consejería pastoral de familia.

Ante situaciones como estas, o parecidas a esta, en donde el hombre quiere someter a la mujer a su voluntad humana y natural, fuera de la voluntad y los planes de Dios para ellos claramente descritos en su palabra, se rompen los vestidos de autoridad delegados por Dios al hombre, y la mujer no está obligada a someterse.

¿En qué medida el hombre se somete a Cristo? Porque este no tiene derecho legal a exigir ser respetado o a ejercer autoridad divina sobre su esposa u hogar, si no está dando las órdenes que vienen del Padre, si no está sometido a Él. Toda autoridad ejercida fuera de la palabra de Dios, es por manipulación, control, e influencia sobre otros, y esto simplemente no viene de Dios.

Génesis 2:24

“Por tanto, dejará el hombre a su padre y a su madre, y se unirá a su mujer, y serán una sola carne”.

Por otro lado la biblia expone que es el hombre el que deja a su familia y se va con su esposa. Hay muchos hombres que se casan y se quedan viviendo en casa de su mamá..., eso no es bíblico, esa no es la voluntad de

Dios para él o ellos. Este es un buen ejemplo de cómo tan simplemente un hombre puede perder su autoridad al estar fuera de la voluntad de Dios, excepto que estén en casa de los progenitores del hombre, porque se han puesto de acuerdo para estar allí por un tiempo, mientras pasan cualquier proceso específico.

Quiero hacer una pregunta a la mujer: ¿Qué estás haciendo con lo que Dios te envió a hacer? Cuando la mujer está fuera del foco de lo que Dios le envió a hacer, el hombre es presa fácil del enemigo.

Génesis 2:18 (RVR1960)

"Y dijo Jehová Dios: No es bueno que el hombre esté solo; le haré ayuda idónea para él".

Génesis 2:18 (AMP)

"Ahora, el Señor Dios dijo: No es bueno, suficiente, ni satisfactorio que el hombre esté solo, yo voy a hacerle ayuda idónea, un ayudante, un asistente, un auxiliar que le ayude y le complemente y que sea adecuado para él".

La palabra ayuda idónea es: Una que ayuda al hombre en su debilidad. Por eso Dios hizo a la mujer, porque necesitaba una que le ayudara, una que levanta vallado, que protege, que cubre, que rodea al hombre en su debilidad y le ayuda en la tarea que Él le había asignado para multiplicarse y someter la tierra. Una que lo ayuda a llegar donde lo quiere llevar y una que lo complementa.

Eva fue creada por Dios para completar algo en Adán que estaba fallo, no por una mala hechura o diseño de Dios en Adán, sino como complemento adecuado para poder manifestar el Reino de Dios, señorear la creación, y llegar así ambos a su propósito y destino. Aunque parezca mentira o suene incómodo el decirlo, las mujeres están hechas para proteger y cubrir al hombre en su debilidad; no a manipular o controlar, pues manipular y controlar es del mismo infierno.

Mujer ¿Estás haciendo vallado por tu marido? ¿Lo estás ayudando en su debilidad? ¿Lo estás cubriendo en oración para anular el lazo del cazador sobre su vida? Así como Pablo manda a orar por todos los que están en eminencia, para que nosotros el pueblo vivamos quieta y reposadamente, así mismo Dios te creó mujer, para que hagas vallado de oración por tu varón y así él ejerza y haga un buen gobierno sobre tu vida, la de tus hijos y familia, y tú puedas vivir quieta y reposadamente; ya que tu esposo está en autoridad sobre ti, es decir, el hombre está en eminencia sobre su esposa y tú mujer debes orar por él. Claro está, estamos hablando de un hombre que ama a Dios, que busca de Dios, y que es cabeza de su esposa y familia, y sabe ejercer su sacerdocio y autoridad divina, con justicia y amor de Dios a través de él.

Génesis 1:26

"Entonces dijo Dios: Hagamos al hombre a nuestra imagen, conforme a nuestra semejanza; y señoree en los peces del mar, en las aves de los cielos, en las bestias, en toda la tierra, y en todo animal que se arrastra sobre la tierra. Y creó Dios al hombre a su imagen, a imagen de Dios lo creó; varón y hembra los creó. Y los bendijo Dios, y les dijo: Fructificad y multiplicaos; llenad la tierra, y sojuzgadla, y señoread en los peces del mar, en las aves de los cielos, y en todas las bestias que se mueven sobre la tierra".

La palabra en hebreo usada para hombre es la palabra: Adán. "Hagamos al hombre" está en hebreo y traducido al español, se diría: "Hagamos a Adán". Adán[21] significa: Ser humano, individuo, especie, humanidad, persona, gente, humano. Por eso el verso 27 dice: "Varón y hembra los creó". La palabra hebrea para varón, en este versículo veintisiete, es: Zakár[22], que significa: Macho, varón, hijo, hombre, masculino; la palabra para mujer, usada en este versículo veintisiete, es: Nequebá[23], que significa mujer como género femenino, hembra.

Génesis 2:21

"Entonces Dios hizo caer sueño profundo sobre Adán, y mientras este dormía, tomó una de sus costillas" ...

¿En dónde estaba la costilla con la que Dios hizo a Eva?, en el cuerpo de Adán, y ¿qué es el cuerpo de Adán? ¿De dónde lo formó Dios?, lo formó del polvo y el polvo lo convirtió en imagen y semejanza de Él. El hombre fue hecho del polvo y la mujer fue hecha de la carne de Adán, que es imagen y semejanza de Dios.

¡¡¡Regocíjate oh mujer, porque para el Señor eres de gran valor!!! Él antes de hacerte, te formó primero en la ternura de su corazón y su misericordia. Fuiste creada a su imagen y semejanza, Él te ama tal cual eres y te usará allí donde estás. Eres poseedora de innumerables talentos, habilidades, capacidades para triunfar y alcanzar tus propósitos en Cristo. Dios ha puesto en tus manos y corazón, las herramientas para alcanzar tus metas.

Tienes dentro de ti todo lo que necesitas para ser y hacer todo aquello que Él planeó desde la creación, para ti. Mientras satanás trata de robar menospreciándote y llamándote débil e inferior, Dios te dice: Mujer fuerte, guerrera, princesa, amada mía, sobre quien he depositado gracia y favor singular. En ti me regocijo, ahora toma tu lugar y posición, pues yo te levanto como una Deborah al frente de la batalla.

Romanos 8:37

"...Somos más que vencedores por medio de aquel que nos amó".

Es necesario que entiendas bien claro esto: el hombre fue hecho del polvo, de hecho, Dios lo hizo del polvo de la tierra que estaba en caos, no fue del polvo del Edén, y a la serpiente se le ordenó que comiera el polvo. ¿A quién va a atacar la serpiente? ¿A quién se va a comer la serpiente?, al hombre, a la cabeza, satanás va siempre a tratar de hacer caer a la cabeza. Por eso Dios mismo declaró esta guerra entre ti mujer y satanás, "Y pondré enemistad entre ti y la mujer". Está a la verdad es la guerra más anunciada de todas las guerras, ya que fue advertida desde el cielo, desde la eternidad en el Edén; porque tú eres la que puede pelear esa batalla en el espíritu, mientras que la serpiente va siempre a atacar al hombre en su carne, la serpiente antigua siempre va a comer polvo; ojalá esté ministrando tu vida amigo lector, seas hombre o mujer, esto viene directo del cielo para ti hoy. Lee ahora estos versículos con esta revelación, de seguro lo verás claro:

Génesis 3:14–15

"Jehová Dios dijo a la serpiente: Por cuanto esto hiciste, maldita serás entre todas las bestias y entre todos los animales del campo; sobre tu pecho andarás, y polvo comerás todos los días de tu vida. Y pondré enemistad entre ti y la mujer, y entre

tu simiente y la simiente suya; esta te herirá en la cabeza, y tú le herirás en el calcañar".

Mujer, Dios te hizo ayuda idónea y no demonia. ¿Por qué digo esto?, porque el diablo siempre va a ir por la cabeza, por tu autoridad, tu esposo, el diablo no va por ti mujer; el diablo quiere usar a la mujer para atacar la cabeza y hacerla caer o tratar de manipularlo y robarle la autoridad que le fue quitada a él por Cristo en la cruz. Por eso el diablo trae a la mujer depresión, la quiere usar por su sexualidad y sensualidad, la pone a pelear y discutir por cualquier cosa, esto sin hablar de las Jezabeles y seductoras que vienen a atacar a tu esposo. Mujer de Dios abre los ojos, pelea, defiende, has vallado, toma el papel que Dios te dio desde la eternidad. Satanás siempre pone a las esposas a atacar a su cabeza con pleitos, enemistades, celos, estupideces, tonterías, etcétera, de esta manera él desenfoca a la mujer de lo que realmente debe de estar orientada, la desenfoca de su llamado, la desenfoca de ser una ayuda idónea.

El doctor Myles Munroe muy bien señaló, en su libro Entendiendo el Propósito y el Poder de la Oración, que la mujer y el hombre no eran diferentes en su propósito y autoridad para dominar la creación, al momento de creación, leamos:

"Dios creó a la humanidad para cumplir sus propósitos sobre la tierra. Esta es la vocación primaria de la humanidad. Cuando Dios creó al hombre a su imagen, le dio libre albedrío. De esta manera, al hombre se le dio la habilidad de planear y tomar decisiones, y luego entrar en acción para cumplir esos planes, así como hizo Dios para crear al mundo.

"El hombre estaba supuesto a llevar a cabo los propósitos de Dios para la tierra haciendo uso de su propia voluntad e iniciativa. Él debía reflejar al Dios que planea de antemano y lleva a cabo sus planes por medio de actos creativos". "¿Cómo capacitó Dios al hombre para que gobernara la tierra? Sabemos que primero Él creó a la humanidad de su propia esencia, la cual es espíritu. Sin embargo, puesto que la humanidad necesitaba ser capacitada para regir en el reino físico de la tierra, Dios, entonces, le dio a la humanidad cuerpos físicos manifestados en dos géneros, masculino y femenino.

"Por eso es que la Biblia se refiere a la creación del hombre en términos singular y plural: "Y creó Dios al hombre a su imagen, a imagen de Dios lo creó; varón y hembra los creó". (Génesis 1:27). En los versículos 26 y 27 de Génesis 1, la palabra hombre se refiere a las especies que Dios creó, al ser espiritual llamado hombre, y que incluye a ambos, al hombre y la mujer. Esto significa que el propósito del dominio se les otorgó a ambos, a hombres y a mujeres".[24]

Toda mujer tiene tres grandes ataques o batallas

1. *Primera batalla, el diablo es tu enemigo mujer.*

¿Qué vas a hacer? Creas o no lo que te estoy diciendo, el diablo es tu enemigo y va a atacar a tu cabeza, a tu esposo. De esa forma va por tu hogar y familia, va por tus hijos, va por sus finanzas, va por su salud, va por su alma. Dios le ordena a la culebra que coma polvo, y el hombre fue hecho del polvo; y Jehová Dios le dijo a la serpiente en Génesis 3:14, **"Maldita serás entre todas las bestias y entre todos los animales del campo; sobre tu pecho andarás, y polvo comerás todos los días de tu vida".** Esta es la primera batalla, la guerra entre la mujer y Satanás, la cual está declarada y ordenada por Dios desde el principio. Génesis 3:15, **"Y pondré enemistad entre ti y la mujer, y entre tu simiente y la simiente suya; esta te herirá en la cabeza, y tú le herirás en el calcañar".**

La pregunta es: ¿Mujer, qué estás haciendo con la lucha que te fue asignada? Tú eres la llamada a poner a Satanás a raya, eres la llamada a parar su obra infructuosa. A la mujer Dios le dio la orden de pelear una batalla muy difícil que es contra Satanás, obviamente no quiere decir esto que los hombres no tenemos que orar y enfrentar nuestras propias batallas personales.

2. *Segunda batalla de la mujer, el hombre se va a enseñorear de ti.*

Dios le dijo a la mujer en Génesis 3:15, **"Multiplicare en gran manera los dolores en tus preñeces; con dolor darás a luz los hijos; y tu deseo será para tu marido, y él se enseñoreará de ti"**. ¿Qué significa esto pastor Douglas? Que el hombre no se enseñoreaba antes de la mujer, así de sencillo como lo estás leyendo. Si Dios dice que el hombre se va a enseñorear de la mujer a partir del momento que Eva cayó en pecado e hizo caer a Adán, significa entonces que antes de Dios dar esa orden, el hombre no estaba en autoridad sobre su esposa, él no se enseñoreaba de ella, y los dos regentaban igual la creación, ya que esa fue la orden de gobernar que fue dada a los dos en Génesis 1:26–27, **"Entonces dijo Dios: Hagamos al hombre a nuestra imagen, conforme a nuestra semejanza; y señoree en los peces del mar, en las aves de los cielos, en las bestias, en toda la tierra, y en todo animal que se arrastra sobre la tierra. Y creó Dios al hombre a su imagen, a imagen de Dios lo creó; varón y hembra los creó".**

3. *Tercera Batalla, la tercera batalla de la mujer es con la sociedad.*

1 Timoteo 2:4 **"...el cual quiere que todos los hombres sean salvos y vengan al conocimiento de la verdad". Si Pablo en este versículo cuatro se refiere únicamente a los hombres como género masculino, "entonces él está diciendo que las mujeres no tienen salvación".** Creo que leer esto así genera una gran confusión y problema en contra de la mujer.

Aquí Pablo desde el versículo uno al cuatro está usando la palabra griega Ándsropos[25], que se refiere a la raza humana como tal; pero desde el versículo ocho al doce, él cambia y comienza a usar la palabra Anér[26], que significa hombre casado, y utiliza para mujer la palabra griega Guné[27], que se refiere a la mujer casada, siendo las mismas palabras griegas que Pablo vuelve a usar cuando toca este intrincado tema de familia, en el capítulo cinco de la carta a los Efesios.

1 Timoteo 2:8–12

"Quiero, pues, que los hombres oren en todo lugar, levantando manos santas, sin ira ni contienda. Así mismo, que las mujeres se atavíen de ropa decorosa, con pudor y modestia; no con peinado ostentoso, ni oro, ni perlas, ni vestidos costosos, sino con buenas obras, como corresponde a mujeres que profesan piedad. La mujer aprenda en silencio, con toda sujeción. Porque no permito a la mujer enseñar, ni ejercer dominio sobre el hombre, sino estar en silencio".

Siendo esto así, en la sociedad actual que confunde estas sencillas y profundas explicaciones, ellos van a estar en contra siempre del llamado y ministerio de la mujer, queriendo circunscribirlas solamente al plano de esposas sumisas que no pueden hablar ni opinar en las cosas de Dios, lo cual crea una gran batalla en la vida de las mujeres de hoy.

– CUATRO –

¿PABLO VERSUS PABLO?

Usted se preguntará el porqué de este sugestivo y contradictorio título, ya que el apóstol Pablo nunca se contradijo en toda la doctrina que Dios estableció a través de su prolija e inspirada pluma.

Pero al leer 1 Timoteo 2:3–4, donde dice: **"Porque esto es bueno y agradable delante de Dios nuestro Salvador, el cual quiere que todos los hombres sean salvos y vengan al conocimiento de la verdad"**. ¿Será que Dios solo desea que los hombres sean salvos?, como literalmente está escrito en español... ¿Qué hay de las mujeres? ¿Estaría Pablo contradiciéndose con lo dicho a los Romanos en 10:9–10 sobre la salvación? Adicionalmente surgen más preguntas; ...pudiéramos entender que cuando también dice Pablo en 1 Timoteo 2:12: **"...no permito a la mujer enseñar, ni ejercer dominio sobre el hombre"**, ¿estará afirmando que no existen las pastoras? ¿Querrá decir que no puede haber mujer en autoridad sobre ningún hombre?

Nos vamos a permitir comparar para ustedes las lecturas de 1 Timoteo 2:1–12, 1 Corintios 11 y Efesios 5:22–33, que esperamos sea de gran revelación e inspiración.

> **1 Timoteo 2:1–12**
>
> **"Exhorto, ante todo, a que se hagan rogativas, oraciones, peticiones y acciones de gracias, por todos los hombres; por los reyes y por todos los que están en eminencia, para que vivamos quieta y reposadamente en toda piedad y honestidad. Porque esto es bueno y agradable delante de Dios nuestro Salvador, el cual quiere que todos los hombres sean salvos y vengan**

al conocimiento de la verdad. Porque hay un solo Dios, y un solo mediador entre Dios y los hombres, Jesucristo hombre, el cual se dio a sí mismo en rescate por todos, de lo cual se dio testimonio a su debido tiempo. Para esto yo fui constituido predicador y apóstol (digo verdad en Cristo, no miento), y maestro de los gentiles en fe y verdad. Quiero, pues, que los hombres oren en todo lugar, levantando manos santas, sin ira ni contienda. Asimismo, que las mujeres se atavíen de ropa decorosa, con pudor y modestia; no con peinado ostentoso, ni oro, ni perlas, ni vestidos costosos, sino con buenas obras, como corresponde a mujeres que profesan piedad. La mujer aprenda en silencio, con toda sujeción. Porque no permito a la mujer enseñar, ni ejercer dominio sobre el hombre, sino estar en silencio".

Cuando estudiamos cualesquiera de los textos bíblicos, se hace necesario analizar igualmente el contexto, así como también el significado de las palabras en el lenguaje original y las lecturas de otros textos relacionados con el tema en cuestión, para poder tener así una visión clara del punto y poder crearnos un criterio real y ajustado a lo que la palabra de Dios nos está diciendo.

Por ejemplo, muchos citan este libro de Timoteo capítulo 2 y versículo 12: **"Porque no permito a la mujer enseñar, ni ejercer dominio sobre el hombre, sino estar en silencio**"; y aducen que la mujer no puede enseñar. ¡Punto! Recalcan además que la mujer tiene que estar en silencio en la Iglesia y que las pastoras no existen, ya que Pablo dijo que ellas no pueden estar en autoridad sobre los hombres. Con mucho respeto por los que comparten este criterio tengo que decir que no he visto una aseveración tan errada, y fuera de la esencia de lo dicho por Pablo, que esta.

Podemos ver, por ejemplo, que Timoteo fue enseñado por dos mujeres, su abuela Loida y su madre Eunice, Hechos 16:1 "Después llegó a Derbe y a Listra; y he aquí, había allí cierto discípulo llamado Timoteo, hijo de una mujer judía creyente, pero de padre griego...". ¿Recibió Timoteo las enseñanzas que lo hicieron ser quien fue para el Reino de Dios, de su padre griego, o de su madre que era "una mujer judía creyente..."?

2 Timoteo 1:5, 3:14 "...trayendo a la memoria la fe no fingida que hay en ti, la cual habitó primero en tu abuela Loida, y en tu madre Eunice...".

Analicemos el capítulo dos de 1 Timoteo, en detalles

1 Timoteo 2:1

"Exhorto, ante todo, a que se hagan rogativas, oraciones, peticiones y acciones de gracias, por todos los hombres...".

Aquí la palabra griega usada por Pablo para señalar el sujeto, el hombre, es genérica, es la palabra griega Ándsropos25 que significa: Con cara humana, un ser humano, gentes, personas, humanidad; esto incluye a la mujer y al hombre por igual, tal como sucede también en 2 Timoteo 2:2 "Lo que has oído de mí ante muchos testigos, esto encarga a hombres fieles que sean idóneos para enseñar también a otros". Pablo está encargando aquí la enseñanza a Ándsropos25, hombres y mujeres fieles que sean idóneos para enseñar.

1 Timoteo 2:2–4

"...por los reyes y por todos los que están en eminencia, para que vivamos quieta y reposadamente en toda piedad y honestidad. Porque esto es bueno y agradable delante de Dios nuestro Salvador, el cual quiere que todos los hombres sean salvos y vengan al conocimiento de la verdad".

El apóstol enfatiza que orar por estas personas que están en eminencia, es bueno, para que obtengamos el beneficio que nos da la oración de vivir quieta y sosegadamente, es decir, que nuestras oraciones por ellos los van a: "Literalmente", poner a nuestro favor..., pero eso no es lo que deseo analizar en este momento, ya que está hablando lo que ya les explique en cuanto a que allí Pablo usa la palabra Ándsropos[25]. Después dice que orar por ellos es bueno y agradable delante de Dios, el cual quiere que todos los hombres sean salvos... Aquí nuevamente Pablo usa para el sujeto la palabra hombre como humanidad, siendo que cualquiera de nosotros puede leer equivocadamente como hombre del género masculino, macho, varón. Si esto fuera así, que Pablo se está refiriendo al hombre como género masculino y no al ser humano como tal, léase: mujer–hombre, entonces Pablo está hablando directamente en contra de lo establecido por Dios a través de él mismo sobre la salvación, en la carta a los romanos 10:9–10, y al apóstol Juan, en Juan 3:16–18, entre otros.

Deseo hacer énfasis en lo que escribí: Sí Pablo está diciendo en Timoteo 2:1–4, que Dios solamente quiere que se salven los hombres, y nosotros entendemos esa palabra hombre como género masculino, entonces tenemos un serio problema teologal..., ya que estaríamos leyendo que Pablo dice que solamente quiere que los varones sean salvos y no las mujeres. Todos sabemos que esto no es así, por todo lo que Dios habla sobre el plan de salvación para la humanidad y no solo y exclusivamente para el hombre como masculino. Si Pablo está hablando a la humanidad como creación en 1 Timoteo 2:1–4, deberían estos versículos leerse y entenderse de la siguiente manera: 1 Timoteo 2:1–4 (Versión pastor Douglas Camarillo) "Exhorto ante todo que se hagan rogativas, oraciones, peticiones y acciones de gracias, por todo ser humano; por los reyes y por todos los que están en eminencia, para que vivamos quieta y reposadamente en toda piedad y honestidad. Porque esto es bueno y agradable delante de Dios nuestro Salvador, el cual quiere que todos los seres humanos sean salvos y vengan al conocimiento de la verdad".

Leamos ahora lo que dice el mismo capítulo del versículo ocho al doce, porque es aquí que Pablo cambia y comienza a referirse a Timoteo sobre lo que está pasando en su iglesia y no en toda la Iglesia de Cristo, globalmente hablando. 1 Timoteo 2:8–12 **"Quiero, pues, que los hombres oren en todo lugar, levantando manos santas, sin ira ni contienda. Asimismo, que las mujeres se atavíen de ropa decorosa, con pudor y modestia; no con peinado ostentoso, ni oro, ni perlas, ni vestidos costosos, sino con buenas obras, como corresponde a mujeres que profesan piedad. La mujer aprenda en silencio, con toda sujeción. Porque no permito a la mujer enseñar, ni ejercer dominio sobre el hombre, sino estar en silencio".**

La palabra usada por Pablo en esta sección del capítulo dos para definir a hombre, es la palabra griega Anér[26], que significa: hombre casado, esposo, marido... Que leído individualmente y fuera de contexto, pudiera entenderse como hombre masculino solamente. Pero al leer en completo el capítulo, podemos ver claramente que se está refiriendo a las situaciones típicas de la autoridad de Dios sobre el hombre con su esposa y familia, tal y como sucede también en 1 Corintios 11 y Efesios 5:22–23, las cuales analizaremos en adelante. Para la mujer, Pablo usa aquí la palabra griega Guné[27]; que significa mujer, esposa, casada... Comparemos lo tratado por Pablo en el capítulo dos de esta primera carta a Timoteo, los efesios y lo que escribió a los corintios; con las siguientes y variadas lecturas, que logran exponer con claridad este punto, comencemos así: Gálatas 3:28 "Ya no hay judío ni griego; no hay esclavo ni libre; no hay varón ni mujer; porque todos vosotros sois uno en Cristo Jesús".

Pablo connota al hombre en este versículo a los Gálatas, como varón. La palabra en el griego, es la palabra Arjen[28], que significa varón, hijo hombre, hombre como género masculino, macho. Con respecto a la mujer Pablo usa la palabra griega dshlus[29], que significa Mujer como género femenino, mujer femenina, hembra. En este capítulo, Pablo se está refiriendo al hombre como individuo y no como hombre casado, tal cual lo hace en 1 Timoteo 2:8–12, en 1 Corintios 11:1–15 y Efesios 5:22–23, al usar la palabra Aner[26], para referirse al hombre casado y Guné[27], para hablar a la mujer casada o esposa.

Volvamos a lo que dice el versículo ocho de la primera carta a Timoteo, capítulo dos: "Quiero pues que los hombres oren en todo lugar, levantando manos santas, sin ira ni contienda", aquí está mandando a orar a los hombres casados, usando nuevamente la palabra Anér[26]. Así mismo, sigue con el versículo nueve: **"Quiero que las mujeres se atavíen de ropa decorosa",** etc., luego el versículo diez: **"Sino con buenas obras, como corresponde a mujeres que profesan piedad"**; y así sucesivamente hasta el doce, hablando también a la casada. Está claro que el versículo doce dice: **"Porque no permito a la mujer enseñar, mi ejercer dominio sobre el hombre"**, esto es verdad, "estoy de acuerdo con esa afirmación", pero se refiere solamente al caso de hombre y mujer casados, de esposo y esposa, y no hacia la mujer como género femenino, ni mucho menos a todas las mujeres en la Iglesia, ya que está hablando a "...mujeres que profesan piedad". Muy posiblemente hablaba a líderes o autoridades de la Iglesia primitiva, ya que se refiere a mujeres que profesan o caminan en santidad en la obra del ministerio de Dios.

Hay muchas religiones y denominaciones, connotadas regularmente como" legalistas y/o religiosas, conservadores", que enseñan y usan estos versículos para segregar a la mujer, perseguirlas y ponerlas en un segundo plano. Incluso esgrimen que ninguna mujer puede estar en autoridad sobre ningún varón, que no pueden hablar o participar en las congregaciones, ya que deben estar calladas y en silencio. Que tiene que vestir de esta o aquella forma, etc., y así quieren estar en autoridad sobre otras mujeres que no son ni siquiera sus esposas, hijas, familia. Es aquí donde dicen que no puede haber pastoras en la Iglesia.

Simplemente no comprenden o leen que en estas lecturas el apóstol Pablo está hablando de un caso específico a Timoteo sobre la autoridad que regenta el hombre sobre su esposa y familia; tal y como lo explica claramente el libro de Efesios 5:22–33.

> **"Las casadas estén sujetas a sus propios maridos, como al Señor; porque el marido es cabeza de la mujer, así como Cristo es cabeza de la iglesia, la cual es su cuerpo, y él es su Salvador. Así que, como la iglesia está sujeta a Cristo, así también las casadas lo estén a sus maridos en todo. Maridos, amad a vuestras mujeres, así como Cristo amó a la iglesia, y se entregó a sí mismo por ella, para santificarla, habiéndola purificado en el lavamiento del agua por la palabra, a fin de presentársela a sí mismo, una iglesia gloriosa, que no tuviese mancha ni arruga ni cosa semejante, sino que fuese santa y sin mancha. Así también los maridos deben amar a sus mujeres como a sus mismos cuerpos. El que ama a su mujer, a sí mismo se ama. Porque nadie aborreció jamás a su propia carne, sino que la sustenta y la cuida, como también Cristo a la iglesia, porque somos miembros de su cuerpo, de su carne y de sus huesos. Por esto dejará el hombre a su padre y a su madre, y se unirá a su mujer, y los dos serán una sola carne. Grande es este misterio; mas yo digo esto respecto de Cristo y de la iglesia. Por lo demás, cada uno de vosotros ame también a su mujer como a sí mismo; y la mujer respete a su marido".**

Recuerdo en una oportunidad anterior cuando comenzábamos la iglesia en San Antonio, Texas. Fui a ministrar a otro país y dejé a mi esposa predicando y encargada de la Iglesia mientras volvía. Había para ese entonces alrededor de unas setenta personas con nosotros, y una pareja la cual en ese comienzo eran usados como uno de los pilares financieros de la Iglesia, me pidió una cita y habló conmigo. El varón me habló de lo ofendido que él se sentía porque mi esposa hubiese predicado, refiriendo que él tuvo que salir ese día del servicio, porque no permite que una mujer este en autoridad sobre él, tal y como lo dice Pablo en la biblia..., entonces el hombre se atreve a ir más allá y dice: "Si esto usted lo vuelve a permitir, yo definitivamente me tengo que ir de esta iglesia, ya que es falsa doctrina. A lo cual queriéndole instruir y revelar", respondí: "Hijo, esa interpretación que tienes de la palabra no es la adecuada", y comencé a darles revelación. De inmediato respondió interrumpiéndome algo ofuscado, que entonces él definitivamente debía irse de la iglesia ya que había diferencia de doctrina a la que él le enseñaron en la iglesia donde lo formaron. Le dije: "Allí está la puerta siempre abierta y disponible para todos los que deseen llegar e irse, que Dios te bendiga". Fue el final que yo no esperaba, mi corazón pastoral y de padre se quería imponer, pero mi padre espiritual me educó muy bien en no comprometer por nada los principios de Dios y su Reino, ya que mi compromiso es con Él y su palabra, y no con el dinero o con algunos miembros de la Iglesia. Le dije: "Te amamos y bendecimos, aquí estamos dispuestos para servirte cuando lo desees. Cuando gustes podemos hablar profundo de esto por la palabra...", a lo cual respondió, yéndose muy ofendido, abandonando todo, y no volviendo.

Si vamos a tomar como norma a la Biblia entendiéndola literalmente, versículo por versículo, sacando algunos versos de contexto, sin hacer una correcta hermenéutica y exégesis, y no comprendiendo el lenguaje original en que fue escrita, si vamos a tomar como un patrón el "hecho" que Pablo solo está hablando de hombres como género masculino en esta carta a Timoteo, Efesios y Corintios, entonces se crean o suscitan los extremos legalistas y juzgaríamos todo en un gran error doctrinal. Si sacamos todo del contexto en que está escrita la Biblia, y así también de su tiempo, costumbres, cultura, estilos, forma literaria, hebraísmos, etc.

A la luz de estas reveladoras explicaciones, estos versículos se deberían leer así: 1 Timoteo 2:8–12 (Versión pastor Douglas Camarillo) "Quiero, pues, que los hombres casados oren en todo lugar, levantando manos santas, sin ira ni contienda. Asimismo, que sus esposas se atavíen de ropa decorosa, con pudor y modestia; no con peinado ostentoso, ni oro, ni perlas, ni vestidos costosos, sino con buenas obras, como corresponde a mujeres que profesan santidad y que trabajan en la obra. La mujer casada aprenda en silencio, con toda sujeción. Porque no permito a la esposa enseñar, ni ejercer dominio sobre el esposo, sino estar en silencio".

Siempre he considerado personalmente que una mujer puede predicar y ministrar a una iglesia, si tiene el llamado de parte de Dios, al igual que lo puede hacer cualquier hombre. He visto a grandes mujeres de Dios ser usadas sobrenaturalmente por Él, y muchas de ellas han ministrado grandemente mi vida..., más aún, al venir de ser un neófito en la palabra, tal como estaba antes de tener una verdadera revelación e intimidad con el Espíritu Santo y poder estudiar la palabra en profundidad, crecer espiritualmente, hacer estudios de grado y postgrado, y ser ordenado como pastor; soy un hombre que no solo las entiendo y las apoyo, sino que lo puedo ver y confirmar por la revelación de la palabra. He confirmado cada vez más, lo que siempre he sentido por naturaleza; el hombre no es más que la mujer, ni la mujer es más que el hombre. Pablo dice: Ya no hay griego, ni judío, ni negro, ni amarillo, ni blanco, ni hombre, ni mujer, ni gordo, ni flaco; somos todos iguales en el Reino de Dios aquí en la tierra.

Ahora Dios da posiciones diferentes, y tiene al hombre en un lugar ejecutivo de autoridad sobre su esposa en el hogar. Personalmente lo práctico y lo entiendo. Pero una cosa diferente es una posición ejecutiva de autoridad que se hace por amor; versus un hombre machista, que cree que la mujer es un objeto, o la agrede físicamente y verbalmente, vejándola y maltratándola como si fuera un ser inferior. Se maldice mucho a la mujer y se le quiere poner en un plano inferior y no lo está. Dios solo le da autoridad al hombre sobre su esposa e hijos, mientras vivan bajo su autoridad, y no sobre todas las mujeres de la Iglesia, ni siquiera porque la religión así lo exponga. Cristo ama tanto al hombre como a la mujer, y hay verdaderas pastoras y predicadoras de la palabra, por ejemplo, entre otras: la pastora Aimee Semple McPherson, la profeta y ministro Kathryn Kuhlman, la pastora Joyce Meyer, la apóstol Wanda Rolón, entre otras tantas, que por no nombrarlas en estas líneas, no dejan de ser grandes mujeres usadas por Dios en el mundo entero.

Vemos el análisis y comparación de Efesios 5:21–33 con 1 Timoteo 2:8–12 un poco mas profundo. Aunque ya hablamos de esta lectura de Efesios 5:21–33, deseamos mostrar los enunciados cruciales que aquí se expresan:

Tres puntos importantes:

1. ¿Cuál es el real punto de estos versos?

2. Breve análisis de someterse, sujetarse y ser la cabeza.

3. La comparación con 1 Timoteo 2:8–12 1.

Como primero, hay que establecer que Efesios 5:21–33 es un pasaje que a menudo se considera crucial en la comprensión de las obligaciones de los esposos y esposas en los matrimonios cristianos, y hacerlo así no está mal, eso es bueno y trae orden a las familias en la Iglesia y el mundo. Pero cuando estudiamos y hablamos de este pasaje, algunas frases suelen ser seccionadas y examinadas de cerca, donde algunas palabras y expresiones se destacan, especialmente aquellas que se refieren a la obligación de la esposa. Sin embargo, pocas veces se ha oído hablar largo y tendido sobre el verdadero mensaje principal que se presenta en esta parte. El punto principal aquí, el que está destacando Pablo, es que Jesús quiere santificar la Iglesia y que Él se presenta a sí mismo a la Iglesia en toda su gloria. Este glorioso y real mensaje se pierde cuando nos centramos en forma persistente a las obligaciones de los conyugues, y tratamos de interpretar este pasaje solo a través de la lente de los roles del hombre y la mujer en el matrimonio.

> **Efesios 5:25b–27**
>
> **"...así como Cristo amó a la iglesia, y se entregó a sí mismo por ella, para santificarla, habiéndola purificado en el lavamiento del agua por la palabra, a fin de presentársela a sí mismo, una iglesia gloriosa, que no tuviese mancha ni arruga ni cosa semejante, sino que fuese santa y sin mancha".**

Para comprender esto es importante tener en cuenta que la palabra para "someterse" no aparece en los más reconocidos antiguos manuscritos que contienen Efesios 5:22, el traductor se limitó a deducirlo del versículo anterior (21), donde las llamadas de Pablo para la sumisión mutua entre todos los creyentes, es decir, entre los cristianos hermanos y hermanas, se introduce como un llamamiento común a la sumisión mutua: Efesios 5:21, "Someteos unos a otros en el temor de Dios". Si comparamos el versículo 21 con el 22, podemos ver que en el 21 nos manda a someternos los unos a los otros, esto incluye a mujeres y hombres por igual, y que el verso 22 manda a la mujer a sujetarse, que en el sentido estricto no significa someterse ni estar por debajo, sino asirse del varón, pegarse al hombre para andar con él al mismo ritmo.

Al igual que lo expresado en el versículo 23: **"Porque el marido es cabeza de la mujer, así como Cristo es cabeza de la iglesia".** La comparación de la cabeza como autoridad es válida y expresa claramente la decisión divina del Señor de poner al hombre como autoridad de la mujer y de su familia, pero también habla de la unidad de la cabeza con el cuerpo al compararlo Jesús, con la unión de Él con la Iglesia. **"Así como Cristo es cabeza de la iglesia, la cual es su cuerpo, y él es su Salvador"**. Ahora llegamos a lo que he estado describiendo como la aplicación práctica del principio que el apóstol estableció en el versículo 21: **"Sometiéndse unos a otros en el temor de Cristo"**. Este era el principio general, y ahora, como es su costumbre invariable, él viene a su aplicación particular. No puede haber duda alguna que eso es lo que el apóstol está haciendo.

Podemos probar esto en tres formas diferentes. La primera es la palabra "estén sujetas" que se encuentra en la versión Reina Valera (1960) y también en otras versiones. En realidad, en el original la palabra traducida "estén sujetas" no figura; simplemente dice **"Las casadas a sus propios maridos, como al Señor".** ¿Cómo explicamos la omisión de la palabra? Significa que el apóstol está trayendo el precepto sobre "sometiéndoos" que viene desde el versículo 21, al versículo 22. Entonces el hecho en sí que la palabra realmente no se repite, es una prueba que el versículo 22 es continuación del versículo 21, y que el apóstol está considerando el mismo tema, el principio general de la sumisión. Él sabe que este tema estará en la mente de sus lectores y en consecuencia dice: **"Las casadas (con respecto a este tema de la sumisión) a sus propios maridos". De modo que la ausencia en sí de la palabra 'sujetar' en el original, es una prueba en sí de lo que el apóstol está haciendo aquí".**

Por último, y como punto principal de la esencia de este capítulo llamado: Pablo versus Pablo, es el tema que en toda la lectura de Efesios 5:22–33, el intérprete traduce la palabra Aner[26] como hombre casado, o esposo, aunque es la misma palabra griega que usó Pablo en 1 Timoteo 2:8–12, donde el traductor lo traduce allí simplemente como hombre. Para el caso de la mujer fue la misma situación, Pablo usó la palabra griega Guné27 y el traductor la traduce en Efesios 5:22–33 como esposa o mujer casada, siendo que para 1 Timoteo 2:8–12 la tradujo solamente como mujer, señalando el género femenino.

¿Por qué habrá hecho esta traducción de forma diferente en cada libro? A la luz del español de uso común, esto crea confusión en su lectura, siendo que al estudiar el idioma original podemos ver esta gran revelación que en los dos casos está hablando de esposos, de mujer y hombre que viven una vida conyugal, y que trata problemas directos en este contexto. Sería importante poder preguntarle al traductor inicial de la Biblia al español el por qué hizo esa diferenciación que ha causado tanto mal a la mujer en la Iglesia, al ser discriminada por la mala concepción o entendimiento de estos versos bíblicos.

¿Pudiera haber sido que los conceptos culturales tuvieron influencia en esa decisión? ¿Sería por el desprecio y rechazo reinante en la época? Aquí es donde varios eruditos bíblicos hablan del rechazo que se muestra departe del traductor hacia la mujer como costumbre o cultura. Es algo que solo Dios podrá decirnos, o aclararnos cuando estemos en su presencia.

Mujer escucha esto: Yo no estoy diciendo que te subleves, no estoy diciendo que pisotees e irrespetes a tu cabeza; porque si lo haces así, estarás fuera de la voluntad de Dios, tanto tú en hacerlo como yo en decirlo. Lo que te estoy enseñando es que te tienes que someter a tu autoridad, como cargo ejecutivo que el Señor le da al hombre en el hogar; así y como yo me someto a las mías. Pero si Dios te llama como una predicadora o maestra de la palabra, ten por seguro que Él le va a hablar a tu autoridad, solo ora y espera el momento de Dios, que seguro viene a tu vida y llegarás donde Dios desea ponerte. El hombre, tu esposo, no puede ponerse en contra de la voluntad de Dios, porque allí automáticamente se está saliendo del lugar de autoridad que Él le da sobre ti.

Yo no logro comprender hay gente que predica en contra del ministerio de la mujer, mire el ejemplo de Esther, una reina; qué más poder puede ostentar una mujer sobre sus súbditos hombres, ¿será que Esther no estuvo en autoridad sobre los varones de su Reino?, sobre quien no estuvo en autoridad fue sobre su esposo el Rey Asuero, y eso quedo completamente bien establecido en la palabra. Qué van a hacer con Débora, una juez, su posición era como el homólogo de un rey, ella estaba de tú a tú con el rey; es decir, el último juez fue Samuel y Samuel ordenó en sustitución del juez a un rey, porque el pueblo pidió rey. Entonces el igual de un juez era un rey, por lo que puedo decirte que Débora fue reina de Israel. Sé que muchos podrán pensar que solo estoy mencionando a mujeres del

Antiguo Testamento, pero más adelante te voy a hablar de una Ministro o pastora, de un apóstol mujer..., y aun mas en el nuevo testamento, por la palabra, no te lo puedes perder.

También los sacerdotes del antiguo pacto perdieron su exclusividad. En Cristo, y para la Iglesia de los tiempos apostólicos, todos los que creen que forman un reino de sacerdotes, consagrados para ofrecer los sacrificios espirituales agradables a Dios. Uno de los cuales es el fruto de labios que confiesen su nombre (Hebreos 13:15). Fruto de labios, es hablar a otros, es confesarle, predicarle, es alabarle. Jesucristo traspasó el velo y la cortina que separaba el lugar santo del lugar santísimo, se rompió de arriba a abajo. Ahora todos tenemos el mismo acceso al mismo trono de la gracia. Todos somos bautizados en el mismo Espíritu, recibiéndolo como arras, y todos recibimos dones para servir a Dios, fortalecer y construir en la Iglesia de Dios. Todos, es todos los que creen: hombres y mujeres, judíos o griegos, ricos o pobres.

Así pues, en el nuevo pacto, no hay ningún valor o privilegio de la carne que pueda invocarse para ser reconocido en el cuerpo espiritual de Cristo. Recordar que hemos leído que solo los que son de la carne piensan en las cosas de la carne, pero los que son del Espíritu, en las cosas, los valores, del Espíritu. Y cuando la carne prima en la consideración de los auténticos valores espirituales, los dones, carismas y espiritualidades que el Espíritu Santo otorga para colocar a cada miembro en el cuerpo como Él quiere, a su exclusivo albedrío, son olímpicamente ignorados".

La pregunta es: ¿Qué vamos a hacer con esto? Está definitivamente claro que Dios puso al hombre como autoridad sobre su esposa, sobre su hija, sobre su familia, pero no sobre la hija del vecino, o la mujer de la esquina. Ningún hombre es quien para querer ejercer autoridad sobre cualquier otra mujer que no se le haya dado, como su esposa, hija, etc. El tema hablado por Pablo a Timoteo en su primera carta, y a los corintios también, es un tema meramente de familia, de hogar, de autoridad y sometimiento matrimonial.

¿Cuántas mujeres hoy han sido despreciadas? A cuántas de ustedes su esposo les ha dicho gritando: "Sométete", y él es un brabucón, mujeriego, bebedor, hijo de maldad, que no vive los preceptos y ordenanzas de Dios. La mujer se somete en respuesta al amor, no en respuesta a la tiranía y maltrato de una autoridad. Sabía usted que una mujer que se sujeta "es una que responde al amor de su esposo". Mujer de Dios que lees este libro, Dios te llamó con llamamiento santo, eres hija del Dios Vivo, no eres una bastarda, tienes valor ante los ojos de Dios. Tanto valor como lo tiene el hombre, no eres menos que el masculino, no eres una cualquiera, eres una hija de Dios, la salvación, los dones, el llamado, y los ministerios de Efesios 4:11, también son para ti. Dios es tu Padre, tú eres su hija y Él te ama. Y Él tiene un lugar para ti, si Dios te ha llamado a predicar la palabra, estás en el lugar exacto, este libro te va a enseñar el lugar donde Dios te ve y al lugar donde Él te va a poner por tu llamado al ministerio.

Pastor Douglas Camarillo

– CINCO –

UN DISCIPULADO DE IGUALES

Durante la historia de nuestra sociedad, el rol de la mujer se ha ido transformando. Al comienzo, en culturas prehistóricas, el papel de la mujer era básicamente de recolección y reproducción, mientras que el hombre era el encargado de la caza. En las sociedades más recientes, la mujer era la encargada del cuidado de los hijos y del hogar, y solo en caso de un muy mal estado económico familiar, la mujer buscaba trabajo fuera del hogar. Cambios en el mercado laboral, especialmente debido a la revolución industrial y a las grandes guerras del siglo XX, permitieron a las mujeres una mayor inmersión en el mercado laboral.

En la sociedad actual, basadas en una estructura de parentesco flexible que ayuda mucho a la responsabilidad compartida con el hombre, muchas mujeres buscan navegar el mar del mercado laboral más allá del núcleo familiar del cual constituyen la pieza fundamental. Las razones son diversas: libertad, independencia económica, valorización individual, motivación, recupero de una carrera o actividad postergada, etcétera. Para llevar adelante la actividad laboral, la de pareja y la maternidad, las mujeres cuentan con una intuición, una inteligencia práctica y una sensibilidad exquisita. Y es justamente dicha sensibilidad el don que complementa las virtudes del hombre.

Pero la participación laboral de la mujer en la sociedad, más allá del núcleo familiar, no es prioritaria para todas las mujeres. Hay muchas mujeres que hacen foco en su rol de madres y se dedican de lleno a su familia sin realizar ningún trabajo profesional fuera del hogar. Aquí es importante dar una mirada diferente y destacar que la mujer administra una empresa llamada hogar. En dicha empresa, se requiere de finanzas, de cumplimiento de horarios, de actividades concretas, de educación, de tolerancia, de integración, de equipo, de servicio, de conocimientos, de motivación, de pasión, de liderazgo, etcétera. El problema es que la sociedad no valora esta gran tarea, ya que asume que ser madre y eje del hogar es prácticamente una obligación de la mujer adquirida por el mero hecho de ser mujer, y que esta tarea no es remunerada como cualquier otra actividad.

Las mujeres de hoy se desenvuelven y se desarrollan en un medio que estimula la persecución de nuevas metas, por lo cual, muchas veces se debaten entre la procreación y la administración del hogar, y la necesidad de crecimiento personal, sin dejar a un lado las aspiraciones y motivaciones espirituales y ministeriales. Si trabajan, se debaten entre la culpa por la disminución del tiempo con su familia y la lucha por crecer en un universo laboral que les demanda atención completa, llevando a la mujer a un nivel de autoexigencia enorme para sostener los pilares del acontecer diario de sus vidas, esposo, hijos, espiritualidad, vida social, ministerial, y trabajo.

El concepto y participación social acerca de la mujer, ha estado en constante cambio a lo largo de la historia de la humanidad. Aún hoy en día el valor de la mujer varía según la sociedad, posición geográfica, religión, capacidad financiera, modelos económicos y sociales, etcétera. Un estudio de la mujer, enfocado profundamente en una sola etapa de la historia resultaría, en sí mismo, un trabajo difícil y muy abundante, y, sobre todo, bastante arduo de hacer. Por esto vamos a adentrarnos en los más importantes rasgos que debiéramos señalar, como lo es el hecho que Jesús les dio gran importancia al interaccionar y tratarlas a ellas como iguales.

En la era moderna, con la ayuda de la tecnología que acorta las distancias y acelera los tiempos, es muy bien conocido el ministerio de Jesús y su preocupación por los seres cuya vida se encontraba marginada. A lo largo y profundo de los reveladores versículos del nuevo testamento, se puede palpar claramente que Cristo Jesús tenía predilección por los despreciados de la sociedad, los niños, los marginados, los mansos y humildes de corazón, los perseguidos, los oprimidos por las esferas de poder, sociales, religiosas políticas, etcétera, igualmente en todos los grupos se verían y manifestarían cambios importantes, pero en el caso específico de las mujeres, fue uno de los más notorios y relevantes.

Estos grupos menospreciados, son los que formarán parte del contenido de lo predicado por Jesús sobre el Reino de Dios, que ya se había manifestado o acercado a ellos. Al hacer una intervención divina dentro de la realidad vivida por ellos, Jesús demostró prodigios, portentos, milagros, y maravillas, manifestando el Reino de Dios, a través de sus cotidianas vidas.

Mateo 12:28

"Pero si yo por el Espíritu de Dios echo fuera los demonios, ciertamente ha llegado a vosotros el reino de Dios".

Mateo 21:31

"Jesús les dijo: De cierto os digo, que los publicanos y las rameras van delante de vosotros al reino de Dios".

Lucas 6:20

"Y alzando los ojos hacia sus discípulos, decía: Bienaventurados vosotros los pobres, porque vuestro es el reino de Dios".

Lucas 13:30

"Y he aquí, hay postreros que serán primeros, y primeros que serán postreros".

Entre los grupos marginados que controlaban los poderes religiosos, políticos, militares, civiles, etcétera, estaban las mujeres como seres desvalorizados sin contar para nada como personas. Simplemente eran invisibles, ellas no existían. Jesús las escoge y les da respeto, con trato digno al incluirlas en su ministerio por medio de un discipulado inclusivo y de iguales. Él les da valor, el real valor que tienen ellas ante los ojos de Dios padre. Esto hace que todos descubran la gran valía que tienen ellas como seres humanos, al ser incluidas y recibidas como hijas, solo por creer en Él y declarar su nombre.

Juan 1:11–12

"A lo suyo vino, y los suyos no le recibieron. Mas a todos los que le recibieron, a los que creen en su nombre, les dio potestad de ser hechos hijos de Dios...".

Esta toma de conciencia hace surgir potencialidades todavía aletargadas para mostrarse con valor y convertirse en activos participantes de la sociedad y en los caminos de la fe, ya que "todos", las incluía a ellas y a todos los relegados y olvidados. Esta predilección de Jesús es una revelación de Dios Padre, que es grande en misericordia y que no puede ver a ninguno de sus hijos sufriendo.

"El movimiento de Jesús propone una concepción muy diferente de Dios, ya que había tenido la experiencia, por medio de la praxis de Jesús, de un Dios que llamaba no a los justos y piadosos de Israel, sino a los menos religiosos y a los perdedores sociales. En el ministerio de Jesús, Dios se muestra como el amor que todo lo incluye, que hace brillar el sol y caer la lluvia, tanto para justos como para pecadores (Mateo 5,45).

Es este un Dios de misericordia y de bondad que acepta a todos y distribuye la justicia y la dicha sobre todos, sin hacer excepciones. El Dios creador acoge a todos los miembros de Israel y especialmente a pobres, desvalidos, proscritos, pecadores y prostitutas, pues ellos están preparados para comprometerse en la perspectiva y la fuerza de la basileia (Reino). Inversamente, se recalca:

> *«Nadie es bueno, sino solo Dios», (Marcos 10,18b; Lucas 18,19b). Esta misericordia y esta bondad incluyentes de Dios son explicadas una y otra vez en las parábolas. Hemos visto ya que la parábola del acreedor que libremente condena la deuda de aquellos que no pueden pagarla, expresa esta bondad misericordiosa de Dios, resaltando que las mujeres, aun las pecadoras públicas, pueden ser admitidas en el movimiento de Jesús con la convicción que «ellas amarán más».*
>
> *"La doble comparación del pastor que busca la oveja perdida y de la mujer que busca la dracma perdida fue, con toda probabilidad, tomada por Lucas dándole su forma actual. Él utilizaba estas comparaciones para responder a la acusación que «Jesús acoge a los pecadores y come con ellos», (Lucas 15,2; cf. Marcos 2,16b para una acusación similar), justificando esta actitud con la afirmación que «en el cielo habrá más alegría por un solo pecador que se convierta»".*[32]

Es transcendental tener presente quienes eran las mujeres en la sociedad de la época de Jesús y cuál era su participación ante ella, para poder así situarnos y comprender la profundidad de los pasos dados por Él en este sentido. El rito de pertenencia a la religión judaica era estrictamente masculino y rigurosamente patriarcal, entre otros tantos, por ejemplo: la circuncisión. Por eso, para la religión, la mujer no contaba para nada, no valía nada, no existía como persona, no tenía derechos y era totalmente segregada. Ya que, la tomaban o miraban como pecadora o sucia, por haber hecho caer a Adán al momento de la creación, tal y como lo deja bien claro Pablo en sus escritos a Timoteo:

1 Timoteo 2:14

"Y Adán no fue engañado, sino que la mujer, siendo engañada, incurrió en transgresión".

Ellas eran calificadas como un objeto del cual se delegaba la propiedad del padre al esposo, o a su hijo primogénito dependiendo de la situación. Socialmente la mujer no valía como testigo, no tenía derechos, ni tampoco voz ni voto en ninguna de las esferas de poder o liderazgo, al igual que los niños y los esclavos. De hecho, cuando eran intercambiados, niños y mujeres, valían igual o menos que un camello. Así también la segregación se extendía a su relación pública con Dios, por su condición de mujer había una total y seria limitación a los preceptos de purificación y de la participación del templo. Literalmente no podían adherirse, ni participar de ningún ritual religioso, ni mucho menos liderarlo o participar de él públicamente.

La posición de la mujer en la cultura judaica y la greco–romana, al igual que su posición y participación en la Iglesia de hoy, es el tema principal por el cual se escribe este libro. Ya que, hoy sabemos claramente que la mujer fue incluida en el estilo de Jesús manejar su doctrina, como un discipulado de iguales, por la cantidad de declaraciones en donde las pone como válidas y activas dentro del Reino de Dios que Él predicaba, y por tomarlas en cuenta a lo largo de su caminar por esta tierra.

Con toda esa gran realidad, aún existe una gran cantidad de grupos religiosos y denominaciones, que las segregan y discriminan de forma abierta o velada, donde no se les permite ni siquiera sentarse al lado de su familia y esposo dentro del templo. No las dejan estudiar en sus institutos bíblicos o teológicos, no pueden hablar abiertamente o expresar lo que sienten o piensan de la palabra de Dios que se ha expuesto en los servicios, mucho menos les dan el púlpito para predicar a Cristo Jesús y su Reino de Salvación. Por esto es que Jesús rompió por completo todos los estamentos y preceptos religiosos establecidos en la época, tanto para los judíos como para los greco–romanos, y en especial los continúa rompiendo en la actualidad para nosotros.

Gálatas 3:28–29

"Ya no hay judío ni griego; no hay esclavo ni libre; no hay varón ni mujer; porque todos vosotros sois uno en Cristo Jesús. Y si vosotros sois de Cristo, ciertamente linaje de Abraham sois, y herederos según la promesa". Un Reino de Iguales

¿Habrá algún encuentro entre el cristianismo y el movimiento feminista? Ante esta imprevista e incómoda interrogante se puede responder inmediatamente que ambas tradiciones no tienen nada en común, es más, se puede aseverar que son opuestas. Sin embargo, al hacer un análisis profundo, se encuentra entre ambas un valor primordial compartido: El rompimiento del Status Quo, en la búsqueda de rescatar la dignidad de la mujer.

En el devenir filosófico del pensamiento feminista, se señala el siglo dieciocho como fecha oficial del surgimiento de este movimiento de la búsqueda de la igualdad, específicamente en el contexto de la filosofía renacentista. Las desigualdades reinantes en la época, plantean dicho paradigma, ya que, no son naturales, ni inherentes a la condición humana; por el contrario, son anomalías surgidas en el proceso de la historia. Sin embargo, encontramos ejemplos del mismo paradigma, en los tiempos anteriores a los filósofos del renacimiento. Uno de estos ejemplos se inscribe dentro del mundo espiritual y religioso, como el movimiento que causó la venida del hijo de Dios aquí a la tierra.

"Jesús desafiaba las convenciones sociales de su época: trataba a las mujeres como iguales, respetaba a los niños y les dedicaba su atención, defendía a los pobres y a los marginados, comía con todo tipo de personas y frecuentaba en su trato a todo tipo de personas, por encima de las barreras de clase y de género, a la vez que atacaba con audacia los vínculos sociales que fortalecían la familia patriarcal. Cuando Jesús reunió discípulos para llevar su mensaje al mundo, en aquel grupo destacaban las mujeres. María Magdalena, María de Betania y María su madre, son mujeres cuyos nombres han sobrevivido a la reconstrucción de la historia cristiana en el lenguaje y conforme a las convenciones literarias de la sociedad patriarcal romana".[33]

Dios pone a la mujer en un lugar muy especial, la ubica en un lugar de honra a través de Jesús, en un lugar digno y bendecido, en el lugar donde las colocó al momento de la creación de todo. Dios las restituye, les da valor y las sitúa como al principio. Jesús las incluye en su plan de cómo se debe llevar su Reino aquí en la tierra. La creación de la mujer nos habla de un amor profundo e inmenso; paciente y espiritual, lleno de gran ternura y misericordia, que no tiene solamente relación con lo sexual, encanto o belleza externa, sino que más bien viene a ser parte fundamental del plan de salvación de Dios al ayudar primeramente al hombre en su debilidad, y ser el vehículo que va a permitir la venida de nuestro redentor a la tierra.

Dios formó a la mujer de la costilla del hombre, eso es cierto, pero la concibió primero en su mente y corazón, como un regalo o bendición para los hombres. Dios hizo al hombre "Varón", del polvo de la tierra que estaba en caos y después lo puso en el Edén, hay que resaltar que no lo hizo del polvo del Edén; a diferencia de la mujer, la hizo en el Edén, de una costilla de un cuerpo ya hecho a su imagen y semejanza. Creo que es bien importante meditar en esta revelación divina que ha estado allí escrita durante milenios, pero que no se enseña con la revelación que en sí misma ella contiene.

Génesis 2:7–8

"Entonces Jehová Dios formó al hombre del polvo de la tierra, y sopló en su nariz aliento de vida, y fue el hombre un ser viviente. Y Jehová Dios plantó un huerto en Edén, al oriente; y puso allí al hombre que había formado".

Génesis 2:18

"Y dijo Jehová Dios: No es bueno que el hombre esté solo; le haré ayuda idónea para él".

Génesis 2:21–22

"Entonces Jehová Dios hizo caer sueño profundo sobre Adán, y mientras este dormía, tomó una de sus costillas, y cerró la carne en su lugar. Y de la costilla que Jehová Dios tomó del hombre, hizo una mujer, y la trajo al hombre".

Jesús comenzó su gobierno diciendo: "El Reino de Dios se ha acercado, arrepentíos y creed en el evangelio del Reino", Él lo enmarca como un evangelio que pertenece al Reino de Dios, un reinado divino y poderoso, que se oponía de forma directa al reinado humano y todas sus debilidades. Desde el principio Jesús proclamó un nuevo sistema social, Él trajo una verdadera revolución social. En su anuncio Jesús invierte el orden del sistema establecido en la época. Su doctrina presenta la noticia de desconocidos y nuevos valores que deben modelar la práctica de esta nueva comunidad que se desarrollará en el nuevo reinado, en el Reino de Dios y su justicia que ya había llegado ante ellos. Los valores divulgados por Jesús son el amor, la humildad, la misericordia, la paz, la justicia, la igualdad, la equidad, la prosperidad y el servicio.

De allí proviene, que la predicación de Jesús fuera calificada como inusual y hasta irreverente, para los favorecedores del convencionalismo social, religioso y político de la época. Él instruía la práctica de relaciones de igualdad entre personas, un planteamiento alborotador para su tiempo, cuando el dominio imperialista romano y el sistema religioso judío, se basaban en la existencia de jerarquías sectarias predeterminadas por factores tales como: Posición financiera, género sexual, religión, edad, jerarquía política, etnia racial, entre otros.

Lucas 4:18–19

"El Espíritu del Señor está sobre mí, Por cuanto me ha ungido para dar buenas nuevas a los pobres; Me ha enviado a sanar a los quebrantados de corazón; a pregonar libertad a los cautivos, Y vista a los ciegos; A poner en libertad a los oprimidos; A predicar el año agradable del Señor".

La práctica de los valores de la igualdad, especialmente en las relaciones entre hombres y mujeres, fue el eje principal en el ministerio de Jesús aquí en la tierra. Hasta ese momento las mujeres habían sido ignoradas, excluidas y despreciadas, de cualquier ámbito que no fuera el del cuidado del hogar; y habían estado siempre sujetas a su padre, esposo, hermanos o cualquier otro familiar varón en autoridad. Sin embargo, el anuncio de Jesús y su práctica mostraban el rompimiento y superación de esas estructuras patriarcales.

Las mujeres reciben con regocijo el mensaje de Jesús, puesto que el anuncio del Reino de Dios que trae Jesús incluye la superación de las estructuras y las relaciones patriarcales que las subordinaban, despersonalizándolas al tratarlas como un objeto, o como un ser permanentemente menor de edad. Valoradas tan solo como madres o esposas y reducidas sus funciones a las del hogar. Jesús valora a la mujer por encima de todo, las trata como personas y jamás restringe su misión a la tarea del hogar y la maternidad.

En el movimiento de Jesús, se establece una nueva forma de relación y vinculación entre hombres y mujeres, ya sea como parejas o como miembros de la comunidad. Tal es el valor dado a la mujer, que bíblicamente Cristo Jesús usa el ejemplo de la relación entre hombre y mujer, como la relación entre Él y su Iglesia, a quien la purifica por la palabra, por quien Él se sacrifica y da la vida para hacerla pura y santa ante los ojos de Dios Padre.

Efesios 5:25–27

"Maridos, amad a vuestras mujeres, así como Cristo amó a la iglesia, y se entregó a sí mismo por ella, para santificarla, habiéndola purificado en el lavamiento del agua por la palabra, a fin de presentársela a sí mismo, una iglesia gloriosa, que no tuviese mancha ni arruga ni cosa semejante, sino que fuese santa y sin mancha".

Dios crea a la mujer para que tenga una relación con el hombre, de:

- Amor, así como Él con su Iglesia.
- Compañerismo, para estar el uno con el otro, en toda circunstancia.
- Como utilidad, para ser "Ayuda Idónea", y socorrer al hombre en su debilidad.

Estas cualidades fueron dadas por Dios para esa unión de hombre y mujer, así y como lo es la unión de Él con nosotros como su Iglesia. Nosotros somos la novia que lo espera con ansias y Él es nuestro esposo que ha de venir. Satanás siempre quiso separar a la mujer de Dios y de su esposo. Porque sabía que producto de esta relación el hombre terminaría de hacer aquello por lo cual fue creado, establecer el Reino de Dios aquí en la tierra al manifestar su poder y amor inconmensurable a través de la familia a la sociedad. Para ir contra la voluntad de Dios y su propósito, Satanás contradice la Palabra de Dios e intenta causar descontentamiento en el corazón de Eva, llevándola o creando la estrategia para que ella defendiera a Dios, y como consecuencia de establecer esta conversación con Satanás, y que así pecara.

Génesis 3:1

"Pero la serpiente era astuta, más que todos los animales del campo que Jehová Dios había hecho; la cual dijo a la mujer: ¿Conque Dios os ha dicho, no comáis de todo árbol del huerto?".

Eva de forma inocente creyó ser más conocedora que nunca, al intentar ayudar o defender a Dios Padre ante las calumnias y falsas acusaciones que Satanás hacía..., y que, por lo contrario, la llevó a una muerte espiritual por causa de su acto de desobediencia y pecado, ya que, si Dios había dicho que no comieran de ese árbol, ¿qué hacia ella tan siquiera acercándose al árbol prohibido? El mismo con el que luego contamina a Adán, cuando lo mueve a rebeldía para desobedecer a Dios y comer el fruto que ya ella había probado. Dios hace mayor su conocimiento en poder y le da la promesa de Cristo, que, al usarla a ella como un vehículo, Él podrá restaurar lo que se había perdido a través de su simiente, a través de su amado Hijo, Cristo Jesús.

Es por ello que, al estar la mujer en esta tierra, ella está espiritualmente en dos categorías, al igual que el hombre:

1. La que no ha aceptado aún a Jesucristo como Salvador y por consiguiente permanece extraña para Dios sin perdón de sus pecados e irá a la muerte eterna.

2. La que arrepintiéndose y confesando sus pecados, acepta a Jesucristo como su único Señor y suficiente Salvador, es justa ante Dios e hija de Él, y pasa a ser parte del Reino de Dios aquí en la tierra, teniendo seguridad de salvación eterna.

Toda mujer y hombre fuera de la voluntad del Padre, obviamente están ocultos y lejos de Él, porque aún no ha conocido el camino, la verdad y la vida. Son criaturas de Dios y no hijos, y viven en el pecado, siendo: destructores, dominadores, manipuladores, astutos, contenciosos, hipócritas, adúlteros, iracundos, aborrecidos, rechazados, y todas otras tantas características cargadas de injusticia. Toda mujer que sirve a dioses ajenos, que sirve a imágenes que no son ni representan a Dios, han sido identificadas en la Biblia por Salomón como la extraña no conocedora de la justicia de Dios. Por lo contrario, en la mujer virtuosa se hallan los valores que agradan y complacen a Dios, por ello Dios deja muchas reseñas sobre ella:

> **Proverbios 31:10–12**
>
> **"Mujer virtuosa, ¿quién la hallará?, Porque su estima sobrepasa largamente a la de las piedras preciosas. El corazón de su marido está en ella confiado, y no carecerá de ganancias. Le da ella bien y no mal todos los días de su vida".**

La mujer virtuosa se encuentra en el libro de Proverbios: Si miramos muy de cerca, podemos darnos cuenta que esta mujer, no era una mujer ordinaria, ya que, la escritura comienza con la pregunta: **'Mujer virtuosa, ¿Quién la hallará?, lo que quiere decir, ¿saben ustedes dónde se encuentra o dónde habita? La respuesta es muy simple, ella habita en la voluntad de Dios. Ella está envuelta en actividades productivas, desde que el sol se levanta, hasta que el sol se oculta. Ella es una mujer de propósito. Ella contribuye para el bienestar de su casa y es una clave muy importante. Ella se desenvuelve bien en el hogar, y es temerosa de Dios. Ella es una "mujer virtuosa". Sí, ella sabe de las tormentas que se avecinan, los vientos soplarán, habrá tiempos cuando las cosas no "vayan como ella quiere", tal vez habrá enfermedad, pruebas, y descorazonadas. Sin embargo, la conclusión de todo es, ella puede estar confiada que habrá tiempos de regocijo, risas, y sobre todo que saldremos triunfadores con vida abundante; esta es la promesa de nuestro Padre en los cielos".**[34]

– SEIS –

¿UNA MUJER PASTOR?

Aunque este capítulo no es sobre la epístola a los romanos, es importante destacar la relevancia de esta epístola en el momento que se escribió y su repercusión en el tiempo actual. El Libro de Romanos es uno de los libros más profundos que existen; sin duda es una de las partes más valoradas de la Biblia. Se ha denominado apropiadamente la Catedral de la fe cristiana. Su profunda teología y su estilo impresionante fueron razón suficiente para que se le asignara el primer lugar entre las epístolas paulinas.

Cuando Pablo escribió a la Iglesia en Roma, esa congregación ya debe haber existido por varios años, porque Pablo escribe que había deseado visitarlos "por tantos años", (15:23). Para él, esta Iglesia era lo suficientemente fuerte como para ayudarlo a llevar a cabo más actividades misioneras. No se llaman conversos recientes; no se les trata como si hubieran recibido instrucciones incorrectas, sino que parecían haber sido una congregación organizada y bien fundada (15:14), "...llenos de todo conocimiento, de tal manera que podéis amonestaros los unos a los otros". La epístola no trata sobre ningún error doctrinal importante en la Iglesia; ni tiene que lidiar con principios organizacionales o de pecados existentes o manifestados por su liderazgo o miembros. Era una Iglesia mundialmente famosa (1:8), y no simplemente porque estaba en Roma, la capital del mundo conocido para la época.

La Iglesia romana era un grupo que tenía un gran elemento judío, pero también estaba lleno de conversos gentiles del común tanto libres como esclavos, mujeres y hombres. Cómo comenzó la Iglesia en Roma, no está claro, históricamente hay varias opiniones en cuanto a esto. La ponencia del dogma católico–romano es que Pedro la fundó; otro punto de vista es que los cristianos romanos de Pentecostés en Jerusalén se dirigieron allí. Pero el más fundado y creíble indica que simplemente varias familias cristianas o grupos de Iglesias paulinas en el este, se establecieron en Roma y crecieron juntas de forma inclusiva dando participación activa a todos sus miembros, especialmente a las mujeres. Según lo afirma el final del libro, hubo varias congregaciones y líderes que se reunieron en la ciudad, al estallar las persecuciones neronianas.

Basado en el material de Hechos y las epístolas de Corinto, el Libro de Romanos indica claramente que fue escrito desde Corinto en el tercer viaje misionero de Pablo. Pablo nunca había visitado Roma; pero después de cumplir su misión en Jerusalén, esperaba ir a Roma de camino a España (Romanos 15:23–25). En cualquier caso, la fecha del libro probablemente sea el año 60 del primer siglo.

El orden cronológico de las epístolas paulinas es aproximadamente el siguiente: Primera y Segunda Tesalonicenses, Gálatas, Primera y Segunda de Corintios, Romanos, Colosenses, Efesios, Filipenses, Filemón, Primer Libro de Timoteo, Tito, y Segunda de Timoteo. Romanos ocupa el primer lugar entre las cartas de Pablo en el Nuevo Testamento, no solo porque es su obra más larga, sino porque también proporciona un marco teológico básico y masivo para toda la colección de los escritos del apóstol.

El tema del libro se centra en el Evangelio de Cristo (Romanos 1:16,17). Pablo está profundamente preocupado de que sus lectores entiendan cómo un pecador puede ser recibido como justo por un Dios justo; y cómo un pecador justificado debe vivir diariamente para la gloria de Dios por su favor y gracia. La epístola a los Romanos, es una obra maestra de la apologética cristiana, donde, de forma brillante, reveladora y lógica, el apóstol Pablo expone el caso de la creencia cristiana de la salvación a través de Jesucristo solamente. Esta creencia fue clave en el ascenso de la comunidad cristiana de creyentes llamados a ser salvos puramente por gracia y por el amor misericordioso de Dios.

Romanos 8:1–4

"Ahora, pues, ninguna condenación hay para los que están en Cristo Jesús, los que no andan conforme a la carne, sino conforme al Espíritu. Porque la ley del Espíritu de vida en Cristo Jesús me ha librado de la ley del pecado y de la muerte.

Porque lo que era imposible para la ley, por cuanto era débil por la carne, Dios, enviando a su Hijo en semejanza de carne de pecado y a causa del pecado, condenó al pecado en la carne; para que la justicia de la ley se cumpliese en nosotros, que no andamos conforme a la carne, sino conforme al Espíritu".

Aunque claramente enraizada en la idea del Antiguo Testamento de ser el "pueblo de Dios", esta fue una nueva comunidad poderosamente desafiante de las diversas formas de pensar, cultural, de género, económica, racial, entre otras, tan frecuentes en el judaísmo del siglo primero y la sociedad romana en general. Hacia el final de esta carta, en el capítulo 12, Pablo establece las reglas según las cuales debe funcionar esta nueva comunidad, inspirados en Cristo y su palabra. Allí nos encontramos con el sacrificio, la abnegación y el amor incondicional, como bases fundamentales para transformar y renovar las vidas, y como elementos esenciales de la existencia cristiana. Pablo comienza este capítulo enfatizando cómo debemos renovar y transformar nuestras vidas, para poder conocer y vivir estas grandes verdades.

Romanos 12:1–2

"Así que, hermanos, os ruego por las misericordias de Dios, que presentéis vuestros cuerpos en sacrificio vivo, santo, agradable a Dios, que es vuestro culto racional. No os conforméis a este siglo, sino transformaos por medio de la renovación de vuestro entendimiento, para que comprobéis cuál sea la buena voluntad de Dios, agradable y perfecta".

La única forma de tener un diálogo productivo sobre el tema de las mujeres pastoras es discutirlo bíblicamente. Sí, sin lugar a dudas, hay hombres cuyas opiniones sobre el tema están oscurecidas por el desprecio histórico hacia la mujer. Al mismo tiempo, hay hombres y mujeres en ambos lados de la discusión. Por lo tanto, nunca se debe asumir que uno tiene una visión particular debido a posiciones extremas no incluyentes ni tolerantes. El problema debe decidirse en función de lo que enseña la Biblia, no de quién puede realizar el ataque ad hominem más fuerte.

Hay que tener en cuenta que Pablo solo estaba lidiando con el culto a Artemisa en la Iglesia de Timoteo en Éfeso. El contexto, y todo 1 Timoteo están hechos para este caso, aunque en ninguna parte mencionan a

Artemisa o la prominencia de las mujeres en la adoración de Artemisa. Si hubiera un problema con las mujeres usurpando autoridad sobre los hombres en la Iglesia en Éfeso, Pablo lo habría abordado directamente.

El pasaje clave sobre el tema de las mujeres pastoras en 1 Timoteo 2:11–12. A primera vista, este pasaje es abundantemente claro. Pablo restringe a las mujeres de enseñar o tener autoridad espiritual sobre los hombres. Si bien no está explícitamente presentado en el texto, el enfoque parece estar en el concepto de pastoreo. Tal y como ha quedado claro en el capítulo cuatro de este libro, Pablo se refiere a esposos y esposas, no a hombres y mujeres en general. Las esposas no deben enseñar, ni tener autoridad sobre sus maridos. No está estableciendo Pablo una doctrina para toda la Iglesia, ya que, él mismo hace lo contrario, sino que aclara el punto de cómo deben manejarse los esposos con sus esposas, enfocando y señalando puntualmente a la Iglesia de Timoteo en Éfeso.

Ahora bien, hay mujeres en la Biblia que sirvieron de maneras que contradicen esta interpretación de 1 Timoteo 2:11–12. Miriam, Deborah, Priscilla y Febe, son los ejemplos más comúnmente dados. Gálatas 3:28 dice que los hombres y las mujeres son iguales a los ojos de Dios. El que los hombres y las mujeres son absolutamente iguales a los ojos de Dios, no es el problema. El tema de Gálatas 3:28 es la igualdad en Cristo, el acceso equitativo a la salvación que Cristo ofrece, y a su actividad y participación en el Reino. Hombres y mujeres, judíos y gentiles, esclavos y libres son absolutamente iguales en este contexto. Los capítulos 13–15 son para construir sobre las bases establecidas en el capítulo 12, y luego el capítulo 16 concluye el libro, con una gran cantidad de salutaciones e instrucciones especiales para las iglesias e individuos bajo el ministerio de Pablo.

En este último capítulo, Pablo hace una serie de saludos a los hombres y las mujeres, todos los que considera sus "compañeros de trabajo en Cristo Jesús". Entre las muchas personas que figuran en este capítulo, Febe, a quien Pablo se refiere en el primer versículo, recibe un reconocimiento especial. No solo es el discurso de Pablo sobre Febe para introducirla como una enviada especial, sino las palabras y alusiones que usa para describirla a ella y a su ministerio y vida. Esto la hace y presenta como una mujer virtuosa, con una notable estatura que destacaba a esta mujer entre los primeros cristianos.

¿Qué es lo que hace a una mujer virtuosa? La palabra virtuosa, se describe como ser buena, recta, valorable, honorable, moral, y honesta. No es de sorprendernos, que Dios pida las mismas cualidades para sus hijas. Cuando una se convierte en virtuosa, una es honrada por la sociedad, y por seguro que Dios la bendecirá. Porque por ese ejemplo, es exactamente lo que Dios quiere que sea.

La mujer virtuosa pone toda su confianza en el Señor. Ella sabe que solamente a través de Él, ella ha "venido hasta aquí por fe". Cuando su niño está enfermo, ella puede decir "Todo está bien", de la misma manera como dijo la mujer Sunamita. Ella ha hecho muchas obras como Dorcas, después de ser librada, ella canta el "canto de Miriam". Ella posee la sabiduría y juicios de Débora, y llora su corazón ante el Dios, así como lo hizo Ana antes de recibir la bendición de tener como hijo a Samuel. Y ella se da cuenta que cuando pone su cabeza en la almohada y descansa cada noche, como María. En una manera muy especial, ella es bendecida entre las mujeres.

Ella sabe que su Salvador vive y nunca se olvida de agradecer por 'un día más'.

Ella es una mujer de visión, y destino. Dios ha puesto en ella el espíritu de ministerio que debe salir a relucir.

Ella no tiene pena de venir y lavar los pies de Jesús con sus lágrimas y secarlos con sus cabellos porque ella sabe que Él es la única fuente de vida.

Su cabeza es mantenida en lo alto, sus Pasos son seguros, sus palabras están bien sazonadas. Su apariencia denota realeza dentro del cuerpo de Cristo".[35]

El papel de Febe, en el cristianismo primitivo, ha sido objeto de acalorados debates a lo largo de los siglos, desde puntos de vista que sugieren que su ministerio no era más que el de una simple ayudante de la tarea en Iglesia naciente, a los que le atribuyen a ella un papel ministerial significativo al lado de los ministros, pastores y apóstoles de la época.

Como veremos, este debate a menudo ha influenciado las traducciones bíblicas de las palabras griegas usadas por Pablo para describir el ministerio de esta extraordinaria mujer. En este capítulo, me centraré en tres aspectos del ministerio de Febe, que fluyen a partir del texto de Romanos 16.

1. Su ministerio como un diákonos.
2. Su papel como posible portadora de la carta a los Romanos.
3. Su posición como prostátis, que se traduce como "El que está delante, el que va de primero, el patrón o protón".

2. Las facciones de la Iglesia que no aceptan el liderazgo femenino, basan su rechazo en algunos pocos versículos del Nuevo Testamento, escritos por Pablo, entre otros: 1 Timoteo 2:8–12, Efesios 5:22–33, 1 Corintios 11:3–15, 1 Corintios 14:34–35, 1 Pedro 3:3–5. Estos pasajes, entre otros, deben tenerse en cuenta tanto en su contexto histórico y en su comparación con los más numerosos pasajes posibles, ya que son inspirados por Dios y de gran valía para el cristianismo, junto al análisis del griego escrito por Pablo en su tiempo, que, por cierto, es significativo destacar que era bien diferente al griego actual.

Tomemos un ejemplo y examinemos algunos detalles importantes en las traducciones de estas diferentes versiones de la Biblia, de lo que Pablo escribió a los romanos en el capítulo 16 acerca de la pastora Febe. Hagámoslo solo como un ejercicio que, a lo largo de este libro, de seguro será la constante a realizar.

Romanos 16:1

"Os recomiendo empero a Febe, nuestra hermana, la cual está en el servicio de la Iglesia que está en Cencrea". (RVR1569)[36]

"Yo os encomiendo a Phebe nuestra hermana, la cual es sierva de la Iglesia que está en Cenchreas". (RVR1602)

"Os recomiendo además a nuestra hermana Febe, la cual es diaconisa de la Iglesia en Cencrea". (RVR1960)

"I commendunto you Phebe our sister, which is a servan to the church which is at Cenchrea". (Les recomiendo delante de ustedes a Febe, la cual es sierva de la iglesia que está en Cencrea). (KJV)

"But I commend to you Phoebe, our sister, who is minister of the assembly which is in Cenchrea". (Pero yo recomiendo a ustedes a Febe, nuestra hermana, que es ministro de la iglesia que está en Cencrea). (DARBY)[37]

Febe, en estas diferentes traducciones, es reconocida como: Una que está al servicio, como sierva, como diaconisa (Palabra que no aparecen el griego de Pablo, sino que es incluida hasta después del cuarto siglo), y finalmente como ministro. Casiodoro de Reina en su traducción de 1569, para la palabra "διάκονος–diákonos", usó la palabra siervo, "la cual está en el servicio de la Iglesia".

Posteriormente Cipriano de Valera en su revisión de 1602 reafirma y válida esta traducción hecha por Casiodoro de Reina, al traducirlo como "la cual es sierva de la iglesia", lo que se puede interpretar como una sierva más, o como la sierva que está en cargo de esa comunidad cristiana. Tal y como algunas denominaciones definen hoy en día a los pastores de sus iglesias. Por consiguiente vemos que la revisión hecha a las ediciones de la Reina Valera de 1569, de 1602, y la Reina Valera de 1960 (RVR1960), la traduce como la palabra diaconisa. De este cambio surge una muy importante pregunta: ¿Será que los perjuicios sociales reinantes en ese momento histórico del hombre sobre la mujer, influyeron en la pluma de los traductores posteriores a Casiodoro de Reina y a Cipriano de Valera?

Cabe destacar que esta palabra griega "διάκονος–diákonos"[38] no tiene femenino en ese idioma. ¿Qué significa la palabra diácono?: En forma general significa, servidor, ayudante, mesero. En forma especial: Maestro, pastor, ministro, servidor, siervo, sirviente. Esta palabra diákonos[38] se traduce como ministro en más de 20 lugares en el Nuevo Testamento. Pero para el nombre femenino de Febe, es la única parte que el traductor de la revisión de 1960, usa la palabra diaconisa, la cual no existía en el tiempo en que Pablo escribió esta carta, sino que emerge hasta después del cuarto siglo, como ya fue mencionado. Analicemos un ejemplo claro de esto: Pablo dice en Efesios 3:7 que él se convirtió en un ministro diákonos[38] por el don de la gracia de Dios. Febe, por lo tanto, era también un ministro según la gracia de Dios, y muy posiblemente la pastora de la iglesia en Cencrea. Febe era obviamente una líder connotada de la Iglesia que había alimentado la fe de muchos, entre ellos la del propio Pablo.

Romanos 16:1

"Tengo muchas cosas buenas que decir acerca de Febe, quien es líder en la iglesia de Puerto Cencreas". (TLA)

Pablo sabía lo que ella era y lo que representaba para el Reino de Dios, por eso les dijo: recíbanla dignamente (Solo se recibe dignamente a los dignatarios, a los que poseen títulos o posiciones especiales), vayan y hablen con ella, y ayúdenla en todo lo que necesite para desarrollar sus labores.

Romanos 16:1–2

"Os recomiendo además nuestra hermana Febe, la cual es diaconisa de la iglesia en Cencrea; que la recibáis en el Señor, como es digno de los santos, y que la ayudéis en cualquier cosa en que necesite de vosotros; porque ella ha ayudado a muchos, y a mí mismo".

Por otro lado, podemos ver que en Romanos 16:3–5, Pablo se refiere a Priscila y Aquila, y saluda a la iglesia que está en su casa. Priscila y Aquila se mencionan siempre juntos en la Biblia, lo que indica que trabajaban y ministraban juntos, como un equipo de marido y mujer, o pastor y pastora. Esto es confirmado por Hechos 18:26, donde Priscila y Aquila llevaron a Apolos a un lado y ambos le explicaron el camino de Dios con mayor precisión y lo enseñaron en la palabra.

Muchos estudiosos creen que debido a que, en el griego, Priscilla siempre se menciona en primer lugar, ella era la que espiritualmente lideraba y, probablemente, la pastora de la iglesia que estaba en su casa. Jesús incluyó a la mujer y la trató como igual, la recibe como discípula, y le dio funciones de autoridad en su reciente formado ministerio, al igual que lo hizo con los hombres.

Hechos 18:26

"Y comenzó a hablar con denuedo en la sinagoga; pero cuando le oyeron Priscila y Aquila, le tomaron aparte y le expusieron más exactamente el camino de Dios".

"Mujer cristiana del primer siglo perteneciente a la congregación de Cencreas. En su carta a los cristianos de Roma, Pablo les "recomienda" a esta hermana y les insta a que le presten cualquier ayuda necesaria, pues "demostró ser defensora de muchos, sí, de mí mismo". (Ro 16:1-2). Es posible que Febe llevase la carta de Pablo a Roma o que acompañase al que la llevara. Pablo llama a Febe una "ministra de la congregación que está en Cencreas". Esto hace surgir la cuestión sobre con qué sentido se usa aquí el término diákonos (ministro). Para muchos traductores el término tiene un sentido oficial, y por consiguiente lo convierten en "diaconisa", (NC, BJ).

No obstante, las Escrituras no contemplan el servicio ministerial para mujeres, de ahí que otras versiones consideren que tiene un sentido general y lo traduzcan "que está al servicio" o algo similar (AF, BI, Ga, NVI, Scío, TA, UN, Val, VP). Seguramente Pablo se refirió a un aspecto de la propagación de las buenas nuevas, el ministerio cristiano, y mencionaba a Febe como ministra que se asociaba con la congregación de Cencreas. (Compárese con Hch 2:17, 18). Febe fue "defensora de muchos". El término que se traduce "defensora" (prostátis) tiene el sentido básico de "protectora" o "auxiliadora", de manera que no solo implica simple cordialidad, sino el acudir en ayuda de otros cuando están en necesidad. Asimismo, se puede traducir "patrona". La libertad que Febe tenía para viajar y llevar a cabo importantes servicios en la congregación, puede indicar que era viuda y posiblemente una mujer de ciertos recursos materiales. Por todo ello, tal vez haya estado en posición de usar su influencia en la comunidad en defensa de los cristianos a quienes se acusaba falsamente o los haya refugiado o protegido en tiempo de peligro. El registro no da detalles al respecto.[39]

"Os recomiendo además a nuestra hermana Febe", escribe Pablo, luego de hacerles rogativas de oración por los rebeldes de Judea para que le aceptasen. La frase implica en sí misma, que Febe gozaba de toda la confianza de Pablo. Es probable que ella haya sido la portadora que ha llevado la carta de Pablo, quien se encontraba en Corinto. Una exegética cuidadosa, histórica, y serios estudios lingüísticos, han llevado a muchos expertos y eruditos bíblicos a concluir que Febe era en realidad la persona a quien Pablo eligió para entregar su carta a las Iglesias de Roma. A nuestros ojos modernos, el texto es más implícito que explícito, Pablo usa palabras que parecen ser una recomendación de una carta escrita

al portador de acuerdo como se hacía en el primer siglo. El propósito de dicha recomendación, era introducir el transportista de la carta a la congregación que la recibiría, en este caso Roma.

La carta de Pablo a Filemón, sirve como otro ejemplo de una recomendación similar. Si Febe era de hecho el portador de la carta a los romanos, sería natural para Pablo introducirla y recomendarla, porque era obviamente desconocida para los creyentes en Roma. Al ser compañera de trabajo y emisario de Pablo, también es probable que Febe leyera la carta a muchas congregaciones romanas y fue capaz de proporcionar comentarios sobre todo lo que se podría haber entendido mal, lo que proporciona aclaraciones necesarias.

Todo esto plantea una pregunta: ¿Por qué Pablo toma tal decisión culturalmente cuestionable como la elección de una mujer para ser su emisario? Es concebible que Febe había demostrado ser un líder respetado, leal y digno de su reconocimiento y recomendación. Una persona en quien Pablo podía depositar toda su confianza al enviarla como portadora de su mensaje de salvación al mundo gentil. Por otra parte, debemos observar que Pablo no identifica o describe a Febe en relación con ningún hombre a su lado, sea un padre, hermano, primogénito, o esposo, tal como lo hizo con Priscila, y como se usaba en la época, en donde el valor a la mujer le era dado por un varón como autoridad mayor. Sino que él le da preponderancia a ella y valor en sí misma. Él hace referencia a ella en relación directa con una comunidad de fe, la iglesia en Cencrea, validando así su actuación como autoridad de esta.

El puerto de Cencrea se encontraba a unos kilómetros al este de la ciudad de Corinto. En Hechos 18:18 leemos que Pablo se embarcó para Siria desde Cencrea, después de haber estado en Corinto, y llegó hasta Éfeso. No sabemos quiénes fundaron a la iglesia en Cencrea, pero es muy probable que mantuvieran relaciones cercanas con la comunidad cristiana en Corinto.

Hechos 18:1

"Después de estas cosas, Pablo salió de Atenas y fue a Corinto".

Hechos 18:18–19

"Mas Pablo, habiéndose detenido aún muchos días allí, después se despidió de los hermanos y navegó a Siria, y con él Priscila y Aquila, habiéndose rapado la cabeza en Cencrea, porque tenía hecho voto. Y llegó a Éfeso, y los dejó allí; y entrando en la sinagoga, discutía con los judíos...".

Muchos exegetas modernos, argumentan que Febe, por el simple hecho de ser mujer, no podía haber tenido autoridad en la Iglesia, bajo sus criterios religiosos y discriminativos hacia la mujer en la Iglesia; establecidos y tomados como dogma según la primera carta de Pablo a su hijo Timoteo. Pero a la luz del griego de Pablo, no hay ninguna razón lingüística válida para suponer que Febe gozaba de menos autoridad que las otras personas a quienes Pablo llamaba diákonos. Igual que ellos, ella se dedicaba a enseñar y predicar el evangelio, y a servir a las Iglesias fundadas por Pablo como una líder "pastora" de la época naciente de la Iglesia.

Romanos 16:2 nos sigue hablando y nos da más información sobre Febe. La frase que encontramos en la Reina Valera 1960, "...porque ella ha ayudado a muchos", en el griego es un sustantivo, prostátis[40]. Esta palabra no ocurre otra vez en ninguna parte del Nuevo Testamento. Entonces, tenemos que mirar cómo se usaba el término en el tiempo de Pablo, donde encontramos dos significados relacionados de esta palabra.

Prostátis[40] viene de la raíz proistemi, la cual se refería a la persona que estaba al frente, la patrona, una que presidía, o gobernaba una asociación religiosa o cívica. Por otro lado, se usaba para designar a una persona que apoyaba, auxiliaba una de estas asociaciones con sus propios recursos. Si los hombres y las mujeres podían ser diákonos[38] en el Nuevo Testamento, ¿por qué no podrían los hombres y las mujeres servir en la misma capacidad hoy en día?, ¿por qué los lugares de autoridad en la Iglesia deben estar reservados solamente para los hombres? Esto se trata de permitir que las mujeres puedan participar plenamente en la vida y ministerio de la Iglesia, como sucedía en la Iglesia del Nuevo Testamento. Sin ningún tipo de restricciones o posiciones sectarias, o andrógenicas.[41]

En resumen, podemos decir que cuando Pablo escribió a la Iglesia en Roma, el liderazgo en las comunidades cristianas todavía no se había consolidado en cargos definidos como tal. Para saber qué quería decir

Pablo con la palabra diákonos[38], tenemos que ver como Pablo usó el término en sus distintas cartas, para hablar del ministerio de otros líderes de las primeras comunidades cristianas.

1. En 1 Corintios 3:5. Pablo habló de él mismo y de Apolos como "diákonos". Aquí el texto se refiere claramente a la tarea de predicar y enseñar el evangelio. En este versículo, la versión Reina Valera 1960, traduce la palabra diákonos como "Servidores". Mientras que la versión King James en idioma inglés, lo traduce como "Ministros".

2. En 2 Corintios 3:6. Pablo se refiere a él y a Timoteo como "diákonos[38] de un nuevo pacto" y como "diákonos de Dios", en el capítulo 6:4. En ambos casos, la versión Reina Valera 1960 usa la traducción "Ministros".

3. En la carta que Pablo escribe a la comunidad cristiana de los colosenses. Él habla de sí mismo como ministro "...del cual yo Pablo fui hecho diákonos", (1:23) y como diákonos de la iglesia (1:25). En ambos casos la Reina Valera de 1960 lo traduce como ministro.

4. En Colosenses 1:7. Pablo refiere a Epafras como un fiel "diákonos de Cristo". Aplica la frase "fiel diákonos" a Tíquico en Colosenses 4:7 y Efesios 6:21. En cada uno de estos ejemplos, la versión Reina Valera 1960 emplea la palabra diákonos como ministro.

5. Sin embargo. Cuando los mismos traductores llegaron a Romanos 16, al referirse a Febe, abiertamente decidieron traducir el termino diákonos, que se tradujo tan repetidamente por ellos como ministro para hombres, como diaconisa, palabra que no existía, ni existe actualmente en el griego. Claramente pudiéramos concluir que los perjuicios androcéntrico[41] de la época, influyeron de forma directa en sus decisiones, y eligieron dejar de reconocer la labor en la Iglesia naciente del ministro "pastora" Febe.

Febe sirvió a la Iglesia de Cristo en la misma capacidad que lo hizo Pablo, Apolos, Tíquico, Epafras, y Onésimo, entre otros.

Es posible que no todas las iglesias tuvieran mujeres diákonos, pero algunas Iglesias como la de Cencrea lo hicieron. 1 Timoteo 3:11 parece dar a entender que Timoteo también tenía mujeres diákonos en sus iglesias.

En nuestras Iglesias hoy en día, los diáconos tienden a hacerse cargo de las necesidades físicas del edificio de la iglesia y la congregación, servir las mesas, en los bautismos, etcétera.

En el Nuevo Testamento, los diáconos, como Esteban y Felipe también predicaron el evangelio e incluso hicieron prodigios sobrenaturales. El Nuevo Testamento no nos da mucha información sobre el protagonismo ejercido por mujeres en las primeras comunidades cristianas.

Además, sabiendo que las traducciones que tenemos en español tienden a ahogar la importancia de los ministerios de las mujeres dirigentes de la Iglesia primitiva, creemos justo hacer honor a ellas y partir de este punto para ofrecer otra traducción de Romanos 16:1–2, que seguros estamos, capta mejor el significado del griego original y muestra la posición real de autoridad e importancia que gozaba Febe.

Esta es la versión o traducción propuesta por nosotros, de cómo se debe leer este versículo. Creemos que así hacemos justicia a una mujer de Dios, que entregó su vida y todo lo que tenía al evangelio de Cristo, y en especial al apóstol Pablo:

> **Romanos 16:1–2 (Versión pastor Douglas Camarillo)**
>
> **"Os recomiendo además, nuestra hermana Febe, la cual es pastora de la Iglesia en Cencrea; que la recibáis en el Señor, como es digno de los santos, y que la ayudéis en cualquier cosa en que necesite de vosotros; porque ella preside la obra y ayuda a muchos, y a mí mismo...".**

– SIETE –

JESÚS ROMPE ESQUEMAS

Lucas 13:30

"Y he aquí, hay postreros que serán primeros, y primeros que serán postreros...".

Cristo Jesús con sus acciones reveló su clara intención de incluir a la mujer en igualdad de condiciones con los hombres. Al dirigirse a la mujer samaritana, cosa que no era bien vista en un judío y mucho menos en un rabí, Jesús rompe todos los esquemas y deja en claro su voluntad de hacerse accesible a las mujeres, para llevar su mensaje a ellas, incluirlas en su discipulado, y usarlas en su misión apostólica y ministerio.

Eso es Jesús, es amor, es inclusión, es afirmación, es restitución. No era tanto la sed de agua que tenía, sino la necesidad de Él para cumplir y poder afirmar a un alma marchita. ¿Qué necesitaba hacer Jesús para bendecir a la mujer samaritana? Solamente abrir su corazón y romper todos los estamentos sociales existentes que la limitaban a ella a ser totalmente libre.

Él le pide de beber para resaltar y poder mostrarle la sed que tenía en sí misma..., y la mujer sigue siendo afectada por esta tan irregular reunión: se dirige a Jesús con aquellas profundas preguntas que todos tenemos dentro, pero que a menudo se ignoran. Creo que a veces necesitamos el coraje de esta mujer, para poder llevar a cabo nuestras necesidades espirituales más reales, y así poder pedir la ayuda del Señor en oración.

Este encuentro tuvo lugar en Sicar, cerca de un antiguo pozo donde ella iba todos los días a buscar agua. Ese día encontró a Jesús allí, sentado, "fatigado por el viaje", Él le dice: "Dame de beber". De esta manera Cristo supera las barreras de la hostilidad que existía entre los judíos y samaritanos, y rompe el molde de lesiones a las mujeres. La simple petición de Jesús es el comienzo de un diálogo franco, por la que, con gran delicadeza, entra en el mundo interior de una persona que, de acuerdo con los patrones sociales, no debería ni siquiera hablar con ella.

Jesús pone fin a esa situación, haciéndola sentir viva y despertar así en ella, el deseo de ir más allá de la rutina diaria, y la convierte en "La primer evangelista mujer". Esta abierta actitud pública de Cristo indica que la nueva dignidad de la obra redentora para la mujer ha cambiado, y que ahora ellas son también tomadas en cuenta como parte del plan de redención y restauración de todo lo creado. De seguro si leyéramos la palabra que Él nos dejó, y buscáramos sin prejuicios sociales, encontraríamos mucho. Esto está implícito en la afirmación de la eficacia redentora escrita por Pablo en la carta a los hermanos en Gálatas.

Gálatas 3:26–29

"...pues todos sois hijos de Dios por la fe en Cristo Jesús; porque todos los que habéis sido bautizados en Cristo, de Cristo estáis revestidos. Ya no hay judío ni griego; no hay esclavo ni libre; no hay varón ni mujer; porque todos vosotros sois uno en Cristo Jesús. Y si vosotros sois de Cristo, ciertamente linaje de Abraham sois, y herederos según la promesa".

Aquí se manifiesta la posición inferior que estaba reservada para los paganos, gentiles, mujeres, etcétera, en el régimen de la Antigua Alianza; cosa que el sacrificio del calvario, finalmente lo destruye y redime. A través de la Cruz, hombre y mujer, se reconcilian en un nuevo hombre.

Efesios 2:16

"...y mediante la cruz reconciliar con Dios a ambos en un solo cuerpo, matando en ella las enemistades".

De este modo, Cristo puso los cimientos de la liberación de la mujer y así emancipa su posición en la sociedad. Es importante destacar que las mujeres son herederas igualmente de la salvación junto con los hombres. Esto significa que cuando la mujer recibe salvación en Cristo Jesús, ella llega a ser igual al hombre en liderazgo y autoridad, ya que fue restablecida como lo era antes de la caída en Génesis tres.

El Espíritu Santo, a través de la historia, solo ha de traducir concretamente las necesidades de la salvación que Cristo también trajo a la mujer, ya que Dios en su inmenso amor envió a Jesús, para que todo el que en Él cree, no se pierda, sino que tenga vida eterna..., definitivamente esto incluye a la mujer. El evangelio de Jesús vino con la clara disposición de transformar la sociedad desde sus más profundos estamentos: "Los últimos serán los primeros", "El que no recibe el Reino de Dios como un niño, no entrará en él", etcétera. Desde el punto de vista social, el movimiento de Jesús fue un movimiento totalmente revolucionario, de gran renovación y transformación del mundo existente; que cuestionó y rasgó todos los preceptos establecidos hasta ese momento.

Entre otros, la cultura judía de la época de Jesús era:

1. **Racista:** Establece la preeminencia del judío sobre los gentiles o paganos.

2. **Machista:** El movimiento etnocentrista del hombre sobre la mujer, estaba claramente definido y establecido.

3. **Clasista:** El poderío religioso sobre el pueblo, el rico sobre el pobre, el político sobre los comunes, etcétera.

A diferencia de otros grupos contemporáneos a la época, el movimiento de Jesús no era de carácter exclusivo, sino al contrario era inclusivo. Jesús convoca a todos, especialmente a los excluidos por el sistema vigente, a los discriminados socialmente: los pecadores, los publicanos, los niños, los pobres, las mujeres, los leprosos, las viudas, etcétera. Así se explica el papel central desempeñado por las mujeres en el movimiento de Jesús y después, en las iglesias movidas por el espíritu de este movimiento, según reflejan algunos textos, como, por ejemplo: 1 Corintios 11:5–6; Romanos 16, 12; Filipenses 4:3, entre otros.

Lucas 8:1–3

"Aconteció después, que Jesús iba por todas las ciudades y aldeas, predicando y anunciando el evangelio del Reino de Dios, y los doce con él, y algunas mujeres que habían sido

sanadas de espíritus malos y de enfermedades: María, que se llamaba Magdalena, de la que habían salido siete demonios, Juana, mujer de Chuza intendente de Herodes, y Susana, y otras muchas que le servían de sus bienes".

Es difícil entender que la Iglesia de hoy no tenga en cuenta la profundidad de las enseñanzas, y principalmente la actitud personal que Jesús mostró respecto a los marginados de la sociedad, en especial las mujeres. Esta actitud de Jesús hacia ellas, es frontalmente opuesta a la discriminación que sufrían bajo las categorías de los códigos domésticos, judíos–romanos, de la época.

Jesús había roto con todos los convencionalismos y códigos de conductas de la época. Esta actitud suya debió de haber sido el modelo del movimiento naciente de Jesús, donde, por el contrario, hoy en día prevalecen Iglesias o ministerios que ni siquiera las dejan sentar al lado de sus esposos y familia, dentro del templo, mucho menos predicar, o pastorear. Los modelos que Jesús tuvo que implantar respecto a la mujer; las enseñanzas directas que impartió, y su mensaje en general, abrió un espacio en el papel de la mujer, cuya trascendencia aún no ha encontrado fondo. Falta aún mucho camino por recorrer. De momento, es significativo el mensaje del profeta Joel mirando hacia el futuro. Solo mediante la inspiración de Dios pudo un varón judío predicar que sobre las hijas de Israel, también se derramará el Espíritu Santo sobre ellas.

Joel 2:28–29

"Y después de esto derramaré mi Espíritu sobre toda carne, y profetizarán vuestros hijos y vuestras hijas; vuestros ancianos soñarán sueños, y vuestros jóvenes verán visiones. Y también sobre los siervos y sobre las siervas derramaré mi Espíritu en aquellos días".

En efecto, el Espíritu Santo vino y fue derramado como estaba profetizado, y tanto hombres como mujeres recibieron los dones de Él.

Hechos 2:14–18

"Entonces Pedro, poniéndose en pie con los once, alzó la voz y les habló diciendo: Varones judíos, y todos los que habitáis en

Jerusalén, esto os sea notorio, y oíd mis palabras. Porque estos no están ebrios, como vosotros suponéis, puesto que es la hora tercera del día. Más esto es lo dicho por el profeta Joel: Y en los postreros días, dice Dios, Derramaré de mi Espíritu sobre toda carne, y vuestros hijos y vuestras hijas profetizarán; Vuestros jóvenes verán visiones, Y vuestros ancianos soñarán sueños; y de cierto sobre mis siervos y sobre mis siervas en aquellos días Derramaré de mi Espíritu, y profetizarán".

Jesús, sin anticiparse a este progreso que le correspondía de su parte a la Iglesia, fue consecuente con el mensaje del profeta Joel, dice: la mujer también era hija de Abraham, Lucas 13:16, 15: "Entonces el Señor le respondió y dijo: Hipócrita, cada uno de vosotros ¿no desata en el día de reposo su buey o su asno del pesebre y lo lleva a beber? Y a esta hija de Abraham, que Satanás había atado dieciocho años, ¿no se le debía desatar de esta ligadura en el día de reposo?".

"Jesucristo restauró a la humanidad a los propósitos y al plan de Dios. Yo defino el plan de Dios de manera muy simple. Génesis 1–2 es una descripción del programa perfecto de Dios para el hombre y la mujer. El capítulo tres nos revela cómo y por qué fue que este programa se cayó en pedazos. De Génesis 3 a Apocalipsis 21, que es el último capítulo de la Biblia, explica lo que Dios ha hecho, y que aún sigue haciendo, para restaurar a la humanidad a su programa original y aún más allá de ello. La Biblia es un relato del programa de restauración de Dios, el cual Él efectuó a través de varios pactos con su pueblo.

La vida, muerte y resurrección de Cristo Jesús, cumplen la redención del hombre. El sacrificio del Hombre perfecto, hizo expiación por los pecados del hombre caído y restauró a la humanidad en la comunión con Dios que había disfrutado en el jardín del Edén. Esto significa que la maldición del pecado ha sido removida de la vida de las personas cuando ellos reciben la obra redentora de Cristo, y son nacidos de nuevo. El mismo Espíritu de Cristo viene a habitar dentro de ellos. Ellos son restaurados a los propósitos de Dios y ellos son capaces de amar y de servir a Dios otra vez, por agradecimiento a su gran amor y bendición.

Bajo la obra redentora de Cristo Jesús, la mujer no solo es restaurada a la comunión con Dios, sino que es restaurada a la posición de socia junto con su contraparte el hombre. Por lo tanto, ella ya no tiene que ser dominada o regida por el hombre, porque si lo fuera, significa que la obra redentora de Cristo no tuvo éxito".[42]

Jesús establece contacto con la mujer samaritana, y le habla

Jesús rompe los esquemas y tuvo la osadía de hablar y entablar un diálogo, una comunicación efectiva y directa con la mujer. Hoy carece de relevancia el hecho que un hombre dialogue con una mujer, pero en el tiempo y en la sociedad en que vivió Jesús esto fue algo atrevido, inesperado, sorprendente y, sobre todo, inapropiado. El conversar con una mujer estaba prohibido para todo hombre de ese tiempo, no debía hacerlo en público, mucho menos en privado, ni que fuera pariente de ella. Incluso a las mujeres les estaba negado presenciar un diálogo entre varones, solamente debía servir, preparar la comida y callar. La mujer judía debía pasar inadvertida en público. Uno de los escribas más antiguos que se conoce es: Yosében Yojanán de Jerusalén (Hacia 150 a. C.) dijo: "No hables mucho con una mujer. Esto vale para tu propia mujer, pero mucho más de la mujer de tu prójimo".[43] Las reglas de la buena educación de aquella sociedad prohibían encontrarse a solas con una mujer, o mirar a una mujer casada, saludarla, etcétera.

Para cualquier alumno de teología, hablar con una mujer en la calle era un deshonor, simplemente no lo hacían, era prohibido, vetado, bajo. No hay duda que Jesús rompe esta regla respecto a la mujer. En contra de la tradición imperante, la conversación más larga de Jesús fue con la mujer samaritana. Es cierto que de esta mujer no se conoce su nombre, sino solo que era samaritana y, posiblemente, de dudosa reputación, por aquello de: "Cinco maridos has tenido, y el que ahora tienes no es tu marido", pero las reglas de pudor de Samaria respecto a la mujer, eran las mismas que en el resto del país; y en todo caso, aquí no se cuestiona la liberalidad de la mujer, sino la de Jesús.

Él fue quien le dirigió la palabra y habló con ella con toda naturalidad y sencillez, cosa que ningún hombre, ni mucho menos rabino de aquella época, hubiera hecho. Fue tan relevante el impacto de esta escena, que los discípulos se asombraron a más no poder, al ver a su maestro conversando a solas con una mujer extraña.

Juan 4:27

"En esto vinieron sus discípulos, y se maravillaron de que hablaba con una mujer; sin embargo, ninguno dijo: ¿Qué preguntas? o, ¿Qué hablas con ella?".

Los evangelios narran diversos acontecimientos donde son protagonistas mujeres en la proximidad de Jesús. En todos los casos, aunque fueron ellas las que se acercaron a Él para pedirle algo, Jesús nunca las evadió, al contrario, las recibió, las escuchó, y les concedió aquello que pedían. Algunos acercamientos de Jesús a mujeres: La mujer que llevaba dieciocho años padeciendo flujo: Mateo 9:20– 22, "Jesús, volviéndose y mirándola, dijo: Ten ánimo, hija; tu fe te ha salvado". La mujer cananea: Mateo 15:28, "Oh mujer, grande es tu fe; hágase contigo como quieres".

La mujer que derramó su perfume de gran precio: Mateo 26:6–13, **"¿Por qué molestáis a esta mujer?... De cierto os digo que dondequiera que se predique este evangelio, en todo el mundo, también se contará lo que esta ha hecho, para memoria de ella".**

La mujer a la cual todos juzgaban por su reputación: Lucas 7:44–50, **"Y vuelto a la mujer, dijo a Simón: ¿Ves esta mujer? Entré en tu casa, y no me diste agua para mis pies; mas esta ha regado mis pies con lágrimas, y los ha enjugado con sus cabellos. No me diste beso; mas esta, desde que entré, no ha cesado de besar mis pies. No ungiste mi cabeza con aceite; mas esta ha ungido con perfume mis pies... Pero él dijo a la mujer: Tu fe te ha salvado, ve en paz".**

La formación de la mujer en la época de Jesús se circunscribe solamente a la instrucción de los trabajos domésticos, limpiar, coser, tejer, hacer de comer, y del cuidado de los hermanos pequeños, en miras a estar listas para cuando sean casadas. Respecto a la posible enseñanza de la Torá a la mujer, algunos rabinos expresaron comentarios muy fuertes y denigrantes al respecto. Al rabí Eliezer se atribuye la sentencia que dice: "Quien enseña a su hija la Torá, le enseña necedades. (Sota 3, 4); de él procede también la frase: Mejor fuera que desapareciera en las llamas la Torá antes de que les fuera entregada a las mujeres (TP Sota 3, 4, 19 a 7). Se consideraba que las mujeres eran ligeras de cascos e incapaces de recibir instrucción (TBSab. 33b)".[44]

Ponga a trabajar su imagen pensada y viaje conmigo a ese especial momento... Aquella hermosa mujer samaritana, entrada ya en sus 40, pelo negro, largo y ondulado, delgada, fuerte, bien formada, y hasta musculosa por las labores de hombre que le tocaba realizar con su familia, sus animales, etcétera. De mala gana, cansada ya de tanto trabajar, realmente agotada y con notable disgusto; ese especial día levantó el jarrón vacío, lo puso sobre sus hombros y bajo el sol abrasador del mediodía muy posiblemente renegando de su vida y su condición, transitó a lo largo del polvoriento camino que la había de llevar al pozo de Jacob en Sicar, tal como lo hacía diariamente.

Es muy seguro que detestaba hacerlo de esa manera, pero no tenía alternativa, ya que era demasiado pobre para pagar por un siervo y no tenía varón que la ayudare en sus labores del día a día. Mas siendo una que contaba de mala reputación, posiblemente pensaba mientras caminaba bajo el calor intenso del desierto: «Que rico fuera poder ir al pozo a altas horas de la tarde o principio de la noche, cuando el aire es más fresco y el sol menos incandescente, pero aquí voy mi Dios, por favor dame fuerzas porque ya casi ni alcanzo a llegar».

Ella no se podía dar el lujo de conocer a otros aldeanos cuando fueran a conseguir su ración diaria de agua, al igual que los demás en las horas más frescas de la tarde, por su condición de repudiada. Todos sabían quién era y cuál su historia.

Aunque todavía lejos, entre el pronunciado calor y el polvo generado por los vientos del oriente medio, a lo lejos vio a un hombre que estaba sentado junto al pozo. A pesar de la distancia que aún la separaba de él, es muy factible que pudo observar que estaba cansado. Al acercarse más, por las ropas que vestía y sus características, pudo descifrar que se trataba de un judío. Se preguntó cuál era la razón por la que aquel hombre estaba allí, ya que ella sabía que los judíos guardaban un odio profundo hacia los samaritanos, tanto así, que evitaban pasar por Samaria a toda costa.

Sabía que cuando tenían que ir de Judea a Galilea, normalmente se movían a lo largo de las fronteras de la región. Su asombro creció cuando aquel extraño hombre le pide un favor, de repente le dice: "...dame de beber". En ese momento ella se percató que este hombre no era como los demás hombres, ni mucho menos como los judíos que conocía. Ella pudo darse cuenta que no la criticó, ofendió, o repudió, más bien se percató que este hombre, aunque judío, le habló de forma suave, directa y sin ignorarla o ponerla en poco. Lo hacía con autoridad, pero no en tono despótico, demandante o dominador. Él dependía de la expresión cándida de su rostro, de su humanidad, de la pureza de sus palabras, para transmitir su mensaje y comunicarse directamente con ella sin irrespetarla.

La samaritana se sintió incómoda frente a la fuerte personalidad de aquel intrigante hombre que se atrevió a hablarle. Al ser inquirida aquella mujer de forma asombrosa, se atreve y pregunta: "¿Cómo tú siendo judío, me pides a mí de beber, yo soy mujer samaritana? Porque judíos y samaritanos no se tratan entre sí". Jesús no se molestó ante su insolente solicitud, la cual hubiera podido ser percibida como impertinente e irrespetuosa, y hablándole del agua viva despertó en ella su curiosidad. Si solo ella llegara a saber quién era el que estaba hablando las palabras "agua viva". Eso respondería a su problema. Ella ya no tendría que hacer más el recorrido diario para ir a sacar agua de aquel pozo. Ella no entendía que el agua de todos los océanos de la Tierra no sería suficiente para saciar su terrenal sed.

La verdadera respuesta no estaba en la solución de su material problema. Su necesidad más profunda residía en su alma, y Jesús iba a llegar allí. Él quería que ella fuera consciente de la importancia de considerar esta necesidad. Él había llegado a Samaria para esto, por eso tomó este camino solo para encontrarla a ella, y le dijo: "Mas el que bebiere del agua que yo le daré, no tendrá sed jamás; sino que el agua que yo le daré será en él una fuente de agua que salte para vida eterna", a lo que ella, no incluida y absorbida como estaba por sus problemas cotidianos, creyendo que Él había descubierto las necesidades de su alma, le dice: "Señor, dame de esa agua ya estoy desesperada por beberla y así no tenga ya más sed, ni venga aquí a sacarla jamás, estoy cansada ya de eso, mira mis manos y pies lo maltratados que están de tanto esfuerzo diario".

La respuesta de Jesús fue una petición simple y al mismo tiempo muy preocupante: "Ve a llamar a tu marido y vuelve acá". Él necesitaba abrir la puerta para poder ministrar en su alma seca y vacía, al tratar de encontrar el amor en los hombres y no en el Señor su salvador. Su marido. ¿Cuál marido?, ella no tenía un esposo legítimo, en ese momento estaba juntada con alguien que le ayudaba a resolver su situación y a pasar sus soledades.

Ella se sorprendió cuando aquel hombre pronunció estas palabras; sobre todo porque la conversación hasta entonces había tenido lugar de forma pacífica y genérica.

Mientras que eso de saber acerca de sus amantes, no le era fácil, eso era muy privado, era parte de su intimidad, pero no fue capaz de mentirle. "No tengo marido", dijo, a lo que Jesús le respondió: "Bien has dicho: No tengo marido; porque cinco maridos has tenido, y el que ahora tienes no es tu marido". Terrible y angustioso para ella ese momento, no había secretos para este hombre. Su vida era para Él como un libro abierto. Sin embargo, no la menospreció ni la regañó.

¿Qué extraño? Pero se había puesto de manifiesto la debilidad de su vida:

¡¡¡Su pecado sexual!!!

Jesús finalmente le dice: "Créeme, mujer, yo soy el mesías esperado...". Su corazón se llenó con el deseo de haber descubierto y conocido al mesías. Cristo había aclarado lo que estaba envuelto en la oscuridad y las tinieblas, al traerla a la luz. En este punto, la conversación llegó a su apogeo. Jesús le aseguró que su deseo se cumplió; Cristo no era más una figura que pertenece a un futuro inalcanzable y lejano.

Él estaba allí de pie, en la carne, en frente de ella, para darle la oportunidad de arrepentirse de su pecado y tener salvación y vida eterna. En su presencia habían sido anuladas las normas y reglamentos de los judíos que prohibían y señalaban como malo el hablar a una mujer, y más con una samaritana. Ese era un tiempo mesiánico. El tiempo de la discriminación había pasado. Ahora había una solución al odio racial y a las controversias religiosas.

Cada hombre y mujer, incluso el pecador, de ahora en adelante tenía la oportunidad de acercarse a Dios por medio de Cristo. Él llena el abismo que el pecado había cavado entre el hombre y Dios. En un momento ella entendió todo muy claramente. Era una pecadora, horrible, despreciable. Ahora estaba llena de amor, comprensión y perdón. La mujer samaritana se dio cuenta que esta era la razón que estaba buscando, y le dio la bienvenida en su corazón, recibiendo a Jesús como Señor y Salvador.

Jesús tenía que cambiar en la mujer, tres cosas básicas:

1. *Sus perjuicios culturales, para reconocerla y empoderarla.*

Juan 4:9, **"La mujer samaritana le dijo: ¿Cómo tú, siendo judío, me pides a mí de beber, que soy mujer samaritana? Porque judíos y samaritanos no se tratan entre sí".**

Lo que a ella le había sido enseñado por sus padres, lo que la cultura le indicaba, lo que había vivido de continuo en su día a día. Jesús le rompe todos los esquemas, lo cual a ella le era muy difícil entender.

2. *Su mente natural, para darle propósito.*

Juan 4:11, **"La mujer le dijo: Señor, no tienes con qué sacarla, y el pozo es hondo. ¿De dónde, pues, tienes el agua viva?".**

¿Cómo lo vas a hacer, como vas a poder tu sacar esa agua de la que hablas?, le dice la mujer a Jesús. Allí se da cuenta ella que Él no necesita ayuda, que no es con sus fuerzas y herramientas, sino con su santo poder y propósito.

3. *Sus tradiciones, para poder enviarla.*

Juan 4:12, **"¿Acaso eres tú mayor que nuestro padre Jacob, que nos dio este pozo, del cual bebieron él, sus hijos y sus ganados?".**

Ella vivía una religión a través de su tradición, no tenía una verdadera relación con su Creador, allí lo recibe y entonces está lista para ir a hacer la tarea que Dios, desde el vientre de su madre, le había asignado. La historia de la mujer samaritana ampliamente ilustra cómo una persona, que no era nada, ni nadie, antes de Cristo, fue a su ministerio cuando recibe a Cristo, convertida en misionera o evangelista de Cristo, por la gracia de su salvación. A esta mujer Jesús no solo le dirigió la palabra y mantuvo un diálogo con ella, sino que dicho diálogo se convirtió en una de las clases de teología más profundas del Nuevo Testamento jamás impartida a una mujer.

Esta clase de enseñanza no fue una excepción solo para la samaritana, Marta y María, hermanas de Lázaro, entre otras, también fueron auténticas discípulas de Jesús. Conocida por todos es la escena donde Marta reprocha a María que está: sentándose a los pies de Jesús a oír su palabra... dejando a Marta servir sola, Lucas 10:39–40. Entre las personas que escuchaban a Jesús, en el grupo privado, se hallaban pocas mujeres.

Lucas 8:1–3

"Jesús iba por todas las ciudades y aldeas, predicando y anunciando el evangelio del reino de Dios, y los doce con él, y algunas mujeres que habían sido sanadas de espíritus malos y de enfermedades: María, que se llamaba Magdalena... Juana, mujer de Chuza intendente de Herodes, y Susana, y otras muchas que le servían de sus bienes".

Jesús no solo hablaba con las mujeres, sino que se sentó con ellas para enseñarles, tal y como lo hacía con sus discípulos varones. Ahora al ver y entender estas realidades, surgen varias e interesantes preguntas, que al leer este libro y descubrir estas profundas realidades de la participación de la mujer en el ministerio de Jesús, vamos a poder ver con acertada claridad, por favor siéntase libre para responder o investigar:

1. ¿Quiénes eran ellas?
2. ¿Cuál era su participación?
3. ¿Para qué se adiestra a una persona, sino para enviarla?
4. ¿Para qué formamos maestros sino para que enseñen?
5. ¿Cómo van a enseñar si no pueden dirigir la palabra?
6. ¿Cometió algún crimen la mujer samaritana por enseñar a sus paisanos varones lo que Jesús le había enseñado a ella?
7. ¿Prohibió Jesús a las mujeres que le seguían que enseñaran a otros sus parábolas o sus enseñanzas, incluidos los hombres?

3. No, nunca lo hace. Es Pablo quien, inspirado por el Espíritu Santo, por un problema específico que sucedía entre las esposas de su liderazgo en Éfeso, por la influencia del templo y la adoración y culto a Artemisa, le tocó poner orden.

El concepto que la tradición judía atribuye a la mujer era sumamente bajo. Ellos concluían que la mujer era por naturaleza mentirosa, de aquí que su testimonio carecía de valor alguno. Se acepta su testimonio solo en algunos casos concretos excepcionales y en los mismos casos en que se aceptaba también el de un esclavo pagano. Por ejemplo, para volver a casarse una viuda, bastaba el testimonio de una mujer acerca del fallecimiento del primer marido. Adicionalmente y como simple dato informativo, pero de gran significado, es el hecho de que ni en el Antiguo Testamento ni en el "Talmud o la Mishná".[45], se conoce la forma femenina de los adjetivos "piadoso, justo y santo".

Se dice, como algo evidente, que Jesús no eligió entre los doce apóstoles a ninguna mujer, y es cierto; pero se olvida que los primeros apóstoles comisionados para anunciar su resurrección fueron mujeres, entre ellas María Magdalena y Junia. Esta comisión femenina debemos evaluarla a la luz del contexto social y religioso expuesto con anterioridad en este capítulo. Quizás por eso a ellos "les parecían locura las palabras de ellas, y no las creían". Lucas 24:10–11.

En cualquier caso, deducir de la ausencia de mujeres en el grupo apostólico de los Doce, que estas no pueden ser misioneras, apóstoles, evangelistas, pastoras o maestras, es poner en evidencia, cuanto menos, una grande ignorancia de la sociedad patriarcal de la época. Aun así, hubo mujeres líderes en el cristianismo primitivo, así y hoy quieran seguir segregándolas:

> **Romanos 16:1–5**
>
> **"Os recomiendo además nuestra hermana Febe, la cual es diaconisa de la iglesia en Cencrea; que la recibáis en el Señor, como es digno de los santos, y que la ayudéis en cualquier cosa en que necesite de vosotros; porque ella ha ayudado a muchos, y a mí mismo. Saludad a Priscila y a Aquila, mis colaboradores en Cristo Jesús, que expusieron su vida por mí; a los cuales no solo yo doy gracias, sino también todas las iglesias de los gentiles...".**

Romanos 16:12

"Saludad a Trifenay a Trifosa, las cuales trabajan en el Señor. Saludad a la amada Pérsida, la cual ha trabajado mucho en el Señor".

Filipenses 4:3

"Asimismo, te ruego también a ti, compañero fiel, que ayudes a estas que combatieron juntamente conmigo en el evangelio, con Clemente también y los demás colaboradores míos, cuyos nombres están en el libro de la vida".

El evangelio, en su primera fase, abanderó una libertad que sobrepasaba las expectativas de su época. Independientemente del contexto, la sola palabra libertad, generaba un entusiasmo en las personas que viven subyugadas ante cualquier ley impuesta, ya fuera en el ámbito social, familiar o religioso. Pablo mismo tuvo que reivindicar la libertad que tenía en Cristo Jesús, frente a las imposiciones legales religiosas de los judaizantes (Ver Gálatas 2:4).

A los corintios les había enseñado, y posteriormente les había escrito: 2 Corintios 3:17, "Porque el Señor es el Espíritu; y donde está el Espíritu del Señor, allí hay libertad". Pablo luchó contra lo que él llamaba el "yugo de la esclavitud" de la ley judaica; y resueltamente llama a perseverar: Gálatas 5:1, "...en la libertad con la cual Cristo nos hizo libres". Que las gentes tomaron conciencia de este espíritu de libertad que infundía el evangelio lo vemos por el mal uso que algunos hicieron de ella. Pedro tuvo que exhortar a ser libres, 1 Pedro 2:16, "Pero no como los que tienen la libertad como pretexto para hacer lo malo, sino como siervos de Dios". Las mujeres cristianas de Corinto, se vieron embriagadas de ese espíritu de libertad y, desde él, tomaron iniciativas y participaron del naciente movimiento de libertad que les permitió acercarse a su Dios.

Por todo lo dicho respecto a la mujer, la sociedad en la que nació la Iglesia no esperaba nada de ella; pero Jesús sí esperaba de ellas mucho. Todas las referencias que Jesús hizo acerca de la mujer, con la mujer, o especialmente de algunas mujeres, por activa o por pasiva que fueran, se constituye en un reto para los hombres de ayer y los de hoy.

El simple hecho que Jesús aceptara el seguimiento y la ayuda de un grupo de mujeres en sus viajes por Galilea, es una evidencia del reconocimiento que mostró hacia ellas como personas y hacia su trabajo y su libertad. Un discipulado activo fue el que debieron entender aquellas mujeres adjuntas al grupo que permanecían en oración en el aposento alto: Hechos 1:14, "Todos estos (los apóstoles), perseveraban unánimes en oración y ruego, con las mujeres, y con María la madre de Jesús, y con sus hermanos".

Si la expresión todos unánimes, de Hechos 2:1 se refiere a todos cuantos componían el grupo de Hechos 1:14, entonces también a las mujeres les fue dado el don de hablar en otras lenguas y hablar las maravillas de Dios. Según el sermón de Pedro, también las mujeres vinieron a ser receptoras de dicho don, pues escrito estaba: Hechos 2:16–17, "Y en los postreros días, dice Dios, derramaré de mi Espíritu sobre toda carne, y vuestros hijos y vuestras hijas profetizarán".

De todo esto fue testigo el movimiento de Jesús, los discípulos sabían cómo había tratado Jesús a la mujer, privada y públicamente. Este talento especial de Jesús formaba parte de las Buenas Nuevas, del Reino de Dios. Donde quiera que el evangelio fuera predicado, conocieron también las enseñanzas y la actitud personal de Jesús. Aun cuando es muy probable que las familias en las casas acogieran la nueva fe del Paterfamilias (Ver Hechos 10; 16:32–34; 18:8), los evangelistas llaman a las personas de manera individual a que crean en el mensaje de la cruz. La declaración de Jesús: Mateo 10:35, "Porque he venido para poner en disensión al hombre contra su padre, a la hija contra su madre, y a la nuera contra su suegra", debemos leerla a la luz de la experiencia misionera de la Iglesia.

Las mujeres que creían en el evangelio, en principio, lo hicieron a título particular, exponiéndose, en muchos casos, a las consecuencias que Jesús había apuntado (Ver Lucas 12:49–53).

Más tarde, el autor de la primera carta de Pedro exhortó a las mujeres que habían creído a que estuvieran "sujetas" a sus esposos que no habían creído, y que mostraran "una conducta casta y respetuosa" para que ellos fueran "ganados sin palabras". (Ver 1 Pedro 3:1–2).

Pero, cada vez más, la aceptación del evangelio fue una decisión personal de la mujer, y ello les hizo sentirse personas e individuos, como nunca antes lo habían experimentado.

Frente a los códigos domésticos de aquel tiempo, Pablo se atrevió a decir: Gálatas 3:26–28, "...porque todos sois hijos de Dios por la fe en Cristo Jesús, pues todos los que habéis sido bautizados en Cristo, de Cristo estáis revestidos. Ya no hay judío ni griego; no hay esclavo ni libre; no hay hombre ni mujer, porque todos vosotros sois uno en Cristo Jesús". El concepto de esta "igualdad" va más allá de la oferta de la salvación: conlleva implícitamente un nuevo estatus en la fraternidad y, como consecuencia, en el plano social y religioso.

Pablo enseña que: 1 Corintios 12:27, "Los creyentes formaban el "cuerpo" de Cristo, y eran miembros cada uno en particular". Es más, como miembros de ese Cuerpo, venían a ser individualmente responsables de sus propios actos, toda vez que también ellas deben de comparecer ante el tribunal de Cristo, para que cada uno, incluida en ese uno la mujer, también reciba según lo que haya hecho mientras estaba en el cuerpo (2 Corintios 5:10).

La mujer, porque se sentía responsable de sus propios actos ante Dios, reclamaba esa libertad de acción para servir a su Señor y Libertador. La exhortación de Pedro antes citada (1 Pedro 3:1), es compatible con la libre decisión que la mujer ha de tomar en casos concretos: Hechos 4:19, "...porque es necesario obedecer a Dios antes que a los hombres". Estas enseñanzas implícitas en el mensaje del evangelio, debieron de haber corrido como la pólvora entre las clases subyugadas o agraviadas por las instituciones sociales de la época, también y especialmente entre las mujeres.

Jesús hace a la mujer receptoras individuales de dones del Espíritu Santo. En la iglesia de Corinto había mujeres que tenían dones específicos de profecía (Ver 1 Corintios 11:5) que ejercían:

1 Corintios 14:3, **"Para edificación, exhortación y consolación"**. Estos dones, que confería Dios mismo, sin pedir "autorización" a los tutores de las mujeres, eran ejercidos mediante el impulso del Espíritu Santo, con poder y autoridad en la Iglesia. Por otro lado, aun cuando estos dones tenían una dimensión meramente espiritual, no obstante, hacían cobrar no poco protagonismo entre los que lo poseían.

Pablo tuvo que poner orden sobre este particular: 1 Corintios 12:21, *"...ni el ojo puede decir a la mano: No te necesito, ni tampoco la cabeza a los pies: No tengo necesidad de vosotros".* Y tuvo que subordinar todos los dones a un camino mejor: el amor (1 Corintios 13). La mujer cristiana en Corinto se sintió, por primera vez en aquella sociedad, con la autonomía y la relevancia que transfería un don espiritual, fuese cual fuese este don. Por primera vez, al menos en el seno de la Iglesia, la mujer podía hablar sin el consentimiento del padre, el hermano mayor, o del marido, porque su autoridad procedía de un ente superior: Dios.

La mujer de Corinto tomó conciencia de ese estatus nuevo que le ofrecían las Buenas Nuevas del Evangelio. ¿Cómo no iba a cierto espíritu de superioridad, no solo sobre el resto de la comunidad, sino sobre los mismos padres y esposos, tutores de las mujeres? ¿Y cómo no iba a crear problemas institucionales, generacionales y eclesiales esta situación? Pero, claro está, eso sería auténtico, legítimo y lícito, pero no todo conviene, había establecido el Apóstol. No había que buscar el propio bien, sino el del otro. (1 Corintios 10:23–24).

– OCHO –

HISTORIA Y REALIDAD

La Iglesia doméstica de los pastores Aquila y Priscila, plantea la mayoría de las interrogantes relativas a la vida de los primeros cristianos; al mismo tiempo que ahora los textos sobre las mujeres dentro de la Iglesia primitiva, o sobre las mujeres de la Biblia, siguen creciendo a un ritmo exponencial. Lo que proponemos es sumar ambos temas y dejar claramente establecido el tan importante papel de la mujer en la Iglesia del tiempo de Cristo Jesús, y el papel que debería tener según lo enseñado por Jesús en la palabra. Quienes investigan la posición de las mujeres en la antigüedad grecorromana, el judaísmo, el islam, y el cristianismo primitivo, se han situado por lo general en uno de estos bandos enmarcados por el patriarcado reinante en sus épocas, y la forma sabia e inteligente usada por Cristo Jesús, para interaccionar con las mujeres y darles participación en su ministerio.

Fácilmente podemos citar varios escritos bíblicos que nos muestran y dejan ver cómo Jesús da valor a las mujeres, el que nunca nadie les había dado ni habían tenido, mencionemos solo tres de ellos como ejemplo:

1. El encuentro tan detalladamente narrado de Jesús con la mujer samaritana, que registra el Evangelio de Juan, donde marcadamente se advierte la perplejidad de los discípulos por haberlo encontrado hablando a solas con una mujer, conducta que era considerada indigna en la época por tratarse de un rabí, y por ser ella una mujer de samaria, la capital de las tribus del norte.

Este hecho descrito claramente en la Biblia narra y establece como Él le da lugar y valida a la mujer en su Reino y para su Reino.

Juan 4:7–9

"Vino una mujer de Samaria a sacar agua; y Jesús le dijo: Dame de beber. Pues sus discípulos habían ido a la ciudad a comprar de comer. La mujer samaritana le dijo: ¿Cómo tú, siendo judío, me pides a mí de beber, que soy mujer samaritana? Porque judíos y samaritanos no se tratan entre sí".

Juan 4:27

"...en esto vinieron sus discípulos, y se maravillaron de que hablaba con una mujer; sin embargo, ninguno dijo: ¿Qué preguntas? o, ¿Qué hablas con ella?...".

2. El encuentro que se sucede con la mujer adúltera, la cual no era prostituta como muchos la designan, sino que siendo una mujer casada fue sorprendida en el lecho con otro varón que no era su esposo; y casi muere por lapidación, a pedradas, a manos de su esposo y de la turba religiosa, a no ser por la intervención y misericordia de Jesús, y su invaluable amor por el desvalido.

   Juan 8:2–7

   "Y por la mañana volvió al templo, y todo el pueblo vino a él; y sentado él, les enseñaba. Entonces los escribas y los fariseos le trajeron una mujer sorprendida en adulterio; y poniéndola en medio, le dijeron: Maestro, esta mujer ha sido sorprendida en el acto mismo de adulterio. Y en la ley nos mandó Moisés apedrear a tales mujeres. Tú, pues, ¿qué dices? Más esto decían tentándole, para poder acusarle. Pero Jesús, inclinado hacia el suelo, escribía en tierra con el dedo. Y como insistieran en preguntarle, se enderezó y les dijo: El que de vosotros esté sin pecado sea el primero en arrojar la piedra contra ella".

3. Al ver la extravagancia del amor del Padre derramado sobre la humanidad de su Hijo amado al usar una mujer llamada María, hermana de Martha y de Lázaro, para que derrame un envase de perfume completo, de nardo puro sobre Él, ungiéndolo para lo que le había de venir, preparándolo para la sepultura..., y la expresión de

aquel que lo habría de entregar, quien arguye diciendo que eso es una exageración, que está de más hacer eso, y que a los pobres le vendría mejor el valor de ese costoso perfume.

Juan 12:1–3

"Seis días antes de la pascua, vino Jesús a Betania, donde estaba Lázaro, el que había estado muerto, y a quien había resucitado de los muertos. Y le hicieron allí una cena; Marta servía, y Lázaro era uno de los que estaban sentados a la mesa con él. Entonces María tomó una libra de perfume de nardo puro, de mucho precio, y ungió los pies de Jesús, y los enjugó con sus cabellos; y la casa se llenó del olor del perfume".

Estas tres historias anteriores, son solo algunas de las tantas donde Jesús toma en cuenta a la mujer como una persona y le da valor como un individuo, como una en condición de igual al varón. Él no las hacía sentir transparentes ni disminuidas, Él les daba su justo valor y lugar que ya tenían desde la eternidad. Jesús habló mucho de la mujer en sus parábolas, y un sinnúmero de historias acerca de Jesús tenían como personaje principal algunas mujeres en cualquiera de sus formas y expresiones; cosa poco frecuente en las enseñanzas rabínicas conocidas hasta el momento, con excepción de la Reina Esther, Ruth, y Débora.

La síntesis que cualquier oyente o lector podía hacer de esas historias, acerca de Jesús, era que Él había sacado a la mujer del anonimato al cual las instituciones las habían relegado. Las historias ya mencionadas de la mujer adúltera y perdonada, la de la mujer samaritana, la historia de María, la hermana de Lázaro y Martha, adicionalmente la de María Magdalena y las mujeres que fueron al sepulcro (Juan 20:11–18), entre muchas otras que podríamos citar, debieron ser espectaculares y fascinantes historias que hicieron vibrar y soñar despiertas, o al menos suspirar, a todas la mujeres que las escuchaban o las leían, al tener por lo menos alguien que les daba o hablaba de aires de libertad, y que las valoraba como personas.

Ciertamente, Jesús abrió una ventana por la cual entraba un rayo de luz y esperanza hacia otra forma de vida, hacia otra manera de entender y vivir la vida, especialmente para las mujeres sometidas a un estatus en el que carecían de personalidad jurídica, un estatus reflejado en la vida social, familiar y eclesial de la mujer. Y todas estas historias acerca de Jesús, se constituían por sí mismas en un caldo de cultivo que, disponían las mentes y corazones para el gran salto que habría de darse. Él estaba preparando la sociedad de aquel tiempo, y también la de ahora, para entender que, en su Reino, todos somos iguales, pero con posiciones ejecutivas y responsabilidades diferentes.

Las mujeres de Corinto conocían esas historias e hicieron de ellas la perla más preciosa hallada. Este es el trasfondo ideológico del marco inicial de las iglesias del Nuevo Testamento durante su primera fase, antes de la aparición del Cesar Constantino y del concilio de Nicea. A este espíritu pertenecen los textos donde hallamos a las mujeres que llevan a cabo ministerios idénticos al ministerio de los hombres, por ejemplo:

> **Romanos 16:6–7, 12**
>
> **"Saludad a María, la cual ha trabajado mucho entre vosotros. Saludad a Andrónico y a Junia, mis parientes y mis compañeros de prisiones, los cuales son muy estimados entre los apóstoles, y que también fueron antes de mí en Cristo. Saludad a Trifenay a Trifosa, las cuales trabajan en el Señor. Saludad a la amada Pérsida, la cual ha trabajado mucho en el Señor".**

Los historiadores legales y los intérpretes que echan mano de las ciencias sociales, han descrito como patriarcales las estructuras de esa cultura antigua, en la cual el padre tenía autoridad legal sobre la vida y la muerte de todos los miembros de su familia; mientras que las mujeres y los niños no podían actuar como personas, sin un tutor legal varón.

El papel de la mujer en el mundo oriental de aquella época, y en particular en Israel, era mucho más asfixiante y opresivo de lo que hoy se puede pensar. El desprecio de los hombres de aquellos días por sus mujeres era algo que hoy resulta difícil de comprender, por ejemplo, cuando la mujer judía salía de su casa, no importaba para qué, tenía que llevar siempre la cara cubierta con un tocado que comprendía dos velos sobre la cabeza, una diadema sobre la frente, con cintas colgantes hasta la barbilla, y una malla de cordones y nudos. De este modo como usaban el velo no se podían conocer o definir los rasgos de su rostro, y ellas, a duras penas, podían ver para valerse por sí mismas.

Tal y como se vio en los noticieros del mundo entero al momento que los Talibanes reinaban en Afganistán y fueron sacados del poder por fuerzas militares de la OTAN en 2001.

La mujer que salía de su casa sin llevar la cabeza cubierta, ofendía hasta tal punto las "buenas costumbres", que su marido tenía el derecho y hasta el deber de despedirla, sin estar obligado a pagarle la suma estipulada para el caso de divorcio, dejándola en la calle, ya que, no podía volver a sus padres. Sobre esto hay que decir que había mujeres tan estrictas también, que tampoco se descubrían en su propia casa. Solo el día de la boda, celebrada en su casa, y si la mujer era virgen y no viuda, aparecía en el cortejo con la cabeza al descubierto.

Ni qué decir de las israelitas, sobre todo las de las ciudades, que debían de pasar inadvertidas en público. Las reglas "judaicas" que se seguían entonces mantenían que era preferible no hablar con las mujeres en público para el bien del alma. Estas reglas de "buena educación" prohibían, incluso, encontrarse a solas con una mujer, y mirar a una casada, o saludarla. Era un deshonor para un alumno de los escribas hablar con una mujer en la calle. Aquella rigidez llegaba a tal extremo que la judía que se entretenía y hablaba con todo el mundo en la calle, o que hilaba a la puerta de su casa, podía ser repudiada como una mujer baja o de mala reputación. Pero en verdad no hay que generalizar al extremo esta posición estrictamente patriarcal, denigrante e inhumana, ante nuestros ojos occidentales.

También en esa época había excepciones. Estas reglas eran tenidas muy en cuenta solo entre los grupos más puritanos, especialmente los saduceos, fariseos, escribas, publicanos, sacerdotes, etcétera. La verdad es que dos veces al año, el 15 de Nisán, también llamado Abib, y el día de la expiación, había danzas en las viñas de los campos, y las muchachas se hacían de sus mejores ropajes danzando con alegría ante los jóvenes de su época.

Sobre todo, estas prescripciones afectaban a las familias acomodadas, donde la mujer sí que podía llevar una vida retirada, pero no en las familias populares, donde razones económicas lo impedían. Además, en el campo reinaban relaciones más libres y sanas que en las grandes ciudades, donde las maneras y las costumbres eran algo a lo que se daba más importancia. En los pueblos la mujer va a la fuente por agua, se une al trabajo de los hombres en el campo, vende productos de la cosecha, sirve en la mesa, etcétera.

La situación de la mujer en la casa no se veía modificada, en relación a esta conducta pública. Las hijas, por ejemplo, debían ceder siempre los primeros puestos, e incluso el paso por las puertas, a los varones parientes. Su formación se limitaba estrictamente a las labores domésticas, así como a coser y tejer. Cuidaban de los hermanos más pequeños y, respecto del padre en su vejez, tenían la obligación de alimentarlo, darle de beber, vestirlo, cubrirlo, sacarlo y meterlo a tomar aire fresco, o a participar con la familia de algún evento, y lavarle la cara, las manos y los pies, entre otras. Sus derechos, en lo que se refiere a la herencia no era el mismo que el de los varones.

La patria potestad era muy grande respecto a las hijas menores antes de su boda. Se hallaban en poder de su padre. La sociedad judía de aquel tiempo distinguía tres edades: la menor (qatannah, hasta la edad de doce años y un día), la joven (na'arah, entre los doce y los doce años y medio), y la mayor (bôgeret, después de los doce años y medio). Hasta esta última edad, el cabeza de la familia tenía toda la potestad, a no ser que la joven estuviese ya prometida o separada. Según este código social, las hijas no tenían derecho a poseer absolutamente nada: ni el fruto de su trabajo ni lo que pudiese encontrar, por ejemplo, en la calle. Todo era del padre.

La hija, hasta los doce años y medio, no podía rechazar un matrimonio impuesto por el padre. El padre podía vender a su hija como esclava, siempre que no hubiera cumplido los doce años, los casamientos solían celebrarse muy temprano. Al año de ser mayor la hija, celebraba la boda, pasando entonces de la potestad del padre a la del marido. Y realmente, no se sabía qué podía ser peor. Después del contrato de compra–venta matrimonial, la mujer pasaba a vivir a la casa del esposo. Esto, generalmente, significaba una nueva carga, amén del enfrentamiento con otra familia extraña a la recién llegada, a la que casi siempre se manifestaba una abierta hostilidad.

A decir verdad, la diferencia entre la esposa y la esclava, o una concubina, era que aquella disponía de un contrato matrimonial y las últimas no. A cambio de muy pocos derechos, la esposa se encontraba cargada de deberes: tenía que moler el grano, coser, lavar, cocinar, amamantar a los niños, hacer la cama del marido y, en compensación por su sustento, hilar y tejer. Otros añadían incluso a estas obligaciones las de lavar la cara, manos y pies, y preparar la copa del marido.

El poder del marido y del padre llegaba a tal extremo que, en caso de peligro de muerte, había que salvar antes al marido. Al estar permitida la poligamia, la esposa tenía que soportar la presencia y las constantes afrentas de las concubinas. Pero la poligamia solo podía ser asumida por varones pudientes y no era habitual. En cuanto al divorcio, que estaba admitido según la Ley mosaica, el derecho estaba única y exclusivamente de parte del marido. Solo él podía iniciar el trámite. Esto daba lugar, lógicamente, a constantes abusos.

1 Samuel 1:5–7

"Pero a Ana daba una parte escogida; porque amaba a Ana, aunque Jehová no le había concedido tener hijos. Y su rival la irritaba, enojándola y entristeciéndola, porque Jehová no le había concedido tener hijos. Así hacía cada año; cuando subía a la casa de Jehová, la irritaba así; por lo cual Ana lloraba, y no comía".

Naturalmente, dentro de estos límites, la situación de la mujer variaba según los casos particulares. Había dos factores que tenían especial importancia: por una parte, la mujer encontraba apoyo en sus parientes de sangre, especialmente en sus hermanos, lo cual era capital para su vida conyugal; por otra parte, el tener niños, especialmente varones, era muy importante para la mujer. La carencia de hijos era considerada como una gran desgracia, incluso como un castigo divino. La mujer, al ser madre de un hijo, era considerada: había dado a su marido el regalo más precioso.

1 Timoteo 2:15

"Pero se salvará engendrando hijos, si permaneciere en fe, amor y santificación, con modestia".

Es importante destacar que, en esta carta de Pablo a Timoteo, en este capítulo 2 y versículo 15, habla de la mujer con respecto a ser guardada y protegida por el hecho de darle hijos a su esposo; aquí Pablo no está hablando de salvación como muchos pueden asumir. La mujer viuda quedaba también en algunas ocasiones vinculada a su marido, cuando este moría sin hijos. En este caso debía esperar, sin poder intervenir en nada ella misma, que el hermano o los hermanos de su difunto marido contrajesen con ella matrimonio o manifestasen su negativa, sin la cual no podía ella volver a casarse.

Podemos ver en la Biblia el caso de Ruth la moabita y su suegra, lo cual expresa claramente esta práctica, como también podemos referir el caso de Tamar, la nuera de Judá. Por supuesto, desde el punto de vista religioso, la mujer israelita tampoco estaba equiparada con el hombre. Se veía sometida a todas las prescripciones de la Torá y al rigor de las leyes civiles y penales, incluidas la pena de muerte, no teniendo acceso, en cambio, a ningún tipo de enseñanza religiosa. Una sentencia del Rabí Eliezer, hacia el 90 d. C., por ejemplo, decía que: "Quien enseña la Torá a su hija, le enseña el libertinaje", y otra decía: "Vale más quemar la Torá que transmitirla a las mujeres".

La mujer no estaba obligada a ir en peregrinación a Jerusalén por las fiestas de pascua, pentecostés y tabernáculos, habitar en las tiendas en la fiesta, hacer sonar el sophar el día de Año Nuevo, leer el libro de Ester (magillah) en la fiesta de los Purim, recitar cada día el semá, etcétera. De las dos partes conocidas dentro de la sinagoga, sabbateion y andron, la primera, dedicada al servicio litúrgico, era accesible también a las mujeres; por el contrario, la otra parte, destinada a las lecciones de los escribas, solo era accesible a los hombres y los jóvenes mayores de trece años. Pero esto no se seguía con exactitud, pues en las familias de elevado rango, se daba a las hijas una formación profana, haciéndoles aprender griego.

Los derechos religiosos de las mujeres, lo mismo que los deberes, estaban limitados. Las mujeres solo podían entrar en el templo al atrio de las mujeres; durante los días de la purificación mensual y durante un período de 40 días después del nacimiento de un varón y 80 del de una niña, las mujeres no podían entrar siquiera al atrio de los gentiles. Durante este período se consideraba a las mujeres fuentes de impureza y debían mantenerse alejadas de los lugares de culto; y ni hablar de las mujeres que tuviesen flujo de sangre, por cuanto no podían ni siquiera salir de sus casas, al considerarse impuras.

No era usual que las mujeres impusiesen su mano sobre la cabeza de las víctimas para el sacrificio y sacudiesen sus porciones. Las mujeres podían entrar en la parte de la sinagoga utilizada para el culto; pero había unas barreras y un enrejado que separaban el lugar destinado a las mujeres. Más tarde se llegó incluso a construir para ellas una tribuna con una entrada particular. En el servicio litúrgico, las mujeres se limitaban únicamente a escuchar. No podían hacer la lectura porque era rarísimo que supieran leer, y mucho menos se esperaba de ellas que pudieran hacer una enseñanza pública. En la casa, la mujer no era contada en el número de personas invitadas a pronunciar la bendición tras la comida, y tampoco tenía el derecho a prestar testimonio en un juicio. Sencillamente, era considerada mentirosa por naturaleza.

Para concluir esta parte de análisis de la mujer en la era del patriarcado, era muy significativo que el nacimiento de un varón era motivo de alegría, y el de una niña se veía acompañado de la indiferencia, e incluso de la tristeza. Los escritos rabínicos llegaban a proclamar: "¡Desdichado de aquel cuyos hijos son niñas!". Teniendo en cuenta todos estos precedentes, se apreciará más en su justa medida el valor que representaba el que Jesús se rodease también de mujeres, que conversase libremente con ellas y que las tratase como a iguales; e incluso que infundiese esos mismos nuevos ánimos y sentimientos en la mente de los hombres que le conocieron.

"La Ley de Israel concedía una posición honorable a las mujeres y fomentaba el respeto por sus derechos. Sin embargo, a partir del siglo IV antes de nuestra era, el judaísmo se dejó influir por la cultura griega, que consideraba inferior a la mujer (véase el recuadro 'Textos antiguos que discriminan a la mujer'). Ya en el siglo VIII antes de nuestra era, el poeta griego Hesíodo culpaba a la mujer de todos los males. En su obra Teogonía hablaba de la más perniciosa raza de mujeres, el más cruel azote que existe entre los hombres mortales".

Esta idea cobró auge en el judaísmo a principios del siglo II antes de nuestra era. De hecho, el Talmud, que se empezó a compilar en el siglo II de nuestra era, advertía a los hombres que conversar mucho con mujeres podía empujarlos a recurrir a prostitutas. Claro, con el paso del tiempo, semejante desconfianza hacia la mujer afectó enormemente su papel en la sociedad judía. En tiempos de Jesús, su acceso al recinto del templo se había limitado al atrio de las mujeres. Solo recibían educación religiosa los varones, y ellas probablemente se sentaban aparte en las sinagogas. En el Talmud también se citaban las siguientes palabras de cierto rabino:

"Todo el que instruye a su hija en la Torá (la Ley) es como si la instruyera en cosas frívolas". Así pues, al transmitir una visión distorsionada de la opinión divina acerca de la mujer, los líderes religiosos judíos inculcaron en muchos hombres el desprecio por las mujeres".[46]

Jesús no tiene en cuenta para nada los convencionalismos y las normas humillantes de la segregación de la mujer. Lo mismo que con los hombres, habla públicamente con las mujeres, aunque sean paganas, como la sirofenicia (Marcos 7:24–30), o se les considera heréticas e iguales a los paganos, como la samaritana (Juan 4:6–27). Permitió incluso que María Magdalena y las demás discípulas galileas le siguieran y le sirvieran durante su actividad apostólica (Lucas 8:1–3). Resucitado de entre los muertos, se apareció primero a las que habían sido testigos de su muerte y sepultura para hacerlas testigos y "evangelistas" de su resurrección ante los apóstoles. Jesús, al contrario de muchos rabinos de su tiempo, se guarda mucho de considerar inútil o inconveniente, entretenerse en comunicarles los misterios de Dios, en Juan, la samaritana es una de las pocas personas que Jesús discípula individualmente, en la casa de Betania, a diferencia de su hermana Marta, María se olvida de todo, preocupada tan solo de no perder ni una sola palabra del maestro, huésped suyo. Y Jesús la presenta a ella, una mujer, como el ideal del discípulo.

El análisis realizado desde las normas sociales, ha puesto de manifiesto la preponderancia de la doble medida en lo sexual, la insistencia en la pureza femenina y la exclusividad, y en la obligación de los varones en lo tocante a defender el honor de sus mujeres.

Por otro lado, quienes escriben desde una perspectiva más abierta y realista, en el cómo se manejó Jesús con los suyos, y en el papel de la mujer hoy en la sociedad moderna, han abogado por una nueva chispa de conocimiento del cristianismo más primitivo, especialmente del tipo de enseñanza usado por Jesús, por una visión de un modo nuevo de relacionarse como hembra y varón dentro de la Iglesia. Según esta lectura, el modelo de discipulado ofrecido por Jesús, propugnaba una visión de verdadera igualdad que daba al traste con las barreras de la discriminación social reinante en la época. Aunque eruditos religiosos han intentado enmarcar esta lectura solo en un estricto sentido de la salvación de la humanidad, y no de su participación como individuos, me pronuncio hacia la igualdad e inclusión de ellas como iguales.

Gálatas 3:28

"Ya no hay judío ni griego; no hay esclavo ni libre; no hay varón ni mujer; porque todos vosotros sois uno en Cristo Jesús".

Pero, siempre según este modelo, los discípulos posteriores a los apóstoles no mantuvieron del todo esta tendencia liberadora, manifestada y establecida por Jesús en su ministerio. La caída de la gracia primigenia se produjo en diferentes momentos, dependiendo del punto de vista de cada autor: con Pablo, o justamente después del Nuevo Testamento, posteriormente del tercer siglo. Así, dicho modelo se convierte en una versión nueva del argumento de la tradición primitiva, y de otras tantas religiones que paralizan y esclavizan a sus miembros con normas, legalismo, y religión. Según el cual aquellos prístinos orígenes degeneraron a partir de un momento dado en una conciliación con el mundo.

Por ejemplo, podemos citar, entre otros, la entrada de las imágenes en la Iglesia primitiva de las catacumbas, inferido por la apertura dictada por el Cesar Constantino en el Edicto de Milán en el año 313, y el concilio de Nicea en el 325 d. C.; por este gran cambio, y por otras muchas situaciones que confluían en ese momento y lugar, así también la gracia divina e igualdad que Jesús predicó y estableció, se contaminó abiertamente, o digámoslo de otra manera, se adaptó y se conformó a las circunstancias y negociaciones dadas por las diferentes fuerzas y situaciones a la que fue expuesta.

Una variante de este modelo, es la teoría según la cual en ese período estaban activas, ciertamente, tendencias liberadoras moderadas, pero estas no tuvieron su origen en el cristianismo. Lo que cabe ver, más bien es que el movimiento hacia una mayor libertad social para las mujeres se estaba produciendo ya dentro del imperio romano de manera independiente, respecto a la influencia del cristianismo, el cual se limitó a aprovechar el impulso de la evolución social y a seguir hasta cierto punto tales tendencias.

El mérito que se le atribuye a la Iglesia primitiva, no es mucho, aunque tuvo una gran participación. El cristianismo no fue la única fuerza que contribuyó a una transformación del patriarcado, sino que representó solo una de dichas fuerzas. Las estudiosas feministas judías nos han hecho tomar conciencia bastante clara del antijudaísmo implícito, que puede subyacer detrás del argumento que Cristo Jesús creó un discipulado de iguales en su época, para que perdurara: Jesús liberó a las mujeres de la opresión del judaísmo. Resulta muy convincente la postura que establece la existencia de un movimiento tendiente a una mayor libertad social para las mujeres, no hacia la "liberación, libertinaje, o liberalidad"; tal como la podemos conceptuar hoy en día, sino un movimiento que estaba ya produciéndose dentro de la sociedad romana y griega, y en el cual el cristianismo participó parcialmente. Al parecer, algunas corrientes del cristianismo aprovechaban este movimiento dándole una motivación espiritual. Otras se presentaban en continuidad con modelos más tradicionales. Es probable que ambas tendencias actuaran de manera simultánea. De hecho, podemos seguir de varias maneras las huellas de ese movimiento en favor de las mujeres dentro de la sociedad romana del siglo primero:

1. La práctica de separación del matrimonio por el concepto del "manus", lo cual no es más que el traspaso de la novia, de la autoridad de su padre a la de su marido.

2. El incentivo de una libertad respecto a la "tutela", (custodia legal) ofrecido por "Caius Iulius Caesar Augustus", conocido como Cesar Augusto, a aquellas mujeres que tuvieran cierto número de hijos: Tres en el caso de una mujer nacida libre, cuatro en el de una liberta. (Cayó Julio César Augusto, conocido como César Augusto y más habitualmente como solo Augusto, fue el primer emperador del Imperio Romano. Gobernó entre 27 a. C. y 14 d. C.).

3. Los indicios mencionados por varios autores que las mujeres respetables empezaban a recostarse en los banquetes públicos junto a sus maridos.

4. Las pruebas existentes que algunas mujeres administraban sus propiedades, llevaban a cabo actividades comerciales, y poseían negocios.

5. El papel que la mujer desempeñó en Roma fue mucho más relevante con respecto al rol de la mujer griega. Al igual que las mujeres griegas manejaban los asuntos de la casa, la mujer romana tenía más autoridad por cuanto sabía influir en los asuntos políticos del marido.

Mucho se ha hablado sobre el análisis de este tema. Casi se podría decir que está cimentado sobre la creación de las estructuras sociales en la antigüedad grecorromana. Tanto según los textos antiguos, como de acuerdo con las modernas teorías antropológicas; el ámbito público de templos, teatros, foros, asambleas y tribunales, o entre los campesinos del medio rural, el de la plaza de la localidad y los campos, etcétera, es el mundo de los hombres en el cual las mujeres no se meten. Mientras que el de la casa y el jardín, lo doméstico y los hijos, es el ámbito privado de las mujeres, en el cual tienen libertad supervisada de controlar.

Años atrás, se pensaba que ambas categorías estaban tan rígidamente fijadas y separadas, como el modo en que hoy funcionan en la sociedad islámica más conservadora, fuera su modo de funcionar en todas partes. Por supuesto, el modelo no es del todo erróneo. La invisibilidad social de las mujeres en la vida pública de la antigüedad grecorromana resulta sorprendente comparada con la realidad de muchas otras culturas.

Una de las tantas razones por la cual los romanos no permitían la participación abierta de las mujeres en su sistema social, político, comercial, etcétera, era por el miedo que les imprimía la presencia y actuación de una mujer fuerte. Un claro ejemplo de eso es la opinión que tenían los romanos frente a Cleopatra, ya que no la consideraban favorable a ella, ni su poder e influencia, para el pueblo romano; siendo esta una reina y manteniendo una estrecha relación con el emperador Julio Cesar.

Pero la invisibilidad social de la mujer es conceptual; existe en las mentes de quienes formulan el ideal y puede no tener ni el más remoto parecido con lo que realmente sucede. El hecho que no se pueda dirigir la palabra a las mujeres en entornos públicos no significa que no estén allí. Las pruebas que habrá mujeres en el mundo de los negocios y de las profesiones, demuestran que la invisibilidad social no es invisibilidad real. Además, las categorías se exageran y con frecuencia se aplican de manera demasiado rígida.

El patriarcado romano se realizaba como gran parte de sus actividades empresariales y políticas, por no decir casi todas, unas y otras intrínsecamente entretejidas en virtud del sistema del patronazgo. En la manera como estaba manejada y distribuida una casa, había ciertas y claras diferencias. Dentro del hogar, en la parte delantera de la casa, a la cual, las mujeres romanas, a diferencia de las griegas, no se le negaba el acceso, se desarrollaban la mayoría de los eventos de intercambio público. En este punto se deben tener muy en cuenta las diferencias establecidas entre el uso griego y el romano del espacio doméstico.

Según Vitrubio (En latín: Marcus Vitruvius Pollio, arquitecto, escritor, ingeniero, y tratadista romano del siglo 1 a. C.) y otros autores de la época, la casa de la elite griega mantenía a las mujeres apartadas en la parte trasera de la casa, lo cual la casa romana no hacía. En la medida en que las costumbres romanas penetraron en el oriente griego, se puede suponer que también en Oriente acabaron por producirse cambios en la línea de la romanización, al menos para quienes de un modo u otro constituían la elite.

Por supuesto, un autor como Vitrubio, lo mismo que la mayoría de las fuentes antiguas no cristianas, no toma en consideración las viviendas de las clases inferiores y de los pobres, donde la falta de espacio suficiente, hacía prácticamente imposible cualquier tipo de segregación por género de los habitantes de la casa.

En ocasiones, se ha supuesto que la Iglesia doméstica del primer siglo, debido a que a menudo se reunía dentro de una estructura doméstica y familiar, lo hacía siguiendo las reglas de la esfera privada, en la cual se piensa que las mujeres tenían mayor libertad dentro del círculo de la familia inmediata. Pero, muy frecuentemente, la reunión de una Iglesia doméstica no era la de la familia inmediata, y esta idea sobre el aplicar las reglas privadas, ha sido hábilmente puesta en tela de juicio por un análisis de las expectativas de Pablo en la primera carta a los Corintios. En lugar de pensar en la Iglesia doméstica como un refugio privado, es probable que convenga considerarla como la encrucijada entre lo público y lo privado, y pensar que la vieja idea romana, que según cómo le va a la familia le va al Estado, era igualmente aplicable dentro de la comunidad cristiana.

Timoteo en su primera carta específica que un obispo (episkopos) debe demostrar que sabe gobernar bien su propia casa, pues, si es incapaz de esto, pregunta retóricamente el texto, ¿cómo podrá gobernar la Iglesia?

1 Timoteo 3:4–5

"...que gobierne bien su casa, que tenga a sus hijos en sujeción con toda honestidad, pues el que no sabe gobernar su propia casa, ¿cómo cuidará de la iglesia de Dios?".

Una vez más se nos advierte que tras la suposición que la sinagoga era una reunión pública, por tanto, más restrictiva para las mujeres que la reunión cristiana privada celebrada en casa, puede acechar un prejuicio implícito. El uso, e incluso la renovación, de casas particulares para reuniones públicas eran cosa común entre los judíos, los cristianos y otros grupos, y de la utilización del espacio doméstico no se puede deducir nada acerca de la conducta social, y menos aún basarse en él para establecer comparaciones entre la libertad relativa de judías y cristianas.

Producto de la gran y activa participación de la mujer en el devenir histórico de la Iglesia, y más hoy en día donde entendemos que ya no se enmarca a las mujeres como "la esposa del pastor", sino que hay muchas de ellas que ejercen verdaderas e importantes posiciones de gobierno dentro de las más conservadoras denominaciones cristianas, y de las que ostentan grandes ministerios internacionales. Todo esto como conclusión de este capítulo de las mujeres en la historia y actualidad de la Iglesia, pasamos a ofrecer una perspectiva general de las tres suposiciones básicas que de aquí emanan:

1. Los títulos en masculino plural no siempre deben entenderse como referidos exclusivamente a hombres. Esta forma de enunciar los títulos masculinos regularmente incluía la participación femenina.

2. Los valores culturales del honor y la vergüenza estaban activos, pero de manera diferente y en diferentes situaciones. Para poder ejercer un rol dentro de la Iglesia de los primeros tiempos, había que caminar un verdadero rumbo de santidad.

3. Queda claramente establecido que las mujeres participaban en todas las actividades principales de la Iglesia doméstica: Profecía, pastorado, apostolado, culto, hospitalidad, patronazgo, educación, comunicación, servicios sociales, evangelización e iniciativas misionera.

– NUEVE –

¿UN APÓSTOL MUJER?

En el versículo 7 del mismo capítulo 16 de la carta a los romanos, Pablo envía especiales saludos a Andrónico y Junia, los cuales son muy estimados entre los apóstoles. Junia es un nombre femenino y por lo que entendemos aquí, vemos una mujer que es reconocida por Pablo como apóstol, o como importante entre los apóstoles. Un sacerdote católico de la Iglesia temprana, Juan Crisóstomo, comentando este versículo en la carta de Pablo a los romanos, dijo: "Cuán grande es la devoción de esta mujer, que ella debe ser incluso considerada digna de la denominación de apóstol".

Vemos pues, que en la Iglesia del Nuevo Testamento, tanto las mujeres como a los hombres funcionaban como apóstoles. En Filipenses 4:3, Pablo exhorta a la Iglesia de Filipos para ayudar a las mujeres: "...que combatieron juntamente conmigo en el evangelio". Se debe tener en cuenta que Pablo dice que estas mujeres trabajaban con él, no debajo de él.

"Junia era obviamente una respetada líder de la Iglesia del Nuevo Testamento. Hasta el siglo XIII, nadie cuestionó el nombre de esta mujer mencionada en Romanos 16:7 (RVR1909). Junia era un nombre común para una mujer romana de ese tiempo. Sin embargo, más tarde traductores de la biblia comenzaron a cambiar su nombre a una forma masculina, "Junias", o "Juniano", porque no podían aceptar la posibilidad que Pablo mencionara a una mujer como apóstol. En realidad, él dice que ella es "Insigne entre los apóstoles". (RVR1909).

Los manuscritos griegos originales listan su nombre correctamente, y no es necesario ajustar la ortografía para adaptarse a nuestro machismo. Pablo distingue a esta mujer a causa de su valentía apostólica y por el hecho que ella sufrió por su fe en la cárcel junto a Pablo. No tenemos un registro de los logros de su ministerio, pero podemos suponer que ella participó en la predicación y en la plantación de iglesias. Incluso el padre de la Iglesia Primitiva, Juan Crisóstomo (AD. 347–407), que no era simpatizante de las mujeres, y reconoció que Junia tenía una posición destacada en la Iglesia del Nuevo Testamento".[47]

Pero algunos se pueden claramente preguntar, ¿qué pasa con todo lo que Pablo habla sobre este tema en 1 Corintios 14:34 y 1 Timoteo 2:8–12 que las mujeres estén en silencio? En primer lugar, es importante establecer que no debe formularse un concepto final o absoluto de un versículo de la palabra, sin hacer una exégesis apegada a la hermenéutica, analizando el contexto, y así dar a la misma, consideración y profundo análisis a la palabra y su interpretación en el lenguaje que se escribió, por ejemplo: para el Nuevo Testamento, se debe tener muy en cuenta el griego del tiempo de Pablo.

Además, es más que probable que las restricciones de estos versículos se relacionan con las situaciones locales, culturales, matrimoniales, etcétera, y no como edictos universales que pertenecen a toda la Iglesia en todas las épocas. Estas restricciones son, más bien, en el mismo nivel que las instrucciones de Pablo en relación con el uso del velo en 1 Corintios capítulo 11, y sus advertencias a los creyentes a saludarse unos a otros con un ósculo santo. Un examen del texto griego del tiempo de Pablo, y la situación histórica en la que Pablo escribió estos pasajes, confirma que este es el caso.

En 1 Corintios 12 y Romanos 12, Pablo describe a la Iglesia como un cuerpo formado por muchos miembros. Cada vez que él comparte este concepto es en el contexto de los dones espirituales. Esto se debe a que es la posesión de un don espiritual que le da a cada miembro del cuerpo su función o ministerio en particular. La autoridad para ministrar se arraiga en la propia posesión de un llamado, o un regalo divino dado por el Padre a través de su Espíritu Santo. La ordenación es simplemente el reconocimiento de la Iglesia de ese regalo que ya se posee. Gran parte de la Iglesia, se ha negado a reconocer los dones de sus miembros femeninos y tiene, por tanto, una violación directa al mandamiento de Dios a través de Pablo en 1 Tesalonicenses 5:19, "No apaguéis al Espíritu...".

Como resultado de esta desobediencia, muchos dones y regalos de Dios a las personas, han permanecido en estado latente, han estado siendo parados por Satanás y la religión, mientras que millones de personas van pereciendo sin Cristo, y la Iglesia ha languidecido en la derrota discutiendo nimiedades y deteniendo el llamado de muchos, por ejemplo, el de las mujeres. La Gran Comisión no se ha cumplido y la venida del Señor se ha retrasado.

Por lo tanto, es hora que la Iglesia permita que los dones dados por Dios a través del Espíritu Santo, estén por encima y superen la tradición religiosa que la Iglesia quiere imponer, para determinar quién debe funcionar como un apóstol, profeta, evangelista, pastor, maestro o predicador. Es tiempo de dejar a Dios ser Dios, ya que, Él es soberano y no existe quien pueda encasillarlo o encerrarlo en las cuatro paredes finitas de su mente, de su conocimiento, de su religión, de su legalismo.

Isaías 55:8

"Porque mis pensamientos no son vuestros pensamientos, ni vuestros caminos mis caminos...".

Este es un tiempo en que Dios está derramando su Espíritu sobre toda carne. Es un momento en que sus hijos e hijas están profetizando y predicando las buenas nuevas del Reino de Dios aquí en la tierra, por todas partes. No pares la obra de Dios entre las mujeres que te rodean, más bien apóyalas y descubre el llamado que hay en sus vidas, eso te hace un verdadero padre espiritual, más que un muy importante título que tengas como pastor de la Iglesia local.

Romanos 16:7 (RVR1960)

"Saludad a Andrónico y a Junias, mis parientes y mis compañeros de prisiones, los cuales son muy estimados entre los apóstoles, y que también fueron antes de mí en Cristo".

Romanos 16:7 (RVR1909)

"Saludad a Andrónico y a Junia, mis parientes, y mis compañeros en la cautividad, los que son insignes entre los apóstoles; los cuales también fueron antes de mí en Cristo".

El propósito de este capítulo consiste en resolver dos importantes problemas de interpretación de Romanos 16:7, los cuales definen claramente el objetivo de este libro en que sí, ellas pueden y quieren predicar, pastorear y ejercer ministerios en el cuerpo de Cristo, y que también pueden tener posiciones de autoridad en el Reino de Dios, aquí en la tierra.

El primero de los problemas que se plantea, tiene que ver con la resolución del sexo de la persona nombrada por Pablo como Iounian. ¿Era esta persona una mujer o un hombre? La palabra griega Iounian se ha traducido a lo largo del tiempo de dos maneras, como Junias (masculino) y como Junia (femenino). El segundo problema tiene que ver con el significado de la frase episemoientois apostolois. Andrónico y Junia estaban "muy bien considerados, connotados, y/o eran vistos como eminentes por los líderes de la Iglesia, los apóstoles, o más bien seria que fueron considerados como apóstoles ellos mismos".[48]

La aclaración y resolución de estos problemas, pueden tener ramificaciones importantes para la forma en que la Iglesia de hoy debe llevar a cabo su mandato continuo. La revisión de Romanos 16:7 contribuirá a una mejor comprensión que tanto las mujeres como los hombres fueron los participantes activos en todas las áreas del ministerio en la Iglesia temprana. Eran ministros, diáconos, líderes, e incluso apóstoles.

Masculino versus femenino

Parte del problema de esta interpretación es que la palabra Iounian, traducida como Junia (s), aparece solo una vez en el Nuevo Testamento y se muestra con cierto acento. El uso o la ausencia de dicha marca o acento, es un factor significativo para poder ver las variaciones textuales que aparecen en el griego del Nuevo Testamento.

Los manuscritos griegos más antiguos y confiables no contenían acentos, marcas o signos de puntuación. Además, el griego del Nuevo Testamento incluye soporte para una mujer llamada Iounian, traducido como "Junia". Según Douglas Moo[49], el problema con la identificación de esta persona "se deriva del hecho que la forma griega usada aquí, Iounian, dependiendo de la forma en que se acentúa, podría referirse ya sea (1) a un hombre con el nombre de 'Junianus', que se encuentra aquí en su forma contraída, Junias, o (2) a una mujer con el nombre de Junia".[50] El uso de esta marca de los acentos en el griego, no se produjo hasta el noveno o décimo siglo de nuestra era.

Además, este tema no se limita a discutir datos externos específicamente sobre el sexo de la persona que Pablo se refiere como Iounian. ¿Por qué es esto?, probablemente porque esta cuestión no era una preocupación para los que vivían en la época de Pablo y en el primer siglo, y en los principios de la comunidad cristiana. Sin duda, ellos habrían conocido el sexo de la persona en cuestión, ya que convivían, o los tuvieron muy cercanos a su época. Por lo tanto, una cuidadosa revisión de las pruebas presentadas por los manuscritos, escritos de los líderes de la Iglesia, y la investigación académica, debe arrojar más luz sobre la resolución de problemas de este planteamiento que se da en Romanos 16:7.

Los traductores aparecen divididos en la manera de cómo interpretar Iounian. Por ejemplo: La Biblia de las Américas (LBLA), American Standard Version (ASV), New American Standard Bible (NASB), New International Version (NIV), Dios Habla Hoy (DHH), The Living Bible (TLV), Amplified Bible (AMP), New International Reader's Version (NIRB), Reina Valera 1960 (RVR1960), entre otras, prefieren Junias como masculino, mientras que las Biblias: 21st Century King JamesVersion (KJ21), Reina Valera Antigua (RVA), King James Versión (KJV), Traducción en Lenguaje Actual (TLA), Complete Jewish Bible(CJB), La Vulgata Latina (VULGATE), Nueva Versión Internacional (NVI), entre otras, prefieren Junia como femenino.

Es importante destacar, entre otras buenas y excelentes traducciones de la Biblia, la Biblia de Jerusalén; quien, en su primera edición en español impresa en Bilbao, España, de Desclee De Brouwer; lo escriben como Junia, connotando el género femenino del nombre. Hago este énfasis por ser en mi opinión, la traducción más apegada a los originales de las Biblias "católicas". Esta divergencia en las traducciones, solo sirve para poner de alto relieve el problema que enfrentan los lectores modernos del texto bíblico. La verdadera y real tarea es sintetizar los datos y llegar a una conclusión sobre la base de pruebas objetivas.

Iounian como masculino

Biblias y comentaristas utilizan generalmente el griego del Nuevo Testamento en su traducción y su ejercicio interpretativo. "Tanto el UBS4[51] y NA27[52] griego del Nuevo Testamento, muestran Iounian acentuado con un acento circunflejo sobre la alfa, que indica Junias como una forma contraída de Junianus, un soporte al nombre masculino para Junias".[53]

Alguna evidencia externa apoya la versión del uso o interpretación como Junias, sin embargo, este soporte no es sustentado entre los testigos antiguos disponibles, ya que la mayor parte del apoyo a Junias como masculino, proviene de numerosos manuscritos minúsculos de los siglos décimo tercero y décimo cuarto. No olvidemos que el uso de esta marca de los acentos en el griego, no se produjo hasta el noveno o décimo siglo de nuestra era, y obviamente no formaba parte del griego usado por Pablo en sus cartas.

"Estos minúsculos manuscritos posteriores contienen marcas y acentos que reflejan la interpretación de los autores que Jounian, fue un nombre masculino"[54]. Sin embargo, de acuerdo con Douglas Moo: "Este uso de las contracciones y acentos comenzados a ser usados en el siglo noveno, en realidad no representa una importante excepción al uso de la forma contraída y es compatible con la forma femenina y no la masculina".[55]

John Piper56 y Wayne Grudem[57] analizaron los planteamientos de San Epifanio (310–403), quien escribió un índice de los discípulos de Pablo, en la que escribe: "Iounias, de quien Pablo hace mención, se convirtió en obispo de Apameade Siria" [58]. Según ellos, Epiphanius escribió:"(de los cuales) como pronombre relativo masculino indicando así que él pensó que Iounias era un hombre"[59].

Piper y Grudem también presentaron los resultados de su búsqueda de los antiguos escritos griegos, buscando el nombre de Junia(s), y afirmaron que con base en sus hallazgos podían concluir que: "Nadie debe pretender que Junia era el nombre de una mujer común en el mundo de habla griega, ya que solo hay tres ejemplos conocidos de toda la literatura griega antigua".[60]

"Sin embargo los estudiosos consideran las palabras de Epifanio poco creíbles, por dos razones. Primero, porque en el mismo lugar donde escribe que Junia era un hombre, Epifanio escribe también que Priscila, la conocida mujer del judío Aquila (Hechos 18,2), ¡era un varón! Y segundo, porque Epifanio es famoso por su misoginia. En uno de sus libros llamado Panarion, este Padre de la Iglesia escribió frases como: "Las mujeres verdaderamente son una raza débil, poco fiable y de inteligencia mediocre"; "El Diablo sabe cómo vomitar ridiculeces a través de las mujeres"; "La mujer se descarría fácilmente, es débil y poco sensata"; "Detrás de todos los errores hay una mala mujer".

Resulta lógico, pues, que un escritor como Epifanio, con ideas tan negativas sobre el sexo femenino, buscara evitar por todos los medios que una mujer estuviera incluida entre los apóstoles, máxime teniendo en cuenta que se la elogiaba como "ensalzada entre todos los apóstoles". Por eso el testimonio de Epifanio, único que considera a Junia un varón, debe ser dejado de lado. Por lo tanto, debemos concluir que todos los Padres de la Iglesia, hasta la Edad Media, tuvieron a Junia por mujer; y al menos uno de ellos (Crisóstomo) se sintió feliz de poder llamarla apóstol.[61]

La búsqueda hecha por Piper y Grudemes, concluyente en cuanto a su afirmación que Junia no era un nombre común en los escritos antiguos. Muchos eruditos serios y connotados en este medio, aseveran lo contrario, y afirman que Junia era un nombre común. Sin embargo, el verdadero significado de la búsqueda de Piper y Grudem, es el hecho que no podían citar algún ejemplo para un varón nombrado como Junias. "James Walters afirma: Los investigadores han sido incapaces de localizar a un solo ejemplo de los Junias (nombre masculino) en la literatura antigua o inscripciones, ya sea en latín o griego".[62]

La observación de Moo y las declaraciones misóginas hechas por Epifanio sobre las mujeres, arrojan serias dudas sobre la idoneidad de esta persona para aportar ninguna prueba objetiva en apoyo de una lectura masculina de Iounian. Sus creencias hacia las mujeres seguramente pueden haber turbado e influido su pensamiento y sus escritos. Por lo tanto, no podemos concluir que este "Padre de la Iglesia temprana" es un testigo imparcial y creíble.

¿Cómo averiguar el género de este nombre o cómo confirmarlo? Hay una sola forma y consiste en fijarse qué clase de acento lleva la palabra. Si Iounian está escrito con acento agudo sobre la "í", (Iounían), es nombre de mujer; y si está escrito con acento circunflejo sobre la "â", (Iouniân), es nombre de varón. Pero desgraciadamente no podemos hacer este análisis, porque cuando Pablo escribió su carta a los Romanos, en el siglo primero, no existían los acentos en la escritura griega. Solo es partir del siglo IX que se los comenzó a usar. Pero eso no significa que sea imposible averiguarlo. Existen otros indicios que pueden ayudarnos a descifrar este enigma. En primer lugar, tenemos el testimonio del manuscrito más antiguo que existe de la Carta a los romanos: el llamado Papiro 46[63]. Este fue escrito alrededor del año 180, es decir, unos cientos veinte años después que Pablo escribiera su carta original.

Ahora bien, el autor de este papiro, cuando llega al pasaje al que nos referimos, en vez de escribir el nombre de "Junia", escribió "Julia"; esto demuestra que el escriba estaba pensando claramente que se trataba de una mujer y no de un hombre. En segundo lugar, está el hecho que todas las lenguas antiguas a las que fue traducida la Carta a los romanos, el latín, el copto y el sirio, todas sin excepción alguna, transcriben el nombre en su forma femenina como Junia.

Analicemos ahora esta palabra Iounian como femenino: Según muchos estudiosos, Junia era un nombre común que apareció en las inscripciones y la literatura griega y latina. "Bernadette Brooten dice, el nombre latino femenino Junia se produce más de 250 veces entre las inscripciones de la antigua Roma solamente"[64]. El siglo tercero copto, y el cuarto siglo de la Vulgata latina, y las versiones latinas del siglo quinto, proporcionan apoyo temprano adicional para este nombre de mujer.

"Estos primeros manuscritos apoyan claramente una mujer llamada Julia. Junia, la otra lectura variante, se apoya en los manuscritos más antiguos conocidos disponibles. Sinaiticus que data del siglo IV y es más antiguo que la copia completa del griego del Nuevo Testamento".[65]

Estos primeros testigos, por ellos mismos, no revelan claramente cómo se debe traducir una Iounian sin acento, tal cual se escribió en el griego de Pablo. Lo que ellos hacen es dar evidencia acumulada proporcionada por otros manuscritos antiguos sobre la existencia de Junia como un nombre común en la antigüedad, y la falta de cualquier evidencia de Junias, como masculino. No es descabellado afirmar que estos primeros testigos dan fe del nombre femenino Junia. La calidad y edad de los manuscritos anteriores proporcionan un fuerte apoyo para un nombre de mujer, ya sea traducida como Julia, o Junia. La investigación de muchos estudiosos de diferentes países, admite claramente que una mujer llamada Junia ocurrió con frecuencia en los escritos antiguos.

Evidencia externa de los escritos de los líderes de la Iglesia primitiva, atestiguan que Junia era una mujer apóstol. Estudiosos actuales proporcionan información adicional. Al comentar sobre el género de Junia, Leonard Swidler: "Con lo mejor de mi conocimiento, ningún comentarista del texto hasta Aegidus de Roma (1245–1316), tomó el nombre Junias para el masculino".[66]

La gran mayoría de eruditos históricos y actuales, están de acuerdo que los comentaristas antes del siglo XIII, fueron unánimes a favor de una representación femenina para Junia. Stanley Grenz[67] sostiene que: "El género de Junias no era un problema en la era patrística... Orígenes asume que el amigo de Pablo era una mujer... Crisóstomo, que no era partidario de las mujeres obispos, expresó gran respeto y alta estima por Junia".[68]

Desde los primeros tiempos, la actitud de los "Padres de la Iglesia" hacia las mujeres podrían ser descritos como negativos. Orígenes, Crisóstomo y otros, eran sin ninguna excepción, partícipes activos de los modos y costumbres predominantes de la época, en donde el rechazo a las mujeres en la Iglesia era campante. Sin embargo, a pesar de sus actitudes negativas hacia las mujeres, ellos dieron testimonio que Junia era una importante mujer.

Romanos 16:7b

"...los cuales son muy estimados entre los apóstoles, y que también fueron antes de mí en Cristo".

La segunda cuestión es que si Andrónico y Junia, donde dice: "entre" y como "uno de" los apóstoles, fueron simplemente personas muy respetadas como excelentes servidores, por los apóstoles; o eran unos apóstoles connotados entre los apóstoles. Gramaticalmente, algunos dicen que ambos significados son posibles.

Es interesante sin embargo, observar que mientras que las varias versiones de la Biblia, que se mencionaron anteriormente, se dividen de manera uniforme sobre la forma en que traducen Iounian, las voces son unánimes sobre el significado de episemoientois apostolois. Por ejemplo, son apóstoles pendientes (NAB), pendientes entre (NASB, NIV), prominentes entre (NVI), eminentes entre (REB), de la nota entre (KJV, ASV, NJKV), y la NCV que afirma sobre ellos el ser apóstoles muy importantes. Algunos eruditos dicen que la frase en apostoloistois naturalmente significa que se cuentan entre los apóstoles en el sentido general de Bernabé, Santiago, el hermano de Cristo, Silas, y otros, pero puede significar simplemente que eran famosos en el círculo de los apóstoles en el sentido técnico.

También se afirma que los intérpretes anteriores argumentarían en contra de Pablo, por lo que significa una mujer apóstol, ya que tenían dificultad para "imaginar que una mujer pudiera ocupar tal autoridad en la Iglesia temprana".[69] Joseph B. Lightfoot[70] "está de acuerdo en que la única forma natural de traducir episemoientois apostoloises: considerado como apóstoles".[71] Este concepto moderno de comprensión crítica del Nuevo Testamento, por supuesto que no impugna el carácter histórico de los Evangelios y de los eruditos, que durante siglos han estudiado e interpretado la palabra; solo se limita a describir el tipo de documentos históricos que están disponibles hoy en día, gracias al acelerado desarrollo de la tecnología, y que por lo que su significado histórico expresa, pueden más exactamente ser evaluados, y pueden traer nuevas y sólidas revelaciones que nos aclaran la verdadera posición de Jesús y de los apóstoles de la Iglesia temprana.

Con este nuevo conocimiento de la naturaleza y profundidad al analizar, interpretar y traducir el Nuevo Testamento, es más fácil hacer la distinción vital entre la verdad religiosa que se nos ha entregado en el transcurrir del tiempo, y que se ha acondicionado a las costumbres de los involucrados en expresarlo, versus la verdadera situación que se vivió o que se quiso manifestar a través de la palabra. Cuando el hecho que no hay actitudes negativas por parte de Jesús y de los doce apóstoles hacia las mujeres, podemos concluir sólidamente, que ellas fueron valoradas e incluidas, y no solo incluidas, sino que participes de todo el proceso vivido en aquella época de la naciente Iglesia cristiana.

"Juan Crisóstomo, obispo de Constantinopla, un día que predicaba en la catedral sobre la carta a los Romanos, dijo conmovido: Ser apóstol es algo grande. Pero ser ensalzada entre los apóstoles, ¡qué extraordinaria alabanza significa eso!, ¡Caramba!, ¡Aquella mujer debió de haber tenido una gran personalidad, para merecer el título de apóstol! (Los Homiles de San Juan Crisóstomo, Niceno y los padres después del Niceno, Serie I, 11:555; W. B. Eerdmans Publishing Co, 1956)".[72]

Romanos 16:7

"Saludad a María, la cual ha trabajado mucho entre vosotros".

Los escritos de Crisóstomo nos proporcionan datos importantes sobre el ministerio de la mujer en la Iglesia primitiva. Junia era un apóstol, como ya lo hemos explicado claramente, y no era la única mujer tan honrada por la Iglesia primitiva.

Las declaraciones de Crisóstomo sobre estas mujeres, son particularmente convincentes, especialmente a la luz de sus ideas misóginas hacia las mujeres. Es importante reflexionar sobre su siguiente comentario en referencia al saludo de Pablo a María en Romanos 16:06, donde la elogia por ser una mujer muy trabajadora y comprometida: "¿Cómo es esto? ¡Una mujer de nuevo se honra y es proclamada como victoriosa! Una vez más somos los hombres puestos a vergüenza. O más bien, no se nos ha puesto solamente a pena, pero no será más bien que se nos ha conferido un honor a nosotros. Por el honor que tenemos en que existan tales mujeres entre nosotros, pero nosotros hemos sido expuestos a la vergüenza pública, en que los hombres quedamos tan atrás de ellas... Porque las mujeres de aquellos días eran más briosas, comprometidas y vigorosas que los leones. (Migne, Patrologíagraeca, vol. 51, cols. 668F)".[73]

Algunos intérpretes, han tomado la frase episemoientois apostolois para significar que eran "tenidos en gran estima" por los que eran apóstoles. John Piper y Wayne Grudem[74] simplemente dicen que pueden haber sido tenidos en alta estima, o que estaban muy estimados entre los apóstoles, sin ser uno de ellos, lo que significa que eran dos personas comunes bien conocidas por Pablo, antes que este se convirtiera.

Piper y Grudem no ofrecen ninguna evidencia exegética para apoyar sus opiniones, y la conclusión que "no podemos estar seguros", no da ninguna solidez a sus planteamientos. Sus observaciones son solo opiniones y no se basan en ninguna prueba objetiva sustentable. Craig Keener[75] arroja serias dudas sobre interpretación de menospreciar el valor de estos dos apóstoles, Andrónico y Junias, diciendo:

"Desde que fueron encarcelados con él, Pablo sabe lo suficiente como para recomendarlos sin apelar a los otros apóstoles, cuyo juicio nunca cita sobre estas cuestiones, y el griego se lee más naturalmente como afirmando que eran apóstoles".[76]

Definitivamente me inclino a afirmar que Junia era una mujer apóstol. La evidencia es autoritaria, convincente, diversa y objetiva. Se ha demostrado que Junia es una mujer, basado en el testimonio de los primeros manuscritos grabados, declaraciones de varios líderes de la Iglesia a través del siglo 12, y la investigación realizada por muchos otros estudiosos de la palabra, apóstoles, pastores, maestros, hombres de Dios, eruditos, etcétera, que acreditan el nombre Junia o Julia existente en la antigüedad, y lo expresan como apóstol válido para el nombre que usó Pablo en su saludo de Romanos 16:7. La evidencia de una lectura masculina de Junias, se basó en manuscritos posteriores donde ya el griego moderno comenzaba a usar acentos, marcas gramaticales y contracciones, sujetos también a las interpretaciones de los escribas que pensaban que Iounian era un varón; a eso sumamos la declaración de un líder de la Iglesia primitiva, reconocido por la Iglesia católica como "Padre de la Iglesia", que no solo se equivocó al calificar a Junias como masculino, sino que también se equivocó en cuanto al género correcto de Priscila, al catalogarla como varón.

Junia y Andrónico eran apóstoles, eso es indudable. Numerosos estudios contemporáneos y antiguos, las definiciones léxicas, construcción gramatical y ejemplos de las Escrituras, así ofrecen el apoyo necesario y más fuerte que episemoientois apostolois, significaba, naturalmente, que estaban, que existieron y destacan como apóstoles, entre los apóstoles, como tan elegantemente Crisóstomo declaró que lo eran. Andrónico y Junia eran apóstoles. La única pregunta sin resolver es lo que quiso decir Pablo con "apóstoles". Hay cuatro maneras distintas de entender la palabra apóstol, en el Nuevo Testamento:

1. Los doce apóstoles, seguidores originales de Jesús.
2. Las personas que habían visto al Señor resucitado y había sido comisionado por él, 1 Corintios 9:1; 15:1–11.
3. Un misionero exitoso en la plantación de iglesias, el trabajo y el sufrimiento que subyacen a los argumentos de Pablo en 2 Corintios.

4. Un emisario o misionero enviados por una iglesia en particular para realizar tareas específicas, 2 Corintios 8:23 y Filipenses 2:25

La primera y la cuarta opción se pueden descartar, porque no estaban entre los doce, ni su apostolado específicamente está asociado a una iglesia en particular o tarea específica, como sí lo está por ejemplo, el ministro Febe en Romanos 16:1–2. Al seleccionar entre las opciones restantes 2 y 3 son más posibles. Simplemente no lo sabemos. Es posible que hayan ministrado juntos como una pareja casada. Un paralelo interesante podría entonces existir con Priscila y Aquila, mencionados por Pablo en Romanos 16:3–5a. Lo que sí sabemos es que Andrónico y Junias eran destacados entre los apóstoles, probablemente en virtud de sus sufrimientos apostólicos, el número de años que habían estado en Cristo, su trabajo, y su humilde servicio a Cristo. Veamos lo que significa la palabra apóstol. Es la palabra griega apóstolos, y significa: delegado, embajador del evangelio, oficialmente comisionado de Cristo, con poderes milagrosos, enviado, mensajero.

Veamos las palabras de mi apóstol y padre espiritual, Guillermo Maldonado:

> *"En el nuevo testamento, esta palabra aparece como verbo más de 200 veces, sin embargo, como sustantivo aparece muchas menos. El verbo es tres veces más común que el sustantivo, lo cual significa que esta palabra se refiere más a una actividad que a un título. El trasfondo de la palabra apóstolos se remonta a la época de Alejandro Magno, él fue quien comenzó a usar este vocablo. Los libros de historia cuentan que Alejandro Magno, quien fue rey de Macedonia 350 años antes de Cristo, como uno de sus métodos de conquista, enviaba un mensajero de parte de su reino para cumplir una misión específica".*[77]

Oro a nuestro Señor, para que los ojos de todos los que están en la Iglesia, se abran para ver esta importante verdad y su implicación significativa de permitir a las mujeres ministrar por igual, ya que son llamadas por Dios. Si Jesús las incluyó y las puso en un lugar de importancia, quiénes somos nosotros para hacer o decir lo contrario. Actuar de esa manera, es negar la obra redentora de Cristo desatada para todos en la cruz del calvario, tanto para hombres, como para mujeres.

– DIEZ –

¿LIBERTAD O LIBERTINAJE?

Debido a su ubicación, en un istmo de cuatro millas de ancho que separa el mar Mediterráneo y el mar Egeo, Corinto se convirtió en un importante punto de tránsito para el comercio entre Europa y Asia. En el siglo VI a. C., un camino pavimentado conectaba los dos mares y facilitaba el transporte de barcos y mercancías a través de su conexión este–oeste, y permitía a los marineros evitar la ruta marítima más peligrosa al sur. A Corinto se le llamaba o reconocía como "rico y próspero" por su comercio, ya que, está situado en el istmo y es dueño de dos puertos, uno de los cuales conduce directamente a Asia y el otro a Italia; y facilita el intercambio de mercancías de ambos países que están tan distantes entre sí. Además de su riqueza, los corintios adoraban a Afrodita, la diosa griega del amor, la belleza, el placer sexual y la procreación.

Se cree que la adoración de Afrodita comenzó alrededor del siglo VIII a. C., y fue completamente desarrollado en la época de la Grecia clásica (510–323 a. C.) con el templo de Afrodita en la cima del Acrocorinto, la montaña que domina Corinto. El templo de Afrodita era tan rico que poseía más de mil esclavos del templo, cortesanas, a quienes tanto hombres como mujeres habían dedicado a la diosa. Otro aspecto importante de la cultura de Corinto, fueron los Juegos del Istmo, que comenzó a albergar alrededor del 580 a. C. Este gran festival atlético internacional, segundo después de los Juegos Olímpicos y dedicado al dios griego Poseidón, tuvo lugar cada dos años en su tiempo.

Para cuando llega el apóstol Pablo, Corinto tenía la población más grande de Grecia con griegos, judíos y romanos. Mientras que la mayoría de Corinto era griego, los nombres latinos mencionados en la carta de Pablo atestiguan su influencia romana. Por ejemplo, los judíos tenían nombres

romanos: Aquila (1 Corintios 16:19) y Crispo (1 Corintios 1:14). Gaius (1 Corintios 1:14) y Fortunatus (1 Corintios 16:17) parecen ser romanos. Solo Achaicus (1 Corintios 16:17) es un nombre griego. Como un importante punto de comercio, Corinto también estaba habitado por fenicios y frigios del este.

El templo de Afrodita se restaura con su cultura de promiscuidad; sin embargo, la adoración de Afrodita nunca regresa a su antigua gloria. En este momento, el imperio romano facilitó la difusión internacional de las ideas y la religión, y los dioses de otras culturas se fusionaron. El culto a Isis, originario de Egipto, prevalecía en el imperio romano y ponía énfasis en la "sabiduría". El culto a Mitra, de orígenes desconocidos, comenzó en algún momento durante el primer siglo, tomando un significativo lugar para los corintios, es su énfasis con los misterios de lo espiritual y el poder de lo oculto. Así, el trasfondo religioso de Corinto se extendió mucho más allá del judaísmo, el cristianismo, y Afrodita, a lo que Pablo alude posiblemente en su primera carta.

En esos días, la población superó el medio millón de personas, la gran mayoría era pagana y bien conocida por dirigir su vida de forma muy depravada y también dada para la práctica de la idolatría. La influencia de este entorno reinó tanto en la Iglesia, que predominó entre los creyentes carnales, como un ambiente emergente que dio lugar a disturbios y divisiones. Pablo protesta contra esta situación a petición de ellos. Él envió esta carta llena de reproches, insistiendo en la necesidad de mantener el orden del Reino de Dios, el que Jesús había dejado como modelo: moralidad, espiritualidad, y una línea de conducta verdaderamente cristiana. Los santos de Corinto no se molestaron en manifestar en su conducta personal aquellas formas de enseñanza que figuran en su carta a los Romanos, olvidando así, que el cristiano debe ser considerado muerto, sepultado y resucitado con Cristo.

En este contexto y estilo de vida desatado sobre esta gran ciudad capital, diversas realidades estuvieron representadas en la Iglesia de Corinto, que definitivamente eran necesarias aclarar en la actitud de ellos, por lo que el culto cristiano debe llevarse a cabo de una manera decente y ordenada (1 Corintios 14:40).

Las mujeres judías y las romanas, cuando oraban, tenían por hábito llevar la cabeza cubierta; mientras que las griegas estaban acostumbradas a tener más libertad y no lo hacían, lo cual condujo a incómodos enfrentamientos. Ambas culturas estaban bien representadas dentro de la Iglesia, ejercían fuerza, y chocaban entre sí en sus costumbres y tradiciones. Por otro lado, la existencia de bares y casas de prostitución por doquier, y la fuerte presencia que ejercía el templo de afrodita; el tema de las prostitutas y sacerdotisas que se convertían, ejercía una influencia adicional sobre este gran problema, por cuanto ellas eran fácilmente distinguidas por la forma en que vestían, y por llevar rapada la cabeza o exhibir exóticos cortes de cabello. La solución de Pablo no se hizo esperar, al enfatizar el orden que debe existir durante y en el servicio a Dios, sin crear confusión ni discordia; y ordenó a las mujeres llevar el velo durante el culto al Señor. Resolviendo así un problema puntual localizado en la Iglesia de Corinto.

"¿Por qué era el cabello un problema en Corinto? La respuesta yace en la cultura de entonces. La ciudad de Corinto tenía un templo dedicado a Afrodita, la diosa del amor, y el lugar era notorio por la práctica de la prostitución ritual. Las mujeres que servían en el templo tenían las cabezas rapadas. En la cultura corintia, entonces, una cabeza rasurada señalaba a una mujer como prostituta del templo. Pablo le dice a la Iglesia que una mujer que se haya cortado o rapado el cabello debe cubrirse (1 Corintios 11:6), una mujer que se hubiese cortado el cabello había perdido su "gloria", y no estaba bajo la protección de un marido. Un cabello corto sin velo enviaba el mensaje: "Rehúso someterme al orden de Dios". Por lo tanto, Pablo les está enseñando a los corintios que la longitud del cabello o el llevar "velo", en una mujer, era una indicación exterior de sumisión a Dios y a su autoridad establecida.

Esta era una manera en que la Iglesia corintia se separaría de la corrupta cultura pagana que los rodeaba (2 Corintios 6:17). Este pasaje no enseña que la mujer es inferior al hombre, o que debe someterse a todos los hombres. Enseña simplemente el orden de Dios y la jefatura espiritual en la relación del matrimonio. En la cultura corintia, una mujer que se cubría la cabeza durante la adoración o cuando estaba en público, demostraba su sumisión a la autoridad".[78]

1 Corintios 11:3–15

"Pero quiero que sepáis que Cristo es la cabeza de todo varón, y el varón es la cabeza de la mujer, y Dios la cabeza de Cristo. Todo varón que ora o profetiza con la cabeza cubierta, afrenta su cabeza. Pero toda mujer que ora o profetiza con la cabeza descubierta, afrenta su cabeza; porque lo mismo es que si se hubiese rapado. Porque si la mujer no se cubre, que se corte también el cabello; y si le es vergonzoso a la mujer cortarse el cabello o raparse, que se cubra.

Porque el varón no debe cubrirse la cabeza, pues él es imagen y gloria de Dios; pero la mujer es gloria del varón. Porque el varón no procede de la mujer, sino la mujer del varón, y tampoco el varón fue creado por causa de la mujer, sino la mujer por causa del varón. Por lo cual la mujer debe tener señal de autoridad sobre su cabeza, por causa de los ángeles. Pero en el Señor, ni el varón es sin la mujer, ni la mujer sin el varón; porque, así como la mujer procede del varón, también el varón nace de la mujer; pero todo procede de Dios.

Juzgad vosotros mismos: ¿Es propio que la mujer ore a Dios sin cubrirse la cabeza? La naturaleza misma ¿no os enseña que al varón le es deshonroso dejarse crecer el cabello? Por el contrario, a la mujer dejarse crecer el cabello le es honroso; porque en lugar de velo le es dado el cabello".

En cuanto al velo de las mujeres, ninguno de los cuatro Evangelios habla a ese respecto, es solamente la epístola del apóstol Pablo a los Corintios la que lo refiere. ¿Por qué siente Pablo la necesidad de hablar a los corintios sobre este tema del velo, entre otros más como el estar desordenados y confusos en la oración al hablar en lenguas o profetizar, o con la cena del Señor? Sin duda este marco va en curso de acción con los hábitos griegos, aceptados por la totalidad o la mayor cantidad posible de creyentes.

Él escribe sobre el velo a los Corintios y no a los romanos, que tenían otras costumbres locales contra sus "matronas", o a los Efesios, que eran antiguos adoradores de la diosa Diana "Artemisa", o para los Colosenses y los Gálatas, a quienes ya había dicho que no hicieran más entre ellos distinción entre los griegos y los judíos, y entre mujeres y hombres, etcétera. Los griegos, como él, tenían esta tradición: las mujeres habían vivido en el harén y los hombres tenían la ocupación exclusiva de la opinión pública; el apóstol Pablo nunca iría en contra de tales costumbres locales, insignificantes para el propósito de la salvación, pero importantes para un cierto decoro de las reuniones.

Se confía totalmente a la sentencia en ese momento de, cómo los hombres y las mujeres habituaban vestirse en la iglesia local y en ese momento dijo:

1 Corintios 11:13

"Juzgad vosotros mismos: ¿Es propio que la mujer ore a Dios sin cubrirse la cabeza?".

Estas directrices dictadas por Pablo, establecen grandes parámetros a seguir o revisar, para su inmediata implementación en Corinto. Según se puede ver, acontecimientos difíciles de manejar se sucedían a este respecto, lo que lleva a Pablo a intervenir y poner orden.

Se pueden formular estas importantes preguntas, entre otras:

1. ¿Qué era lo que pasaba en esta Iglesia en ese momento?
2. ¿Por qué Pablo plantea estas correcciones a la Iglesia de Corinto?
3. ¿Cuáles son los principios que señala Pablo por corregir o establecer en esta comunidad?
4. ¿Por qué Pablo enfatiza de esa manera la palabra: quiero que sepáis?, ¿cuándo va a comenzar a establecer estos principios de autoridad y gobierno en el Reino de Dios aquí en la tierra?
5. ¿Cuán fuerte o importante era la tradición en la época, y cuál era su significancia para este tan importante planteo de Pablo?
6. ¿Cómo era que se llevaba este velo, y qué significaba la manera de vestirse tanto el hombre como la mujer?
7. ¿Qué llevó a aquellas mujeres a prescindir de una prenda tan emblemática y significativa en la cultura de aquella época?

Sabemos que esta carta fue escrita por Pablo a la comunidad cristiana, o Iglesia que él había fundado en Corinto; estando él en Éfeso (1 Corintios 16:8), cerca del tiempo de la Pascua en el tercer año del viaje de Pablo a esta zona (Ver Hechos 20), sobre el año 57 después de Cristo, cuando planeaba visitar Macedonia para más tarde regresar nuevamente a Corinto.

1. ¿Qué era lo que pasaba en esta Iglesia en ese momento? Una primera prueba importante de esta carta de Pablo muestra que los cristianos del primer siglo, a pesar que vivían al lado de los personajes principales del cristianismo primitivo, y reconocieron su gran influencia, no eran inmunes a cometer errores. El medio ambiente y la pagana e inmoral ciudad de Corinto, establecida en un doble puerto marítimo muy importante, lo cual la hacía muy vulnerable a ser penetrada por otras culturas, ejercieron una fuerte presión sobre la pureza de la comunidad; podemos asumir que los corintios tenían una percepción equivocada del mensaje cristiano en términos de "sabiduría", fuertemente influenciados por la cultura y estilo de la zona

2. Inicia oración ¿Por qué Pablo plantea estas correcciones a la Iglesia de Corinto? Para comprender la sencillez y profundidad de esta carta, debemos recordar que los corintios le escribieron primeramente a Pablo, pidiéndole ayuda e instrucciones con algunos problemas que estaba experimentando la Iglesia, ellos fueron quienes solicitaron a Pablo su intervención. En definitiva, había situaciones que se salían de las manos de las autoridades de esa Iglesia, tanto así, que tuvieron la necesidad de acudir a su fundador, padre espiritual, y mentor. 1 Corintios 7:1, "En cuanto a las cosas de que me escribisteis...". Pablo no actúa por su cuenta y riesgo para entrometerse en los problemas cotidianos de esta comunidad cristiana, aunque tenía las credenciales y los derechos por haber sido el vaso que Dios usó para evangelizarlos y para fundarlos como Iglesia de Cristo, en esa tan convulsionada ciudad y época. Él actúa como respuesta a la petición hecha por ellos, pidiendo su ayuda y consejo sabio.

3. ¿Cuáles son los principios que señala Pablo por corregir en esta comunidad? Esta carta de Pablo establece siete principios básicos: Todos recordaban las instrucciones que Pablo les había dado (V2), Hay una visión y un orden en el Reino de Dios (V3), No debemos avergonzar ni ofender, o deshonrar a nadie (V4–6), No se debe violar

el orden divino de la creación (V7–10), Deben reconocer la relación vital entre hombre y mujer (V11–12), Se debe usar el buen sentido común (V13–15), No se debe contender ni discutir (V16).

4. ¿Por qué Pablo enfatiza de esa manera la palabra: quiero que sepáis? 1 Corintios 11:3, "Pero quiero que sepáis que Cristo es la cabeza de todo varón, y el varón es la cabeza de la mujer, y Dios la cabeza de Cristo". "...Dios es cabeza de Cristo". Es una verdad repetida en 1 Corintios 3:23, 11:3, 15:28. El orden dentro de la Trinidad no tiene nada que ver con la desigualdad, pero define una división de funciones. Esta verdad también puede estar aplicada a la discusión de lo masculino y lo femenino. Es importante destacar la manera en cómo Pablo enfatiza el comienzo de este verso 3: "Pero quiero que sepáis...", La traducción del Amplified Bible, de Editorial Zondervan, lo dice así: "Pero quiero que tú sepas y te des cuenta que Pablo enfatiza de esta manera el comienzo del verso porque iba a comenzar a establecer doctrina o precepto, que debía respetarse por ser establecido por el mismo Dios en su creación, es como cuando Jesús dice: "De cierto, de cierto te digo...", significa dalo por hecho, sin lugar a dudas así es.

Esta apertura establecida por Pablo en el versículo tres de esta carta a los corintios, es un principio muy básico, pero a la vez muy profundo, en el Reino de los cielos y su manifestación aquí en la tierra como Reino de Dios. La creación tiene una visión y un orden divino específico y estricto, ya que hay una relación de orden y gobierno en él. Los creyentes debemos entender y asimilar estos tres principios como realmente importantes, primordiales, y perpetuos:

a. La cabeza de todo hombre es Cristo. La palabra usada aquí como cabeza, se refiere a autoridad o fuente. Cristo tiene autoridad directa sobre el hombre, y por ser y tener esa autoridad, entonces el hombre puede ser autoridad de su mujer.

   – Por naturaleza y por hechos: Jesús es, y ha probado ser, sin pecado, puro y más fuerte que el hombre.

   – Por posición: Dios ha ordenado que Cristo sea la cabeza del hombre, y que este se someta total e irrestrictamente a Él.

b. La cabeza de la mujer es el hombre. Este es un tema muy sensible en la sociedad e Iglesia moderna, pero no por esto podemos dejarlo a un lado, sino que debemos atenderlo y plantearlo con amor, sencillez y humildad.

- Ni el hombre, ni la mujer es superior al otro. El hombre y la mujer son iguales ante los ojos de Dios. Ninguno es independiente el uno del otro, ambos se pertenecen y complementan a sí mismo y al otro, y la relación de interdependencia entre ellos proviene de Dios. (Ver 1 Corintios 11:11–12).

- Ante los ojos de Dios, no es mayor la hembra ni el varón. Ante Él todos somos iguales. Él ve tanto al hombre como a la mujer, sin importar su color, religión, posición social, o raza étnica, como una misma cosa, o en una misma posición; cada uno es tan significativo como el otro. (Ver Gálatas 3:28).

- Dios es un Dios de orden, y su Reino manifestado aquí en la tierra tiene que tener esas características de orden. Por eso la mujer debe sujetarse o someterse al hombre, siempre y cuando este esté sujeto y sometido al señorío de Dios sobre él.

c. Dios es la cabeza de Cristo. Dios Padre como autoridad mayor, como el gran yo soy, como el que existe por su propia decisión y esencia, es quien dirige, gobierna, y es la autoridad de nuestro Señor Jesucristo. Sencillamente quiere decir que cuando Cristo vino a ejercer su ministerio aquí en la tierra, él se sujetó a Dios Padre. Dios Padre es quien gobierna por sobre toda su creación, a través de su amado y obediente Hijo. Filipenses 2:6–8, "...el cual, siendo en forma de Dios, no estimó el ser igual a Dios como cosa a que aferrarse, sino que se despojó a sí mismo, tomando forma de siervo, hecho semejante a los hombres; y estando en la condición de hombre, se humilló a sí mismo, haciéndose obediente hasta la muerte, y muerte de cruz".

d. Cuando Dios dice que el hombre es la cabeza de la mujer, Él no se refiere a capacidad, valía, competencia, valor, brillo, ventajas..., Dios se refiere a funciones, orden jerárquico, o posiciones ejecutivas pertinentes de aclarar y establecer para el debido funcionamiento de su Reino en la tierra. Toda organización tiene que tener una cabeza claramente definida, para que opere de forma eficaz y organizada. No hay mayor organización que el universo creado por Dios, su Iglesia, su familia. Hay una relación dentro del orden en las cosas de Dios, entre todos los que forman parte dentro de su Reino aquí en la tierra; pero toda relación debe tener una cabeza, y Dios ha ordenado que el hombre sea la cabeza de esta relación matrimonial.

5. ¿Cuán fuerte o importante era la tradición en la época, y cuál era su significancia para este tan importante planteo de Pablo? Se hace necesario el analizar directamente las costumbres de la época y su participación en las actividades ministeriales de la Iglesia, en especial y directamente entre el hombre y la mujer, para poder realmente comprender estos principios y analizar su interacción o validación con las principales costumbres y tradiciones de ese momento. Las buenas costumbres y la tradición con frecuencia se constituyen como temas polémicos tanto en la sociedad moderna, así como en la Iglesia de hoy. Hay quienes mantienen y se inclinan a señalar, que las buenas costumbres y tradiciones sostienen de cierta manera, los valores, el orden y los buenos comportamientos en los participantes de una sociedad, o de las Iglesias; por otro lado, hay los que creen que las costumbres y las tradiciones, paralizan el cambio, el crecimiento, el progreso, y que limitan el accionar libre de Dios a través de su Espíritu Santo en su pueblo.

Es innegable que en este capítulo 11:3–16, de la primera carta de Corintios, Pablo está tratando, de los versículos 4 al 16, temas puntuales y muy locales, de acontecimientos que se sucedían solamente allí, aplicables principal y solamente a ellos. Donde no se pretende establecer doctrina general alguna para toda la Iglesia de Cristo, a excepción del versículo 3, ya explicado en el punto anterior; sino que más bien Pablo intenta corregir problemas que se acontecían y que vivía esta específica comunidad.

Hablando de tradiciones y costumbres, recuerdo una anécdota acerca de las tradiciones o costumbres, que me contaba un amigo sobre sus abuelos... Él me contó que la abuela le decía: "Amado nieto, en mi época de infancia había una vecina que cuando iba a preparar la pierna del cerdo para las fiestas decembrinas, solamente cocinaba la mitad de ella, y la otra parte la botaba o la regalaba, pero nunca cocinaba la pierna del cerdo completa".

Replica mi amigo y me dice que su abuela continúa contándole su anécdota y que le enfatiza, que la cosa era peor aún, le dice su abuela: "En una oportunidad en la que había mucha gente le pregunté: ¿Por qué botas la mitad de la pierna, no ves que hay mucha gente y va a hacer falta?, ¿no es mejor cocinarla entera?..., a lo que respondió: es que si no lo hago así, no queda bien, no queda sabrosa y pierde su esencia; es más, así fue que me lo enseñó mi mamá y por eso así lo hago, si deseas saber más ve y pregúntale ella...". La abuela continúa contándole a mi amigo, y le dice: "...fui corriendo a su mamá y me replicó lo mismo mandándome a su mamá, es decir, la abuela de la cocinera en cuestión, quien aún vivía; y esta al yo preguntarle, me respondió con una sencillez aplastante: ...es que en mi época no había refrigerador para guardar la carne, la botábamos, regalábamos o salábamos, así de sencillo; y además, la olla de cocinar que tenía para ese momento era muy pequeña y no cabía la pierna entera".

Es importante señalar que no siempre la tradición o las costumbres de una persona, familia, comunidad, ciudad, o grupo, necesariamente marcan o dictan lo que está bien hacer, o no..., se debe siempre revisar el punto, obviamente sin perder la esencia del mensaje original transmitido por los documentos existentes y más antiguos.

6. ¿Cómo era que se llevaba este velo y qué significaba la manera de vestirse tanto el hombre como la mujer? Estos versículos, del 4 al 16 del capítulo 11 de esta primera carta de corintios, se atiende un problema meramente local y plantado por costumbres y tradiciones reinantes en ese momento y zona específica. Es aquí donde comienza a centrarse en el real problema que estaba viviendo la Iglesia en Corinto. Esto incluye la manera en cómo están vistiendo algunos de los hombres y mujeres, lo cual está perturbando a algunas personas o grupos sociales establecidos, y está deshonrando a Dios, a sus autoridades, y los unos a los otros al salirse de las normas o leyes sociales establecidas hasta ese momento.

Un hombre puede deshonrar a Dios por la forma en que se viste. Algunos hombres de la Iglesia de Corinto estaban adorando con la cabeza cubierta y esto no estaba bien visto delante de los ojos de Dios según lo que Pablo establecía; ya que Pablo sabía que en el judaísmo así debía hacerse por tradición, y él iba siempre en contra de todo lo que fuese judaizante y religioso. La costumbre era que un hombre adorará con su cabeza descubierta, eso era importante en la Iglesia primitiva, ya que los judíos lo hacían con la cabeza cubierta imitando a Moisés, el cual se cubrió su cabeza luego de haber estado en la presencia de Dios como lo dice el libro de éxodo, capítulo treinta y cuatro, versículos treinta y tres al treinta y cinco.

La Iglesia naciente de Dios deseaba demostrar que el hombre había recobrado la imagen y semejanza de Dios perdida por Adán en el Edén. Ahora el hombre podía tener una comunicación directa con su Creador a través de Cristo su mediador. La cabeza descubierta era un símbolo de su comunión frente a frente con el Señor, cara a cara, a cara descubierta, tal como lo menciona el mismo Pablo en el segundo libro de corintios, capítulo tres, versículo dieciocho.

La cabeza descubierta era la marca distintiva de un seguidor de Cristo, dentro y fuera de su congregación. Debe recordarse, y es muy importante tener eso presente, que estas costumbres eran realmente importantes en el entorno de la Iglesia primitiva; tan importantes o fuertes, así y como puede ser cualquiera de nuestras costumbres de hoy en día. Este punto, del caso que los hombres estén con la cabeza cubierta dentro de la iglesia en la adoración y desarrollo del servicio o culto a Dios, se puede plantear desde varias ópticas:

a. Los hombres se cubrían la cabeza en un espíritu de rebeldía e inconformidad con situaciones o problemas dentro de la Iglesia; esta era su manera de protestar en contra de sus autoridades, de forma pacífica y abierta. Desde luego, un espíritu como este de rebeldía y de inconformidad, perturba tanto el respeto de la persona que se rebela, como el de aquellos contra los cuales lo hace. La comunión con Dios, y la verdadera y real adoración a Dios junto con otros creyentes, resulta imposible dentro de una atmósfera donde lo que habita es un espíritu de rebeldía, protesta e inconformidad.

b. Pablo enfrentaba un serio problema con los judaizantes de la zona, los cuales es muy probable que no solamente hayan atacado a la iglesia de los Gálatas, sino también a los de Corinto y otras más... El hecho que un hombre adorara dentro de la Iglesia de Cristo con su cabeza cubierta, era una manera de mantener la forma religiosa como los hombres judíos lo hacían en el templo al llegar a adorar a Dios o atender cualquier evento dentro del templo

c. El pasaje en cuestión, también se puede analizar o ver sobre la nueva libertad en Cristo que era usada por hombres y mujeres romanos en la iglesia de Corinto, para hacer ostentación de su estatus social, especialmente los hombres que, como signo de su estatus social superior, se cubrían la cabeza cuando dirigían el servicio unido o general.

d. Por otro lado, tenemos el tema de las mujeres, las cuales debían adorar con la cabeza cubierta dentro del templo. Una mujer puede deshonrar tanto a Dios como a su esposo con la manera en que se viste y expresa con los demás, en la iglesia o fuera de ella. Era una costumbre estricta que las mujeres usaran un velo en la época de la Iglesia primitiva. Incluso en la actualidad, aún existe esta costumbre en algunos países del Medio Oriente.

e. A este respecto William Barclay, expone: "Pero sin el velo la mujer es igual a cero, alguien a quien cualquiera puede insultar, ya que la dignidad y la autoridad de una mujer, desaparece con el velo encubridor del que ella se deshace...".[79]

f. Es importante recordar que el velo en la mujer exponía solamente la frente y sus ojos, y el mismo llegaba desde la cabeza hasta los tobillos. La mujer desde luego, llevaba ropas debajo del velo, pero ante los ojos de la sociedad existente en esa época, una mujer sin velo era señal de una mujer libertina, ya que, estaba mostrando demasiado su cuerpo, resuelta a llamar la atención del masculino. Desde luego, al vestir indecente y poco recatada, la mujer sin velo en esa época deshonraba a su esposo, a Dios, a la Iglesia, a los hermanos creyentes, incluso a su familia

Es pertinente para todo lo aquí planteado, permitirme comentar un caso que conocí en mis años de juventud. En ese tiempo un amigo que tuve proveniente del Medio Oriente, específicamente del Líbano, el cual llamáremos para este libro: Farís, me comentó lo que le aconteció al ir a visitar a su familia junto con su esposa, la cual llamáremos Mahíra, a su país de origen. Él y ella, nacidos y criados en Venezuela, decidieron al fin realizar su viaje, donde todo fue espectacular y hermoso en ese lindo paseo familiar, excepto el día que él decidió salir de compras con ella al mercado, ya que faltaban algunos alimentos y deseaban disfrutar juntos este tan lindo momento de ir a buscar lo que faltaba en la casa, al mercado local. Como árabes, nacidos y criados en Venezuela, salieron sin tomar en cuenta o recordar las costumbres que en su país se vivían, la más importante de todas, llevar un velo.

Ella, de hermoso semblante y cautivador parecer, mujer morena clara y con expresivos y grandes ojos color café, me contaba: "...ese día salimos tan rápido, Farís me tomó del brazo, agarró las llaves del auto y nos dirigimos al mercado". Ella toma aire por un momento y en tono de exaltación me dice: "Yo ya había salido de compras con mis cuñadas, y ellas siempre me hacían llevar el velo puesto, solamente mostrando mis ojos..., me parecía algo exagerado, pero igual ellas me lo ponían y yo no ofrecía mayor resistencia. Pero esa tarde —me cuenta Mahira con su expresiva mirada llena de asombro, susto y lágrimas—, en la que salí con mi esposo no le di mucha importancia al tema del velo, ya que estaba acompañada por él... Al llegar al mercado nos bajamos juntos y todo estuvo muy bien, el sol resplandecía y el sabroso clima de la primavera nos acariciaba el rostro, luego Farís me dijo que iba a ver los higos y semillas que estaban unas cuantas mesas distantes de donde yo me encontraba.

Cuando él se fue, yo seguía entretenida mirando las exuberantes frutas y vegetales..., no había pasado mucho tiempo, cuando de repente..., se me acerca un hombre gritando muchas palabras que no atinaba a entender, no las comprendía debido al poco árabe que hablo y la rápida, agitada y estridente manera en que hablaba ese hombre, me asustaba, apabullaba y perturbaba. Solo entonces logro percatarme de la situación, es en ese momento que comprendo el peligro que estaba enfrentando al no llevar puesto el velo...".

Mahira, la esposa de mi amigo, permanecía contándome con una marcada expresión de ansiedad y miedo aterrador por lo vivido; sudaba, temblaba, a la vez que reía nerviosamente... de repente, Farís me dice: "...es mejor que Mahira termine de contarte otro día lo que sucedió, ya que ella revive ese momento cada vez que lo cuenta, eso la dejó marcada para el resto de su vida". A lo que ella acotó, con pausada voz, luego de tomar un poco de agua y tranquilizarse, que deseaba seguir contándome, le dijo a su esposo que le permitiera continuar, a lo cual él accedió: "...como te decía, aquel hombre estaba tan molesto que parecía un diablo por la expresión enardecida de su rostro al hablarme, y de repente levanta la mano para pegarme mientras me dice (Uoklaja), que quiere decir mujerzuela, prostituta, basura... yo estaba aterrorizada, desesperada empecé a gritar, es allí cuando Farís se percata y corre en mi ayuda, e interviene de inmediato discutiendo duramente con ese irrespetuoso hombre que me quería agredir, en su lengua natal.

De pronto, mi esposo me toma de la mano y me lleva corriendo al carro, arranca con desesperación y luego se detiene en un lugar seguro a revisarme a ver si estaba bien y si ese atrevido hombre me había hecho algún daño..., después de percatarse que gracias a Dios no me había pasado nada, él me cuenta, y me dice: amada esposa, ese hombre dijo que estaba altamente insultado porque lo miraste a los ojos y lo provocaste ya que estabas descubierta.

Dijo también que lo hiciste pecar al mirarte porque eres muy hermosa por lo cual lo incitaste al pecado, que él es un hombre santo y que tú vestías como una mujerzuela o prostituta con pantalones y blusa muy clara, y que no debías estar allí en la calle, sino en el sitio donde van las mujerzuelas libertinas. Aquí las mujeres no deben salir sin llevar un velo y deben cubrirse por completo; solamente pueden mostrar sus ojos y cuando más, parte de la frente. Es la costumbre, es por esto que él se molestó tanto y te gritó improperios"...

Sé que esta narración parece una novela de ficción, pero no es así, eso sucedió en los años ochenta, y yo soy testigo de su veracidad, y también sucede hoy en día en muchos países de las partes del Oriente Medio, África, partes de Europa, etcétera, que aún guardan las más estrictas leyes de su religión, tradición y costumbres.

7. ¿Qué llevó a aquellas mujeres a prescindir de una prenda tan emblemática y significativa en la cultura de aquella época, como el velo? Al parecer, este contexto ambiguo en el cual Pablo establece la normativa de cómo la mujer debía de vestir en el templo, está abierto a muchas interpretaciones, las que dicen más de los prejuicios del intérprete o traductor, que de las intenciones de Pablo al escribirla. Es un texto que ha sido y puede ser entendido de forma dogmática y definitiva, para restringir o abogar por el lugar y la función de las

> mujeres en la Iglesia, o por la relación entre las mujeres de diversas edades y culturas. Me sorprende que algunos creyentes menosprecien el capítulo 11 y su discusión sobre si hombres y mujeres se cubrían o no la cabeza como una cuestión de orden cultural, aunque Pablo hace una referencia a Génesis 1–3. Al mismo tiempo, el Apóstol establece los límites para las mujeres de todas las edades dentro de la Iglesia.

Es esta falta de consistencia lo que genera los problemas de interpretación. El capítulo ayuda a comprender que algunos símbolos teológicos y privilegios deben restringirse o aplicarse según la cultura donde viva el cristiano maduro. Por esta razón, es muy posible que Pablo esté haciendo ese especial énfasis en este tema de las formas de vestir y de presentarse en el templo, ya que las normas sociales de la época, así lo exigían. Bruce W. Winter, dice: "...las mujeres se quitaban los velos matrimoniales durante el culto unido para demostrar emancipación social cuando estaban en el culto unido".[80]

En cuanto a los versículos tres y sucesivos, hay una marcada tensión teológica que parece afirmar a las mujeres en roles de liderazgo en el culto público, que contaba con la aceptación social, en comparación con el 14:34–35, donde a las mujeres, o al menos "las esposas", v.35, se les prohíbe hablar en la iglesia. Para algunos, el capítulo 11 es un texto de prueba; mientras otros utilizan el 14. Hay que reconocer que la clave de este pasaje es el entorno cultural del siglo I d. C. en Corinto, pero para nosotros, hoy no queda claro a qué aspecto se refiere. La Iglesia del primer siglo conocía el liderazgo de la mujer en el Antiguo Testamento, y era consciente de la colaboración de las mujeres en el ministerio de Pablo (Romanos 16). Nosotros regularmente no entendemos el problema en Corinto y la cultura romana como ellos lo hicieron. ¡El dogmatismo es inadecuado! En su reciente libro, Después de que Pablo dejó Corinto: la influencia de la ética laica y el cambio social, Bruce W. Winter, páginas 121–141, ofrece algunas ideas muy útiles en torno a la literatura y el arte romano. Este y otros artículos, por ejemplo, Elaine Fantham, La Nueva Mujer: Representación y realidad sobre las mujeres en el mundo clásico, el capítulo 10; y P. W. J. Ghill, Las esposas romanas y las viudas romanas, la importancia en el retrato romano de cubrirse la cabeza, en I Corintios 11:2–16, Bruce W. Winter, páginas 245–260, muestran cómo los intérpretes del primer siglo en Corinto eran de cultura romana, no griega.

En conclusión, varios aspectos pudieron haber llevado a estas mujeres a no usar el velo en el templo, recordemos que Corinto era una colonia romana y reflejaba esa cultura. Las mujeres romanas eran dadas en matrimonio durante los primeros años de su adolescencia.

El velo era un elemento cultural de servicio en el matrimonio. Se esperaba que fuese usado por las mujeres romanas fuera del hogar. No llevarlo las habría calificado como:

- Una pareja lesbiana dominante.
- Una "nueva mujer", (un movimiento social de igualdad y libertad activa en la sociedad romana en el siglo I).

Estas mujeres partícipes de este movimiento, alardeaban pública y privadamente de su emancipación e independencia, de este modo habrían avergonzado públicamente a sus maridos y hubiesen dado una impresión equivocada sobre la Iglesia a los visitantes y la comunidad.

Cristo hace hombres y mujeres libres, ¡pero cada uno tiene el deber de limitar su libertad por la causa de Cristo! ¡Las Mujeres y hombres, esposas y esposos creyentes, están llamados a vivir para la salud y el crecimiento del Reino! Es el tema que plantea Pablo sobre lo que nosotros como cuerpo de Cristo transmitimos y enseñamos a los demás, de 1 Corintios 8:10 y todo el capítulo 11, no es más que una presentación de Pablo en cómo debemos proyectarnos ante los demás, la familia, la sociedad, los amigos y enemigos, nuestros defensores y también los detractores, etcétera.

1 Pedro 3:1–5

"Asimismo, vosotras, mujeres, estad sujetas a vuestros maridos; para que también los que no creen a la palabra, sean ganados sin palabra por la conducta de sus esposas, considerando vuestra conducta casta y respetuosa. Vuestro atavío no sea el externo de peinados ostentosos, de adornos de oro o de vestidos lujosos, sino el interno, el del corazón, en el incorruptible ornato de un espíritu afable y apacible, que es de grande estima delante de Dios. Porque así también se ataviaban en otro tiempo aquellas santas mujeres que esperaban en Dios, estando sujetas a sus maridos...".

– ONCE –

COSTUMBRES, HISTORIAS Y TRADICIONES

El escenario para 1917 en los Estados Unidos era sombrío, pero con claras señales de querer dejar a la mujer ser y existir como persona y como individuo. Dieciséis estados, incluyendo Nueva York, le habían concedido el derecho de votar a ellas, pero la constitución de los Estados Unidos no fue enmendada para conceder el voto a la mujer hasta después de la Primera Guerra Mundial. Alice Paul, una fundadora del Partido Nacional de la Mujer, dirigía marchas diarias frente a la Casa Blanca durante la guerra, utilizando la retórica de democracia y autogobierno del Presidente Woodrow Wilson. A medida que más y más estados aprobaban el sufragio, sus representantes en el Congreso también lo hacían. En 1918, Wilson, sin muchos deseos, aprobó un cambio constitucional, y no fue sino hasta que en el año 1920 la Enmienda Decimonovena convirtió el sufragio de la mujer en la ley de los Estados Unidos de América.

Mencionamos este punto sobre el sufragio de la mujer aquí en los Estados Unidos, exclusivamente para enmarcar que no solo en el tiempo de Jesús, y en el lejano Medio Oriente, es segregada la mujer. Hoy en día aún se sigue segregando a la mujer con casos reales de machismo y violencia doméstica, al igual que a los indocumentados, las personas de color, los hispanos, los asiáticos, etcétera. Siempre a lo largo de la historia la mujer se le ha abusado, por eso Cristo hace la diferencia y la emancipa de esa maldición que Satanás provocó en el Edén, producto de su inocencia y falta de obediencia, o rebeldía.

"(Las 'olas') no son la mejor manera de entender el pasado en Estados Unidos. Los diferentes tipos de activismo sobre asuntos de género que han tomado lugar desde los inicios del siglo XIX en este país, no pueden ser reducidos a un término: feminismo. Este tipo de reduccionismo ofusca la especificidad histórica del activismo de género en la Historia de Estados Unidos. Nubla las diferencias entre las ideas que motivaron a diferentes grupos de personas a perseguir distintos tipos de metas políticas en diferentes momentos históricos. Por ejemplo, llamar al movimiento del Siglo XIX 'La primera ola' sugiere una similitud subyacente entre las metas políticas de este movimiento con aquellas de los movimientos que comenzaron a emerger en la década de los años 60 (del Siglo XX).

Pero como Nancy Cott señaló en su innovador libro "Los cimientos del feminismo moderno", ni siquiera es apropiado llamar a buena parte del activismo sobre asuntos de género en el Siglo XIX, y particularmente al movimiento sufragista del Siglo XIX, un movimiento 'feminista'. Para empezar, aquellos activos en el movimiento no utilizaban el término. De hecho, muchos de los que apoyaron el sufragismo tenían metas políticas más limitadas que quienes comenzaron a utilizar la palabra feminismo a inicios del siglo XX. Muchos de quienes apoyaban el sufragio lo hicieron no sobre la base de una idea de igualdad entre hombres y mujeres, o porque pensaran que las mujeres como individuos eran similares a los hombres —ideas que serían importantes para muchos de quienes comenzaron a llamarse feministas a inicios del siglo XX—, sino porque creían, por una variedad de razones, que las mujeres deberían tener el voto".[81]

Con esta perspectiva histórica, el comportamiento de Jesús resalta de una manera maravillosa. En primer lugar, los evangelios dicen con claridad que en el grupo de discípulos que acompañaban a Jesús había mujeres:

Lucas 8:2–3

"Lo acompañaban los Doce y algunas mujeres que él había curado de malos espíritus y enfermedades: María Magdalena, de la que había echado siete demonios; Juana, mujer de Cusa, intendente de Herodes; Susana y otras muchas que le ayudaban con sus bienes...".

Lucas nos dice que este grupo de personas iba con Jesús "... caminando de pueblo en pueblo y de aldea en aldea", Lucas 8:1. Hasta en nuestros días, resultaría chocante y aun sospechoso que un apóstol, profeta, evangelista, pastor, maestro, lleve consigo a mujeres, por caminos y pueblos, como parte de su equipo de trabajo y ministerio.

Por la información que nos suministra Lucas, en el grupo ambulante de Jesús iba una tal Juana, que estaba casada con un político conocido. Y había otras que ayudaban con sus bienes, lo que indica que tenían autonomía económica o abundancia financiera, cosa que solo podía darse en el caso de que aquellas mujeres que fueran viudas. O sea, Jesús estaba acompañado por viudas y casadas; mujeres tan entusiasmadas con Él, que hasta habían abandonado sus propias casas.

Además, el mismo Lucas nos dice que había algunas mujeres a las que Jesús había curado de malos espíritus. Eso significa que eran mujeres que habían estado dominadas por las fuerzas del mal, o sea, gente sospechosa, rara, de dudoso proceder, de mala reputación. Entre aquellas mujeres había una tal María Magdalena, "de la que había echado siete demonios". El número siete significa que aquella mujer había estado dominada por todo lo malo que se puede imaginar: ¡Era una mujer de mala fama! Y resulta que esa mujer, que había sido una "mala mujer", famosa para ese tiempo, estaba en el grupo y acompañaba a Jesús de pueblo en pueblo.

Además, esta mujer no parece que estuviera con Jesús solamente por algunos días. Hasta el último momento, precisamente cuando Jesús estaba agonizando en la cruz, allí estaba su madre, la Magdalena, con otra María, la madre de Santiago y José, y también con la madre de los Zebedeo. Estas y otras muchas habían ido detrás de Jesús desde sus correrías apostólicas por la provincia de Galilea (ver Mateo 27:55–56; Marcos 15:40–41). Mujeres que estuvieron muy presentes en la vida de Jesús, y que le fueron fieles hasta la muerte.

María Magdalena, quien fue liberada de siete demonios, fue uno de los principales apoyos financieros de Jesús; estuvo entre las mujeres que valientemente permanecieron junto a la cruz; fue una de las que Jesús apareció después de la resurrección, etcétera. Por otro lado, se menciona a Juana: su esposo era intendente de Herodes, el oficial que en la corte se ocupaba del estado de los intereses financieros".[82] Todo esto no quiere decir que Jesús tuviera fama de libertino o mujeriego. En los Evangelios no hay ni el más mínimo rastro de semejante barbaridad. A Jesús lo acusaron de muchas cosas: de blasfemo, de agitador político, de endemoniado, de ser un hereje samaritano, de estar perturbado y loco, etcétera. Sin embargo, en ningún momento le echaron en cara que tuviera líos con mujeres; aunque es muy posible que hubo momentos que se prestaban a toda clase de sospechas o malos entendidos.

Lucas 7:37–38

"...en esto una mujer, conocida como pecadora en la ciudad, al enterarse de que comía en casa del fariseo, llegó con un frasco de perfume; se colocó detrás de él junto a sus pies, llorando, y empezó a regarle los pies con sus lágrimas; se los secaba con el pelo, los cubría de besos y se los ungía con perfume".

Un día, estaba Jesús invitado a comer en casa de un fariseo y de repente una desconocida entra y comienza a besar sus pies... Evidentemente, una escena así se prestaba a toda clase de sospechas y malos entendidos. En medio de un banquete público, que se celebraba en casa de una persona socialmente respetable, entra de pronto una pecadora, y se pone a perfumar, acariciar y besar a uno de los que están allí a la mesa. La cosa tenía que resultar muy rara. Y por eso, se comprende lo que el fariseo se puso a pensar para sus adentros: "Si este fuera un profeta, se daría cuenta quién es y qué clase de mujer la que lo está tocando: una pecadora", (Lucas 7:39). Aquí es interesante observar que a Jesús no se le acusa de mujeriego, sino que no es un hombre dotado de saber profético, o de no estar en el espíritu.

Pero Jesús, una vez más, se muestra con una sorprendente libertad en su relación con las mujeres: Se puso a defender a la pecadora y a reprochar, en su propia casa, al señor respetable que lo había invitado a comer (Lucas 7:44–47). Jesús escandaliza a los fariseos al valorar a las "prostitutas" más que a ellos, porque, a pesar de la vida que llevaban, ellas creyeron en Juan el bautista y su predicación, mientras que ellos, tan "justos", no cambiaron sus vidas (Mateo 21:31–32). Donde todos ven una pecadora, él percibe a una mujer que sabe amar; y donde todos ven a un fariseo santo, él ve dureza de corazón (Lucas 7:36–50). Jesús mira al interior de la persona; de manera que ya no hay diferencia entre hombre y mujer. Cualquier norma que se use para juzgar a una mujer, vale lo mismo para los hombres. Esto es lo que Jesús enseña en el incidente de la mujer

sorprendida en adulterio (Juan 8:3). Si se quiere condenar a aquella mujer, se ha de condenar lo mismo al hombre que estaba con ella. Todos juzgan desde la carne (Juan 8:15).

En casi todas las culturas se han considerado a los órganos sexuales y sus secreciones como algo impuro. Así ocurría también en Israel (Levítico 15:1–30). Ello implicaba una humillación constante para la mujer. En el milagro de la mujer que sufría flujo de sangre más de doce años, y que ocultamente le toca el manto, Jesús enseña a superar los prejuicios y la obliga a declarar abiertamente el motivo por el que le había tocado, aunque esto implicase, según los preceptos legales, que, por la impureza de la mujer al tener flujo de sangre, ella fuera lapidada, muerta a pedradas. Jesús en cambio la conmina a confesar lo que ha hecho y la sana por su atrevimiento, que, por un momento osado de fe, supo arrebatar su sanidad de forma sobrenatural. (Marcos 5:24–33).

Jesús, en función de su proyecto liberador, quebranta la ley de Moisés y los tabúes de la época relativos a la mujer y a su especial condición. Mantiene una profunda amistad con Marta y María (Lucas 10:38). Conversa públicamente y a solas con la samaritana, conocida por su mala vida, de forma que sorprende incluso a los discípulos (Juan 4:27). Defiende a la adúltera contra la legislación explícita vigente discriminatoria para la mujer (Juan 7:53–8, 10). Se deja tocar y ungir los pies por una conocida pecadora (Lucas 7:36–50) Son varias las mujeres a las que Jesús atendió, como la suegra de Pedro (Lucas 4:38–39), la madre del joven de Naín (Lucas 7:11– 17), la mujer encorvada (Lucas 13:10–17), la pagana sirofenicia (Marcos 7:24–30), y la mujer que llevaba doce años enferma (Mateo 19:20–22).

En sus parábolas aparecen muchas mujeres, especialmente las pobres, como la que perdió la moneda (Lucas 15:8–10), o la viuda que se enfrentó con el juez (Lucas 18:1–8). Jamás se le atribuye a Jesús algo que pudiera resultar lesivo o marginador de la mujer. Nunca pinta Él a la mujer como algo malo, ni en ninguna parábola se la ve con luz negativa; ni les advierte nunca a sus discípulos de la tentación que podría suponerles una mujer. Ignora en absoluto las afirmaciones despectivas para la mujer que se encuentran en el Antiguo Testamento.

Todo esto nos viene a indicar que Jesús salta por encima de los convencionalismos sociales de su tiempo. En ningún caso acepta los planteamientos discriminatorios de la mujer. Para Jesús, la mujer tiene la misma dignidad y categoría que el hombre. Por eso, él rechaza toda ley y costumbres discriminatorias de la mujer, forma una comunidad mixta en la que hombres y mujeres viven y viajan juntos, mantiene amistad con mujeres, defiende a la mujer cuando es injustamente censurada, etcétera.

Jesús se puso decididamente de parte de los marginados. Y ya hemos visto hasta qué punto la mujer se veía marginada y maltratada en la organización y en la convivencia social de entonces. También en este punto, el mensaje de Jesús es proclamación de la igualdad, la dignidad, la fraternidad y la solidaridad entre toda clase de personas. Su mensaje, también para las mujeres, era una verdadera buena noticia. Estas actitudes de Jesús, significaron una ruptura con la situación imperante y una inmensa novedad dentro del marco de aquella época. La mujer es presentada como persona, hija de Dios, destinataria de la Buena Nueva e invitada a ser lo mismo que el varón, miembro de la nueva comunidad del Reino de Dios. Por todo eso no es de extrañar que fuesen mujeres las más fieles seguidoras de Jesús (Lucas 8:2–3), que habían de acompañarlo hasta cuando sus discípulos lo abandonaron.

En el camino de la cruz "lo seguían muchísima gente, especialmente mujeres que se golpeaban el pecho y se lamentaban por él", (Lucas 23:27).

Al pie de la cruz, "estaba su madre y la hermana de su madre, y también María, esposa de Cleofás y María de Magdalena", Juan 19:25. Algunas de ellas fueron las primeras en participar del triunfo de la resurrección (Marcos 16:1). Jesús introdujo un principio liberador, atestiguado con su comportamiento personal, pero las consecuencias históricas no fueron inmediatas. Solamente en la actualidad se ha creado una cierta posibilidad de realizar algo del ideal expresado por Jesús. Pero su principio, que dignificaba la mujer, sigue siendo aún semilla llena de vida potencial, animadora de una profunda crítica constructiva y punto de referencia para el ideal a realizar.

> *"Pero no totalmente solo. Las mujeres están en el Calvario. Los cuatro evangelistas narran la presencia de algunas mujeres al pie de la Cruz. Juan Pablo II lo expresa así: A los pies de*

la Cruz estaban en primer lugar las mujeres de los Apóstoles, solo Juan permaneció fiel; las mujeres eran muchas. No solo estaba la Madre de Jesús y la 'hermana de su madre, María mujer de Cleofás, y María Magdalena', (Jn 19,25), sino que 'había allí muchas mujeres mirando desde lejos, aquellas que habían seguido a Jesús desde Galilea para servirle', (Mt 27,55). Como podemos ver, en esta que fue la prueba más dura de la fe y de la fidelidad, las mujeres se mostraron más fuertes que los Apóstoles; en los momentos de peligro, aquellas que 'aman mucho' logran vencer el miedo. Antes habían estado las mujeres en la vía dolorosa, 'se dolían y se lamentaban por Él', (Lc 23,27). Y antes aún había intervenido también la mujer de Pilato, que advirtió a su marido: 'No te metas con ese justo, porque hoy he sufrido mucho en sueños por su causa", (Mt 27,19). (544)".[83]

Relaciones y costumbres

La relación entre el hombre y la mujer está claramente definida por Dios en el libro de Génesis, también está explicada por el Señor, a través de Pablo, por ejemplo, en la primera carta a los Corintios, capítulo 11, tema que ya hablamos y que ahora vamos a desarrollar con algunos principios importantes, de forma más amplia para este punto de tanta relevancia.

No debemos violar el orden de la creación. Estos versículos que hemos explicado en todos los capítulos anteriores referentes a este tema de interacción de hombre y mujer, y sus bases, aún lidian directamente con la ropa o la manera de vestirse, con la forma en que se tratan, subordina uno a otro, y se relacionan entre sí.

Algunos principios importantes:

1. El hombre fue creado a imagen y semejanza de Dios, como lo dice Génesis capítulo uno, versículos 26 y 27; por lo tanto, si se perturba el espíritu de los creyentes o miembros de una congregación, por medio de la rebeldía y la inconformidad al no vestirse adecuadamente, como era requerido en esa época, o en esa congregación, está deshonrando a Dios. Él les dio y delegó autoridad sobre toda la creación, por consiguiente, el hombre siempre deberá comportarse de una manera

en donde ejerza y demuestre su autoridad, la cual nunca deshonra a Dios.

2. A lo largo de este libro, dejamos claramente establecido que la autoridad del hombre como cabeza no es por ser mayor, o más importante que ella en la creación; porque ante los ojos de Dios todos somos iguales, como ya está claramente explicado por Pablo en el libro de Gálatas. Ahora bien, el hombre tiene una posición ejecutiva delegada por Dios para ejercer una función específica de autoridad sobre todo lo creado, incluida la mujer, al igual que la mujer tiene una responsabilidad y autoridad delegada para ejercer su función, y como tal deben comportarse ambos, vestir y sentarse a ejercer gobierno, cada uno en su posición y con la porción de autoridad que Dios le delegó a cada quien. Respetando siempre la autoridad que Dios puso encima de cada uno. Ahora, es importante saber que la mujer es la gloria del hombre, ella tiene su propio lugar en la creación, y siempre debe vestirse adecuadamente y representar lo que es.

3. Tanto él como ella deben honrar a su autoridad y obedecerla, el hombre a Cristo Jesús y la mujer al hombre, ambos no deben rebelarse contra su autoridad, ni avergonzarla, ni mucho menos deshonrarla. En Corinto según sus costumbres, ellas debían cubrirse la cabeza y usar el velo, el que simbolizaba la autoridad del hombre sobre ella. Debía hacerlo porque los ángeles estaban presentes, debía respetar su presencia, tanto como respetar la autoridad de su esposo.

4. Las mujeres cristianas deberían vestirse recatadamente, decentemente, no sensualmente o de forma exhibicionista para llamar la atención del hombre. Una mujer que tenga a Cristo en su corazón, no debe vestirse para mostrar su cuerpo, llamando sensualmente la atención de los demás, esto lo que sugiere es una moralidad peligrosa o de cuidado. Aun y cuando nosotros no estamos llamados a juzgar a nadie, si debemos manejarnos bajo algunos principios de comportamiento adecuado ante la sociedad y medio donde vivimos, y en especial dentro del templo. La mujer debe vestirse para honrar a Dios y a su esposo, ella debe respetar y reconocer su autoridad y derecho dentro del orden de la creación, y adecuarse a las buenas normas y costumbres de vestir en la época que viva.

¿Cuántos hogares se encuentran hoy en un caos total, porque no hay un reconocimiento ni disposición de aceptar la autoridad?, viven divididos, cada quien en su propia agenda.

Mateo 12:25

"Sabiendo Jesús los pensamientos de ellos, les dijo: Todo reino dividido contra sí mismo, es asolado, y toda ciudad o casa dividida contra sí misma, no permanecerá".

5. Necesitamos el amor real de Dios, para llenar el vacío que la humanidad aspira llenar con la moda, el dinero, la vanagloria de la vida, al no entenderlo o recibirlo se ahogan en los brazos de la perdición y los vicios. Jesús es la única respuesta de amor, es el orden divino de la autoridad de Dios claramente definida en la creación, la que define y manifiesta su reino aquí en la tierra. Sin amor, autoridad, corrección y disciplina, el caos es un resultado inevitable.

6. Entendiendo entonces que el tema del velo en la mujer, o en el hombre, era un caso puntual solo de los matrimonios, en esa época y lugar. Sabemos que hay una marcada relación de respeto y de honra en la manera que tanto el hombre como la mujer debe y puede vestirse, según los principios morales de conducta y el respeto lo acentúen, entre el uno y el otro y para con Dios; tenemos que reconocer que entre la relación del hombre, la mujer y su familia, debemos reconocer algo esencial, elemental y sencillo: ni el hombre, ni la mujer, son independientes, uno depende del otro mutuamente, así como el Señor lo ha ordenado, y ambos dependen de Dios. La mujer le pertenece al hombre, fue creada de su costilla; así como el hombre le pertenece a la mujer, ya que nació de ella.

7. Todas las cosas son de Dios, tanto el hombre como la mujer. Dios hizo al hombre del polvo por su motivo, y a la mujer la hizo de la costilla del hombre, por la necesidad que este tenía, pero lo más importante es que ambos fueron creados en el corazón de Dios. La mujer nació de su amor y compasión, al ver al hombre necesitado y solo. La verdad es que no importa quién le pertenece a quien, ya sea el hombre a la mujer, o la mujer al hombre. Ambos le pertenecen a Dios y ambos tienen su lugar, función, llamado y propósito, bien definido en la creación. Por consiguiente, ambos le deben su lealtad a Dios, ambos deben serles

fiel a Dios y al lugar donde Dios los ha puesto a dar frutos, al hombre en el del hombre, y a la mujer como mujer.

Efesios 5:33

"Por lo demás, cada uno de vosotros ame también a su mujer como a sí mismo; y la mujer respete a su marido".

La mujer estaba incluida en el plan de Dios

La Biblia revela claramente la importancia de la mujer en el plan de Dios; así como la posición que le corresponde ocupar. La ignorancia sobre este tema, causa que la mujer sea menospreciada o relegada a un plano secundario aún dentro de los círculos cristianos. Existen algunas preguntas que necesitan respuesta y vamos a encontrarlas al profundizar en la palabra de Dios. También existen ideas erróneas que deben ser sustituidas por la verdad revelada por el Creador de la mujer, quien también es nuestro Creador.

Según el registro bíblico, Dios creó a la mujer después de crear al hombre (Génesis 2:18 y Génesis 2:21–22); pero el punto más importante de la creación de la mujer, es que esta fue creada por causa del varón: "...sino la mujer por causa del varón", 1 Corintios 11:9. Dios hizo una mujer y la trajo al hombre, y la hizo de su mismo cuerpo para que la amara. Cuando Adán supo que había sido tomada de él, dijo: "Esto es ahora hueso de mis huesos y carne de mi carne", Génesis 2:23. La mujer no fue un invento improvisado, y su creación no fue una casualidad; ella era parte del plan de Dios cuando hizo al hombre. Podemos estar seguros de esto, porque sin la mujer Adán no podía reproducirse.

También podemos notar que la mujer estaba incluida en el plan de Dios, por sus palabras cuando dijo: "Hagamos al hombre", (Génesis 1:26), ya que la palabra hebrea para hombre es: Adán, y esta tiene un significado más amplio que es: ser humano. Entonces resulta, que al sustituir la palabra hombre por humano; obtenemos un sentido más claro, porque de esta manera se incluye a la mujer cuando se menciona al hombre.

Génesis 1:27, 5:1

"Y creó Dios al humano a su imagen, a imagen de Dios lo creó; varón y hembra los creó".

Génesis 5:1

"Este es el libro de las generaciones de Adán. El día en que creó Dios al hombre, a semejanza de Dios lo hizo".

Todo esto tiene sentido al leer Génesis 5:2; donde encontramos que: "varón y hembra los creó, y los bendijo, y llamó el nombre de ellos Adán". Dios los llamó: Adán, no como un nombre personal, sino que les dio una identificación como humanos. Según Génesis 1:28; Dios habló con el hombre y la mujer que había creado, mandándoles que fructificaran y llenaran la tierra, también les dijo que la sojuzgaran y que se enseñorearan de los peces, de las aves y de todas las bestias, etcétera.

Esto significa que la mujer poseía las mismas facultades y autoridad que el hombre con relación al resto de la creación. Ella recibió dominio y podía enseñorearse de todas las criaturas al igual que el hombre, ya que, dentro del plan original, la mujer fue llevada ante el hombre para que fuera su compañera y ayuda idónea; una que ayudara al hombre en su debilidad.

Dios le dio dignidad a la mujer en la creación, la hizo de una de las costillas del hombre, simbolizando el lugar que le correspondía; junto al hombre, bajo su cobertura, en su seno. La mujer no fue hecha de la cabeza, para que no ejerciera autoridad sobre el hombre, ni tampoco de sus pies para que no fuera humillada por el hombre. Bajo la perfección de la creación original, el hombre y la mujer vivían en armonía, pues cada uno mantenía su posición de forma natural.

La astucia de satanás le permitió engañar a la mujer; él contradijo la palabra de Dios y ella le creyó. Eva conocía la advertencia divina y sabía que la sentencia era la muerte, sin embargo, le resultaba atractivo el adquirir conocimiento. El pecado de ella fue querer defender a Dios, uno que no necesita que nadie le defienda, ya que Él lo sabe hacer solo, y el deseo de querer mejorar su posición, querer alcanzar sabiduría; y, por un momento, llegó a estar segura que la alcanzaría a través del fruto prohibido.

Satanás mezcló la verdad con la mentira y esto confundió a Eva. Podemos notar que él le dijo: Serán abiertos vuestros ojos, y ciertamente se abrieron (Génesis 3:7), también le dijo: Y seréis como Dios sabiendo el bien y el mal, lo cual fue confirmado por Dios en el verso 22, del mismo capítulo tres. La mujer siendo engañada incurrió en trasgresión (1 Timoteo 2:14), y luego convenció al hombre para que comiera.

Satanás no apareció para convencer al hombre, esa tarea la delegó a la mujer. El hombre no fue engañado, él no debió comer del fruto, él no debía obedecer a la voz de su mujer, sino a la de Dios (Génesis 3:17).

"Las Escrituras nos revelan mucho más sobre los poderes malignos sobrenaturales que lo que en realidad conocemos y aún de lo que nos ha sido enseñado. Usa los sentidos de Eva y su conocimiento de las órdenes de Dios para llevarla a un estado de esclavitud y cautiverio bajo su persona. Lo vemos usando el bien para acarrear el mal, y sugiriendo el mal para promover un supuesto bien. Cautivada con la idea de ser como Dios, Eva cerró los ojos al principio de la obediencia, y fue engañada. 1 Timoteo 2: 14, y Adán no fue engañado, sino que la mujer, siendo engañada, incurrió en transgresión. La bondad y el querer hacer bien no son, por lo tanto, ninguna protección segura contra el engaño. La manera más sutil con la que el diablo engaña al mundo y a la Iglesia es cuando viene disfrazado de alguien o algo que, en apariencia, trata de impulsarles a principios desequilibrados de bien hacer o de celo por Dios".

"Él le dijo a Eva: 'Seréis como Dios', pero no les dijo: 'Y seréis como demonios'. Los ángeles y el hombre conocieron la maldad cuando cayeron en pecado, pero satanás no le dijo esto a Eva al añadir 'sabiendo el bien y el mal'. Su verdadero objetivo era engañar a Eva llevándola a un acto de desobediencia a Dios, pero el dardo que usó, fue: Seréis como Dios".[84]

Si ella se hubiera puesto a razonarlo y a estudiarlo detenidamente, hubiera visto por sí sola que la sugestión del tentador ponía de manifiesto su engaño, ya que, lo que insinuaba era desobedecer a Dios. Una declaración basada en este razonamiento diabólico no tiene sostén y cae en el terreno del absurdo.

Sin embargo, la propia víctima pasó a ser el vehículo, el medio por el cual vendría el Vencedor que destruiría definitivamente las obras del diablo, limpiando y purificando los cielos y la tierra de toda señal de sus hechos.

La serpiente es maldita, pero la víctima de su engaño es bendecida, pues Dios le promete que de ella saldrá la "simiente" que destruirá al diablo y sus huestes.

Génesis 3:16

"A la mujer dijo: Multiplicaré en gran manera los dolores en tus preñeces; con dolor darás a luz los hijos; y tu deseo será para tu marido, y él se enseñoreará de ti".

Según lo escrito en Génesis 3:16, hay tres pesadas y difíciles consecuencias que recayeron sobre la mujer, que influyen cada una de las áreas de su ser:

La consecuencia física

"Multiplicaré en gran manera los dolores en tus preñeces". Tal parece ser que ya Eva conocía lo que era estar preñada y parir, aunque la Biblia no nos dice nada al respecto; también parece que, según el plan original de la creación, los dolores de la preñez serían mínimos comparados con los que ahora sufren las mujeres.

La consecuencia moral

"Tu deseo será para tu marido". Esto implica la dependencia que la mujer tendría respecto al hombre. Otra versión lo traduce: "Tu voluntad será sujeta a tu marido".

La consecuencia espiritual

"Y él se enseñoreará de ti". Aquí es donde la mujer pierde su posición, nunca antes Dios le dijo al hombre: tú serás la cabeza, o tú la mandarás. Esto sucedió por causa del pecado de Eva.

Desde entonces, y hasta el día de hoy, lo anterior describe la situación de toda mujer casada; y aunque la mujer no es una esclava para el hombre, ni es un ser humano de segunda categoría, la mujer casada debe entender que el hombre posee la autoridad; y muy especialmente en la relación matrimonial. El versículo dieciséis, del capítulo tres de Génesis, dice: "...y él se enseñoreará de ti". La palabra usada aquí para enseñorearse, es: Mashál, que significa Gobernar, gobierno, gobernante, rey, reinar; en ningún momento dice pisotear, subyugar, poner debajo, poner por menos, maltratar, etcétera. La palabra gobernar, significa mandar con autoridad, regir algo; manejar a alguien, ejercer una fuerte influencia sobre él; guiar, dirigir.

Por esta razón básica es que Pablo escribió a los creyentes en varias oportunidades, enunciados, así como este que le escribió a la iglesia de Éfeso: **"Las casadas estén sujetas a sus propios maridos...".**

Efesios 5:22–29

"Las casadas estén sujetas a sus propios maridos, como al Señor; porque el marido es cabeza de la mujer, así como Cristo es cabeza de la iglesia, la cual es su cuerpo, y él es su Salvador. Así que, como la iglesia está sujeta a Cristo, así también las casadas lo estén a sus maridos en todo. Maridos, amad a vuestras mujeres, así como Cristo amó a la iglesia, y se entregó a sí mismo por ella, para santificarla, habiéndola purificado en el lavamiento del agua por la palabra, a fin de presentársela a sí mismo, una iglesia gloriosa, que no tuviese mancha ni arruga ni cosa semejante, sino que fuese santa y sin mancha.

Así también los maridos deben amar a sus mujeres como a sus mismos cuerpos. El que ama a su mujer, a sí mismo se ama. Porque nadie aborreció jamás a su propia carne, sino que la sustenta y la cuida, como también Cristo a la iglesia...".

El hombre no debería de estar tratando que su mujer se someta, ni mucho menos puede o debe obligarla a hacer eso, es una responsabilidad de la mujer sujetarse voluntariamente a su cónyuge; y ellas lo van a poder hacer con contentamiento en su corazón, como una respuesta al amor y respeto que ellos le infringen y presentan.

Aquí no se está hablando de la Iglesia de Cristo, o del templo en sí, aquí Pablo está estableciendo así un principio de orden en el hogar, en el matrimonio. Analicemos esto en detalle. Las palabras griegas usadas aquí son: Anérque significa realmente

Esposo, y Gunéque significa Esposa. Por lo cual este versículo lo deberíamos leer así: "Porque no permito a la esposa enseñar, ni ejercer dominio sobre el esposo, sino estar en silencio".

De aquí parte el principio que la mujer no tiene autoridad para enseñar o corregir a su esposo, ya que, no le ha sido dado por Dios el hacer eso. Ahora bien, podemos ver el ejemplo de cómo la Reina Esther, con impecable sabiduría y astucia, usó todos sus dotes femeninos y de esposa para, con riesgo de morir en el intento, entrar con atrevimiento y denuedo en la presencia de su esposo, el Rey, y así poder abrir una puerta para hablarle y enseñarle, o corregirle que lo que se iba a hacer en contra de su pueblo, era injusto. (Ester, capítulos 5, 6, 7, 8).

La mujer en la Iglesia

La Biblia habla de la mujer que ora o profetiza, que habla con Dios o que habla de parte de Dios, lo cual es solo una parte del papel que la mujer puede desempeñar dentro de una congregación. Aunque este punto está ampliamente debatido con anterioridad, vamos a dar algunas pinceladas necesarias al exponer de forma más clara y contundente sobre las relaciones y costumbres. Como la mayoría de creyentes, la mujer deberá ocupar un lugar en un ministerio auxiliar de su congregación, independientemente del cual, ella debe recordar que sigue bajo la autoridad de su esposo. El tener un privilegio en la congregación o aun dones espirituales, no la colocarán jamás por encima de su esposo. Un lugar muy especial para la mujer es como ayudante del ministerio de su esposo. Probablemente no exista ninguna persona mejor que ella para complementarlo. Excepto que el llamado a pastorear esté sobre ella y no sobre él.

Lo primero que debemos saber aquí, es que el contexto de esta situación es un tema con respecto al matrimonio y su relación interna de respeto y autoridad; ya que, se usan las mismas palabras para el matrimonio: Anér y Guné.

Un principio de Autoridad

Cristo es la cabeza de todo varón; el varón es la cabeza de la mujer; Dios es la cabeza de Cristo. El hombre no es cabeza de toda mujer, sino solo de su mujer (ver Efesios 5:22). Si el varón se cubre para orar o profetizar, afrenta a su cabeza (Cristo), si la mujer ora o profetiza con la cabeza descubierta afrenta a su cabeza (Esposo). La palabra griega para Afrentar es: Kataisjúno, significa avergonzar.

Por eso Pablo escribió: "Porque si la mujer no se cubre, que se corte también el cabello; y si le es vergonzoso a la mujer cortarse el cabello o raparse, que se cubra, para no avergonzar a su marido". En la ciudad de Corinto, cubrirse la cabeza era la señal que indicaba que las mujeres tenían esposo. Pablo entonces reconoce que es aplicable dentro de la congregación cuando la mujer orara o profetizara.

– DOCE –

POSICIONES POLÉMICAS

Deseamos presentar varias posiciones de otros escritores, doctores, pastores, ministerios, periodistas, autores, teólogos, etcétera, los cuales han publicado sus estudios o predicas a este respecto del ministerio de la mujer, bien sea positiva o negativamente, por el internet y/o han escrito en libros o manuales. Por favor, le ruego que juzgue usted mismo cada una de estas exposiciones que a continuación citamos, tal cual y como están publicadas. Al final estaremos explicando nuestra posición y hablaremos por qué este libro sale en defensa de la mujer y su participación en la Iglesia de Cristo.

Cita número 1

Los Vientos de Cambio por Alan Highers[85]

La Iglesia en el primer siglo, igual que la Iglesia de hoy, enfrentó el peligro de ser absorbida por su cultura. El judaísmo, el paganismo y la infidelidad, eran fuerzas en acción durante los primeros días de la Iglesia. El libro de hebreos fue escrito para fortalecer a los cristianos que habían crecido desanimados y que amenazaban con deslizarse de regreso al judaísmo (Heb. 3:12).

En las cartas tanto a Roma como a Corinto, el apóstol Pablo trató con las influencias del paganismo, y especialmente con problemas morales que se identificaban con la sociedad existente (Rom. 1:18–32; 1 Cor. 6:9–11). Animó a los cristianos a "estad firmes y constantes, creciendo en la obra del Señor siempre...", (1 Cor. 15:58).

Amonestó a los santos a "no os conforméis a este siglo", sino más bien a "transformaos por medio de la renovación de vuestro entendimiento", (Rom. 12:2).

Lo que Pablo amonestaba en el primer siglo no es menos necesario hoy. Uno de nuestros más grandes peligros aún, es la conformidad con el mundo. Debemos vivir en el mundo, trabajar en el mundo, y ser parte del mundo. Jesús reconoció que estamos "en" el mundo, pero que no debemos ser "del" mundo (Jn. 17:11–17). La tarea se hace más difícil con cada generación.

Alguna vez fuimos centro–congregacionales, esto es que, estábamos más directamente afectados por la familia y por la Iglesia; pero con la llegada de los medios masivos, la televisión en particular, este enfoque ha cambiado. Nuestros estándares y nuestros principios ahora no están tan fuertemente basados en la asociación familiar y principios religiosos, sino en la influencia de los medios y de la sociedad en general. Estas fuerzas no siempre fueron parte regular de nuestra vida diaria, pero hoy no pueden ser evitadas. Se requiere una gran vigilancia y esfuerzo en este día para no ser "conformados", sino más bien ser "transformados". De hecho, podemos fácilmente adoptar los estándares del mundo, y ser como el mundo en un sentido perjudicial, antes de estar realmente conscientes de ello.

Estas mismas fuerzas e influencias que nos afectan como individuos también pueden tener un impacto sobre la Iglesia. Estamos viendo este mismo proceso en la obra actual. Todo cristiano informado sabe que hay tensiones y ansiedades alrededor nuestro en la hermandad. Estas tensiones existen dentro de las congregaciones, y entre congregaciones; dentro de las Universidades y Escuelas operadas por hermanos, y entre tales instituciones; incluso entre los miembros de la familia y amigos. Aunque estas tensiones pueden tomar muchas formas, representan la diferencia básicamente en aquellos que asumen una postura "conformista" y quienes siguen una posición "transformista". El conformista se aclimata al mundo que lo rodea, mientras que el transformista procura mantener una identidad separada del mundo.

El Efecto en la Iglesia

Estas actitudes divergentes son particularmente visibles en la discusión que gira en torno al rol de la mujer en la Iglesia. El Movimiento Feminista es muy fuerte en la sociedad actual. No se debe suponer que el movimiento simplemente busca "igual pago para igual trabajo". El Movimiento Feminista, al menos en su forma más radical, está dedicado a reestructurar la familia, la institución del matrimonio, e incluso la Iglesia misma. Un grupo particular de feministas intenta reinterpretar todos los pasajes bíblicos que tratan con el rol de la mujer y justificar los objetivos feministas. Como uno puede esperar, estas enseñanzas ya están encontrando aceptación de parte de algunos en la Iglesia.

La Iglesia de Bering Drive en Houston publicó un "Reporte sobre la Participación de la Mujer en el Culto Público", fechado el 5 de Marzo de 1989, en el cual afirmaron: El 31 de Julio de 1988, los ancianos presentaron una declaración a la familia Bering acerca del uso de los dones espirituales tanto por los hombres como por las mujeres, expresando nuestra convicción que es bíblico y apropiado para las hermanas igual que para los hermanos servir en el culto del domingo por la mañana en funciones de saludar a los visitantes, recibir la ofrenda, leer la Escritura, dirigir oraciones, y servir la comunión.

Además, la Iglesia de Cahaba Valley en Birmingham envió una carta a sus miembros, fechada en enero de 1990, exponiendo su punto de vista del rol de la mujer en la Iglesia, afirmando: "Hacemos valer que la mujer en el Señor puede ministrar no solo a las mujeres sino también a los hombres, cuando Dios las llama, mientras se sometan a la autoridad de Dios, los líderes de la Iglesia, y a sus compromisos en sus familias". También anunciaron que "nombrarían a diáconos para la Iglesia en el domingo de Pentecostés, 1990. Los diáconos serán femeninos y masculinos". En 1994 indicaron que las mujeres también "hablarían a la asamblea en sermón".

El famoso "Jubileo de Nashville", un evento cooperativo anual principalmente para jóvenes, tuvo como protagonistas a algunas mujeres que enseñaron a los hombres durante su reunión de 1989. Al parecer, algunos se esfuerzan en quebrantar la resistencia entre nuestros jóvenes, las mujeres oradoras, mujeres líderes de cantos, coros y solistas en la asamblea de adoración. El patrocinio del Jubileo está programado para realizarse durante 1991, en la congregación de Ashwood/Woodmont Hills, cuyo predicador declaró públicamente que el precedente del Nuevo Testamento es más claro para los solistas que para el canto congregacional. Cuando nuestros jóvenes beben de pozos envenenados, ¿Qué podemos esperar en la Iglesia dentro de una generación?

En el Foro de Predicadores y Obreros de la Iglesia en la Universidad Freed–Hardeman, Robert Randolph, un ministro de púlpito de la Iglesia en Brookline, Massachussets, y Lynn Mitchell, uno de los ancianos en Bering Drive de Houston, defendieron y expandieron el rol de la mujer en la Iglesia (Ralph Gilmore y Don McWhorter, tomaron la posición contraria). Durante la sesión de preguntas y respuestas, salió a la luz lo siguiente:

Pregunta: Me gustaría preguntarle al hermano Randolph,

¿Pueden las mujeres servir como ancianas hoy? Y si no, ¿por qué no? Nuestra cultura actual lo permitiría, aunque la cultura de la Biblia en general no lo haga.

Randolph: Yo no tengo problemas con las mujeres sirviendo como ancianas hoy...

Mitchell: Yo no censuraría lo que el hermano Randolph dijo...

Toda la discusión del foro está disponible y se puede leer en libro, pero los extractos anteriores ilustran el puntos que algunos incluso en la Iglesia han aceptado la agenda feminista y están dispuestos a interpretar las escrituras en consecuencia. Lo que sea que estos pasajes digan acerca del rol de la mujer, ¡no se debe hacer que digan lo contrario a lo que dicen! Cuando las mujeres pueden ser promovidas como ancianas ante la enseñanza bíblica que el anciano u obispo "sea irreprensible, marido de una sola mujer", (1 Tim. 3:2), debemos ser capaces de ver la seriedad del cambio ante nosotros.

Movidos por todo Viento

El efecto de la "nueva hermenéutica" no puede ser pasado por alto en esta discusión. Una característica de la nueva hermenéutica es su orientación al resultado, esto es, los hombres han procurado una nueva hermenéutica,

o una nueva forma de interpretar las escrituras, porque están buscando justificar posiciones particulares que no pueden establecer aplicando la Biblia como patrón de autoridad. De esta manera se debe hallar un nuevo enfoque que le prestará las conclusiones deseadas. No aduzco que esto sea un proceso consciente, pero estoy completamente persuadido que es un factor en por lo menos algunos ejemplos en donde los hermanos han abandonado las Escrituras como modelo para nuestra fe y práctica actual.

Pablo habló de algunos que estaban siendo "fluctuantes, llevados por doquiera de todo viento de doctrina". (Efe. 4:14). Jesús, por otra parte, habló de Juan el Bautista, y dijo, "¿Qué salisteis a ver al desierto? ¿Una caña sacudida por el viento?", (Mat. 11:7). Juan no era uno que pudiera ser "llevado por doquiera de todo viento de doctrina". No podía ser influenciado y lanzado de acá para allá como las cañas delgadas y mimbres que crecen en Palestina. Jesús lo elogió como hombre de principios que manifestaba estabilidad aun cuando soplaban vientos contrarios. Necesitamos de tales hombres y mujeres hoy, que puedan reconocer y defender los principios y que no sean llevados por doquiera por los vientos predominantes del día.

Hace un año en esta revista, publicamos un llamado a "la hermandad más amable y más apacible", y todavía tenemos el mismo criterio. Pero entonces, afirmamos, y lo reiteramos hoy, que: "Es posible estar en desacuerdo con un hermano, afirmar las razones por las que su enseñanza es errónea, y todavía llamarle por su nombre, sin ser áspero y resentido". La amabilidad no significa compromiso con la verdad. Por consiguiente, al mismo tiempo que no les deseamos mal a los hermanos que están promoviendo el feminismo en la Iglesia, no podemos estar de su lado. Estos asuntos son serios, van al corazón mismo de la autoridad bíblica, y amenazan la paz y la unidad de la Iglesia. La presión externa es tan fuerte sobre las Iglesias para amoldarse a las normas sociales, que cada congregación haría bien en estar informada de los peligros y estar preparada.

En este ejemplar de la Espada Espiritual hay excelentes artículos de respetados escritores sobre estos importantes asuntos. Las congregaciones necesitan ordenar copias extra para distribución a toda familia. En este caso, un gramo de prevención puede valer mucho más que un kilo de curación. Como dice otro adagio, hombre prevenido vale por dos. Los vientos de cambio realmente están soplando, pero los cristianos tienen un

ancla. Este es el tiempo que "retengamos nuestra profesión" sin vacilar (Heb. 4:14). Podemos esperar increíbles presiones a ser ejercidas sobre la Iglesia en los días venideros. Mantengámonos "pues, firmes, ceñidos [nuestros] lomos con la verdad", (Efe. 6:14).

Cita número 2

Los Argumentos en Contra de las Mujeres Predicadoras por Hardeman Nichols[86]

Las posiciones ocupadas por las mujeres actualmente se han ido ampliando durante la última mitad de este siglo. Las preguntas con respecto a su lugar en la sociedad y los negocios, igual que en la familia y en la Iglesia han capturado la atención de las masas. Con cada nuevo horizonte en los diferentes movimientos feministas, se han incrementado las demandas sobre la Iglesia para soltar sus amarras y hacerse a la mar sobre la marea de los tiempos y darle a la mujer igual acceso a todas las posiciones de liderazgo al lado de los hombres, incluyendo el púlpito.

Este deseo de parte de algunos para tener mujeres predicadoras a veces es defendido por estos exponentes apelando a Escrituras que ellos, sin duda, sinceramente creen que apoya a su causa. Es muy esencial tener clara autoridad bíblica para cualquier curso que la Iglesia persiga en esto y todos los demás asuntos de fe y práctica. Uno debe ser encomiado por la creencia que la Biblia debe autorizar esta práctica si uno debe ser aprobado por Dios mientras participa en ello. Antes que cualquier persona se convierta en proponente de mujeres predicadoras en la Iglesia de nuestro Señor, los siguientes principios deben ser cuidadosos y devotamente examinados. Presentan los argumentos en contra de las mujeres predicadoras.

Debe ser enfáticamente entendido que los argumentos en contra de las mujeres predicadoras no es un ataque en contra de las mujeres. Es más bien una defensa de la exaltada posición de dignidad de las mujeres como la última y final creación de Dios. Lleva también con el varón la imagen de Dios (Gen. 1:26, 27). Además, esto es enfatizado por el apóstol Pablo: "no hay varón ni mujer; porque todos vosotros sois uno en Cristo Jesús". (Gál. 3:28).

Sin embargo, la igualdad de naturaleza de hombre y mujer no prueba que tengan posiciones iguales de liderazgo en la Iglesia. Jesús es igual que Dios. "Es la imagen del Dios invisible", (Col. 1:15). Es obediente al Padre. Jesús dijo, "Porque he descendido del cielo, no para hacer mi voluntad, sino la voluntad del que me envió". (Jn. 6:38).

La sumisión no es una señal de inferioridad, si lo fuera, nuestro Señor Jesucristo sería inferior al Padre, por el mismo razonamiento, la mujer no es inferior porque Dios le haya asignado un ámbito diferente de actividad en la Iglesia que el que asignó a los hombres. Dios claramente le dio un nivel diferente de servicio al hombre que no ha sido diseñado para las mujeres y que prohíbe a la mujer predicar. Las bases para la restricción no se refieren a simples situaciones culturales del primer siglo. Algunos han pensado erróneamente que la costumbre del primer siglo era restringir a las mujeres del púlpito, pero las costumbres cambian y las mujeres no están en el mismo entorno hoy que entonces, dicen, "es como el ósculo santo.

No tenemos que practicar eso hoy, porque las costumbres han cambiado. Hoy nos damos la mano". En aquel entonces también se daban las manos (Gál. 2:9). Uno no debe ignorar el hecho que Dios nunca les mandó besarse uno al otro. No estaba instituyendo la práctica de besar; en cambio, Dios estaba regulando una costumbre en cuanto a su intención. Él dijo, manténganlo santo; hagan pura su intención un "ósculo de amor", (1 Ped. 5:14). "Saludaos los unos a los otros con ósculo santo". (Rom. 16:16).

Si la Biblia hubiera dicho, "bésense unos a otros", estaríamos obligados a hacerlo incluso hoy; pero en ningún lugar se impuso esto. En cambio, esta regulación mantiene la costumbre, si es practicada, de ser degradada en una excusa para la lujuria. Uno no puede argumentar exitosamente que las restricciones puestas sobre las mujeres fueran solamente situaciones locales de costumbres del primer siglo.

l Principio Fundamental

"Vuestras mujeres callen en las congregaciones; porque no les es permitido hablar, sino que estén sujetas, como también la ley lo dice. Y si quieren aprender algo, pregunten en casa a sus maridos; porque es indecoroso que una mujer hable en la congregación". (1 Cor. 14:34– 35). Antes que

uno empiece a levantar objeciones, nos apresuramos a coincidir con un hecho; estas evidentemente eran las esposas de los profetas que estaban interrumpiendo a sus maridos y debían permanecer "calladas", esto es, no debían pronunciar sonido alguno. Pero esta aplicación especial para esa ocasión no era el argumento mayor de Pablo. Su objeción a estos abusos en Corinto se derivó de un hecho fundamental más profundo; había una "ley", que estaba siendo violada en principio. Observe el mandamiento específico: se les manda a las mujeres a "que estén sujetas, como también la ley lo dice". ¿Cuál ley? No era la ley de Moisés; ningún mandamiento semejante se encuentra ahí. Más bien, es la ley establecida primero en Gen. 3:16 en donde Dios le dijo a la mujer, "y tu deseo será para tu marido, y él se enseñoreará de ti". Pablo dijo que la ley que requería el liderazgo del hombre y la sumisión de la mujer no ha sido revocada incluso en el Nuevo Testamento.

A las mujeres en Corinto no se les negó el derecho a hablar solo porque causaran confusión, sino principalmente porque la ley de Dios puso a la mujer bajo el liderazgo del hombre. Semejante ley eterna no debe ser tratada como si solo tuviera trascendencia temporal, o incluso local. Es la ley de Dios hoy y quienes respetan su gobierno deben reverenciar sus propósitos. Inmediatamente después de declarar este principio de la ley, el apóstol Pablo declaró: "Si alguno se cree profeta, o espiritual, reconozca que lo que os escribo son mandamientos del Señor". (1 Cor. 14:37).

En el capítulo 11 de esta misma epístola, hay un llamamiento a este ascendiente de orden en la regulación del uso de los dones milagrosos de las mujeres. Fue en cumplimiento de la profecía que Dios derramaría su Espíritu sobre las siervas. Joel había escrito, "profetizarán vuestros hijos y vuestras hijas", (Joel 2:28, 29). En la Iglesia primitiva había mujeres, tales como las hijas de Felipe, quienes profetizaban (Hch. 21:9).

Sin embargo, no hay indicación que hiciera esto en la asamblea de toda la Iglesia. En Corinto, donde esos dones eran ejercidos, había un fundamento establecido sobre el cual debían utilizarlos. Pablo dijo, "Pero quiero que sepáis que Cristo es la cabeza de todo varón, y el varón es la cabeza de la mujer, y Dios la cabeza de Cristo". (1 Cor. 11:3). Este principio de sumisión era muy importante cuando las mujeres profetizaban, y aunque todos los dones milagrosos eran temporales, incluyendo el profetizar de las mujeres, el cual, "se acabará", "cesarán", (1 Cor. 13:8–13), mientras los dones estuvieran en existencia, eran regulados bajo una ley eterna de liderazgo que no debe ser tratada como si fuera solo una costumbre efímera.

El Orden Divino de Liderazgo

El orden ascendiente de liderazgo declarado en 1 Cor. 11, es mujer, hombre, Cristo y Dios. Responder a esto como si fuera únicamente temporal ignoraría el hecho que Cristo estará sujeto a Dios incluso hasta después de la resurrección. "Pero luego que todas las cosas le estén sujetas, entonces también el Hijo mismo se sujetará al que le sujetó a él todas las cosas, para que Dios sea todo en todos". (1 Cor. 15:28).

De la misma manera, tratar la restricción sobre la esfera de actividades de la mujer como si fuera solo una actitud local también es erróneo. Si esto fuera local y temporal, ¿Por qué Pablo puso tal fundamento bajo ello? Cuando uno va de día de campo por algunos días, no cava un fundamento de 5 metros de profundidad y vierte concreto sobre acero reforzado para levantar su tienda sobre ello. Este principio eterno regulaba la participación de la mujer, puesto que Pablo hizo una clara distinción entre las ocasiones cuando la mujer profetizaba y cuando tomaba lugar la asamblea de toda la Iglesia. Fueron dos ocasiones distintas y separadas. Nada sugiere ni siquiera remotamente que los hombres estuvieran presentes cuando las mujeres "oraban y profetizaban".

Después de concluir este asunto, Pablo discute la asamblea donde se observaba la Cena del Señor como una reunión separada: "Pues, en primer lugar, cuando os reunís como Iglesia...", (1 Cor. 11:18).

Uno de los propósitos del velo cuando profetizaban era el significar que la mujer cubría "su cabeza" mientras ejercía su don, esto es, su cabeza (el hombre) no estaba presente. Aun así, esto simbolizaba la autoridad del hombre. "Por lo cual la mujer debe tener señal de autoridad sobre su cabeza...", (1 Cor. 11:10). El que la mujer llevara el velo cuando profetizaba era importante en reconocer el orden de Dios bajo el liderazgo del hombre. Puesto que no hay ocasiones semejantes hoy (porque las profecías han cesado), el velo simbólico también ha sido abolido. Las profetisas podían utilizar su don solo en donde no había hombres presentes. Tuvieron el capítulo catorce al mismo tiempo que recibieron el capítulo once. No esperaron para estudiarlo tres semanas después, tomando un capítulo por semana. Conocían sus limitaciones y "la ley" que los gobernaba; por lo tanto no profetizarían en la asamblea cuando los hombres estuvieran presentes.

Este asunto de prioridad del liderazgo masculino en la Iglesia se vuelve a exponer en Primera de Timoteo. Pablo dice, "Quiero, pues, que los hombres oren en todo lugar, levantando manos santas, sin ira ni contienda". (1 Tim. 2:8). Esto declara que los hombres debían liderar las oraciones en todas las congregaciones "en todo lugar".

Que el líder de las oraciones es el tema queda mostrado por su levantar las manos, una práctica encontrada en el Antiguo Testamento cuando Salomón guió la oración (1 Rey. 8:22). Como con el beso, Pablo no está mandando levantar las manos, sino que lo regula. Manténganlo santo "levantando manos santas". Es el hombre, no la mujer, quien dirige en todas las Iglesias. Pablo previamente había estado hablando de "hombres" en donde usó la palabra griega Ándsropos[25] en su forma plural para dar a entender "seres humanos" de ambos sexos.

Dios quería que todos los "hombres", queriendo decir hombres y mujeres, "fueran salvos". Pero luego cambia a otra palabra griega en el v. 8 (Anér), que significa "hombre... en contraste con mujer". Por supuesto, toda la gente debía orar en las asambleas y a las mujeres no se les prohibía; sin embargo, ellas no debían dirigir las oraciones. Después de la discusión del liderazgo masculino en la Iglesia, sigue un discurso correspondiente a las actividades de las mujeres. Pablo empieza, "Asimismo que las mujeres se atavíen...", (1 Tim. 2:9). Esto, igual que la sección previa, tiene aplicación universal. A las mujeres no se les permitía estar en posiciones de liderazgo público. "Porque no permito a la mujer enseñar, ni ejercer dominio sobre el hombre, sino estar en silencio". Hay dos cosas prohibidas aquí por dos verbos: "enseñar" y "ejercer dominio".

Si uno fuera a representar esta oración en un diagrama, la conjunción "ni" uniría a ambos verbos, y la frase preposicional, "sobre el hombre" modifica igualmente a ambos verbos, restringiendo así a la mujer en su enseñanza para que no deba estar "sobre el hombre" en esa situación. Este mandamiento bíblico es, "no permito a la mujer enseñar sobre el hombre, ni en ninguna otra manera tomar autoridad sobre el hombre, sino estar en silencio". Este es un argumento sucinto en contra de las mujeres predicadoras. Debe quedar entendido que a la mujer no se le prohíbe la posición de enseñanza. A ella se le manda enseñar a los niños o a otras mujeres (1 Tim. 5:14; Tito 2:4). Pero no le es dado el liderazgo en la enseñanza "sobre los hombres". Si ella ejercita sus habilidades de enseñanza en la forma que se hace cuando las mujeres predican, sería una clara violación de este mandamiento.

La única manera en que podría ejercer semejante posición sobre los hombres sería por "apoderarse", (usurpar) ese lugar que Dios no le ha asignado a ella. Mientras que ella puede enseñar incluso en la asamblea (porque cuando canta está enseñando, dice Col. 3:16, incluso entonces enseñando a los hombres en esa asamblea), está restringida en cuanto a que no debe dirigir. No debe enseñar "sobre el hombre".

Puede incluso enseñar a un hombre; pero debe ser en armonía con la ordenanza divina de sujeción. No debe estar en la conducción. La Biblia dice que Aquila se juntó con su esposa Priscila al enseñar a Apolos, ambos lo enseñaron. "Le tomaron aparte y le expusieron más exactamente el camino de Dios". (Hch. 18:26). Esto lo hicieron privadamente, no en público, y no hay ni rastro que Priscila se hiciera cargo de enseñar "sobre el hombre".

Después el apóstol Pablo afirma dos razones por las que Dios puso a los hombres en vez de a las mujeres en las posiciones de liderazgo público en la Iglesia. No tenía por qué dar ninguna razón para hacer obligatorio el mandamiento; pero lo hizo y el llamamiento se remonta al propósito mismo de Dios en el principio de la historia humana. La primera razón es el orden de la creación. "Porque Adán fue formado primero, después Eva", (1 Tim. 2:13). Su segunda razón es el factor psicológico que produce una diferencia esencial en la forma en que hombres y mujeres enfocan las situaciones. "Y Adán no fue engañado, sino que la mujer, siendo engañada, incurrió en transgresión". (1 Tim. 2:18). No dice que Adán no pecara; su trasgresión fue gigantesca; pero él no fue el engañado. Pecó sabiendo que era un error comer el fruto prohibido; ¡estaba en total rebelión! Por lo tanto, la Biblia dice, "en Adán todos mueren", (1 Cor. 15:22), no "En Eva todos mueren".

Esto no garantiza la conclusión que los hombres no puedan ser engañados; a menudo lo son. Pero la naturaleza delicada que Dios les dio a las mujeres tiende más al pensar con sentimientos, así como los hechos, mientras que el varón generalmente es más objetivo que subjetivo. Al menos, en el caso de Eva, ella de verdad pensó que estaba en lo correcto al comer el fruto prohibido. Por lo tanto, Dios ha limitado el liderazgo de la mujer para que ella no enseñe "por encima del hombre".

El hecho que las mujeres no deban ser predicadoras también es obvio en los que fueron escogidos como líderes en la Iglesia primitiva. Jesús, el maestro de maestros, era hombre; todos los apóstoles eran varones. La afirmación que Junia (quizá una mujer) estaba "entre los apóstoles", (Rom. 16:7), no significa que fuera un apóstol; sino que era bien conocida por los apóstoles. Todos los predicadores en el Nuevo Testamento fueron varones sin una sola excepción, y la ley que regula esto se remonta hasta el principio, y no era ni provisional ni temporal.

Los argumentos en contra de las mujeres predicadoras son tan sólidos hoy como lo fueron cuando se originaron en la mente de Dios. En nuestras congregaciones, preservemos el plan de Dios sin ver cuántas veces podemos crear situaciones en el límite que parecen llevarnos lo más cerca posible a caminar sobre la línea de demarcación sin violarla. Dejemos que los hombres muestren al mundo lo que honra genuinamente a las mujeres, tratándolas como lo haríamos con nuestras amadas madre y hermanas. (1 Tim. 5:2).

Mostremos también nuestro temor reverente por Dios llegando a ser los mejores predicadores, que los hombres puedan ser por la gracia de Dios. Permitamos que quienes predican fielmente pongan atención a la doctrina al mismo tiempo que ponen atención a nuestras almas, sabiendo que este tipo de servicio humilde nos salvará al igual que quienes nos oyeren. (1 Tim. 4:16).

Hardeman Nichols, es de una bien conocida familia de predicadores, incluyendo a su padre (el finado Gus Nichols) y algunos hermanos. Está comprometido de tiempo completo en reuniones evangelísticas, y puede ser contactado en 9040 Merecer Drive, Dallas, Texas 75228.

Cita número 3

¿Puede una mujer predicar?, Pastor Cash Luna[87]

Desde el púlpito, en un pequeño grupo, en la familia, en el trabajo, en todo momento, todos hemos sido llamados a testificar de Cristo de acuerdo a nuestro llamado, nuestros dones y propósito específico.

> **Gálatas 3:27–29**
>
> **"Porque todos los que habéis sido bautizados en Cristo, de Cristo estáis revestidos. Ya no hay judío ni griego; no hay esclavo ni libre; no hay varón ni mujer; porque todos vosotros sois uno en Cristo Jesús. Y si vosotros sois de Cristo, ciertamente linaje de Abraham sois, y herederos según la promesa".**

El liderazgo de la mujer dentro de la Iglesia ha sido muy controversial y podemos encontrar desde posturas extremistas radicales hasta posturas completamente liberales en lo que se refiere al papel de la mujer en la Iglesia. Lo importante es poder ver a la luz de la Palabra y sin prejuicio, cuál es la voluntad de Dios al respecto. Jesús nos mandó a hacer discípulos y de acuerdo al nuevo pacto hemos sido redimidos y salvos para servirle y testificar a todos y este mandato es tanto para hombres como para mujeres.

Si leemos cuidadosamente los evangelios, podemos observar que Jesús no menciona absolutamente nada en contra de la participación de las mujeres en la Iglesia ni en cuanto a testificar del Señor. Es más, a las primeras que envió a predicar fueron mujeres. Sí, ¡las primeras predicadoras del evangelio fueron mujeres, les predicaron a hombres y fueron enviadas directamente por nuestro Señor Jesucristo a anunciar las buenas nuevas! Porque como dice Pablo en 1 Corintios 15:14 **"Y si Cristo no resucitó, vana es entonces nuestra predicación, vana es también vuestra fe".**

Como tantos otros temas de la Palabra, muchas veces no se pueden ver con la claridad que uno quisiera. A grandes rasgos podemos observar en El Antiguo Testamento, que el pecado fue la causa por la cual cambió la relación existente entre Dios y el hombre y entre el hombre y la mujer.

Como una de las consecuencias de la caída surgió el patriarcado y de cómo aún los grandes siervos de Dios se vieron influidos por esta cultura en la que algunos aspectos que podemos mencionar es el que la mujer era tratada como un objeto sin valor, que la poligamia era legal, que la mujer era excluida de las actividades religiosas y muchas prácticas más.

No obstante Dios nos ha dejado plasmado en el Antiguo Testamento ejemplos de mujeres que levantó y fueron usadas por Él entre las que podemos mencionar a María la profetisa (la hermana de Moisés), Hulda profetisa de la época del Rey Josías y Deborah, profetisa y juez de Israel. Pero el Plan perfecto de Dios de restauración, ha sido de redención para todos haciendo tanto a hombres como mujeres partícipes de sus bendiciones y promesas. Aún en el Nuevo Testamento podemos observar todas las prohibiciones que tenía la mujer judía pero también vemos como Jesús vino a romper con todas esas costumbres y tradiciones restaurando e integrando a la mujer a una posición de dignidad y libertad, dándoles la oportunidad de ser discipuladas y aprender a sus pies.

El ejemplo de restauración de la mujer samaritana es impresionante, no solo la restauró, sino que la levantó como predicadora como lo vemos claramente en Juan 4:39: **"Y muchos de los samaritanos de aquella ciudad creyeron en Él por la palabra (predicación) de la mujer, que daba testimonio diciendo: Me dijo todo lo que he hecho".**

Uno de los pasajes del Nuevo Testamento que más conflicto ha ocasionado en este tema es 1 Timoteo 2:11–12 que dice: "La mujer aprenda en silencio, con toda sujeción. Porque no permito a la mujer enseñar, ni ejercer dominio sobre el hombre, sino estar en silencio". Si el mismo Pablo a través de sus escritos, reconoce el trabajo y posición de mujeres como Febe, Priscila, Junias, Trifena, Trifosa, Tecla y algunas más, entonces, ¿Cómo podríamos explicar esta situación?

Si, además, como vimos anteriormente el mismo Jesús envió a ciertas mujeres a predicar, de ninguna manera podría Pablo estar pasando sobre lo que Jesús estableció sino todo lo contrario, tendría que seguir el ejemplo del Señor. A Pablo le preocupaba que se enseñara la sana doctrina y estando preocupado por los requisitos espirituales de los ministros, se refiere a que la mujer, no precisamente como una doctrina de prohibición sino como un llamado, a aprender en toda sujeción la Palabra dado que, por el trasfondo cultural, no la conocían. De esta manera Pablo establece un orden para que sean formadas como discípulas maduras y pudieran ejercer ministerio y enseñar a otros.

El Espíritu Santo reparte sus dones como él quiere, no se limita a hombres y si es así, definitivamente si Dios nos da un don es para edificación de la Iglesia, así que obviamente lo son para usarlos no para guardarlos abajo del almud.

1 Corintios 12:4–11

"Ahora bien, hay diversidad de dones, pero el Espíritu es el mismo. Y hay diversidad de ministerios, pero el Señor es el mismo".

1 Corintios 12:11

"Pero todas estas cosas las hace uno y el mismo Espíritu, repartiendo a cada uno en particular como él quiere.

Toda mujer debe tener claro que los dones que Dios le pueda haber dado y que el llamado ministerial que pueda tener no deben competir en ningún momento con el orden divino y debe haber siempre un reconocimiento de la línea de autoridad que Dios ha establecido. Debe tener bien claro cuál es su posición ministerial y su autoridad espiritual.

Dios conoce el potencial que ha depositado en las mujeres y te ha creado a ti con un propósito definido y ha preparado de antemano las obras que vas a hacer. Ora, estudia la Palabra, conoce la voluntad de Dios para tu vida y esfuérzate por hacer cumplir con el llamado que Dios te ha dado.

Cita número 4

John MacArthur critica a los pastores "Empoderar a las mujeres debilita a los hombres"[108]

John MacArthur respalda los comentarios controvertidos que hizo recientemente sobre las mujeres predicadoras. El pastor sorprendió a la comunidad evangélica hace varias semanas cuando realizó un ataque excitante contra las mujeres que pastoreaban y predicaban en las iglesias

durante la "Conferencia de la Verdad", celebrada en su Iglesia de la Comunidad Grace en California el mes pasado.

Cuando se le preguntó durante una mesa redonda para dar su opinión sobre la popular autora y oradora Beth Moore, dijo que debería "irse a casa". "¡Vete a casa! No hay ningún caso que pueda hacerse bíblicamente para una mujer predicadora. Punto. Fin de la discusión", dijo en ese momento.

"El hecho que tengas la habilidad de vender joyas en el canal de ventas de TV, no significa que debas estar predicando. Hay personas que tienen ciertas habilidades de venta ambulante, habilidades naturales para vender, tienen energía y personalidad y todo eso. Eso no te califica para predicar".

Varios líderes evangélicos regañaron a MacArthur por el tono de sus comentarios, con el autor Max Lucado diciendo que estaba "afligido" por ellos y que "la novia de Cristo está suspirando".

"La suya no es un llamado al poder o la posición, es una solicitud que se debe tomar en serio; para que todos reconozcamos su llamado único. El respeto y la cortesía común deben ser el dialecto de la iglesia. Sin embargo, nuestro coro soprano continúa desacreditando su ausencia".

En un video de YouTube, el pastor Shane Idleman, dijo que el estallido de MacArthur reflejaba "una verdadera falta de humildad, una falta de ruptura, una falta de amor y compasión".

Varias semanas después, MacArthur no muestra signos de retroceder, diciéndole a su congregación en un sermón la semana pasada que "empoderar a las mujeres debilita a los hombres", y que "los hombres débiles hacen que todos sean vulnerables al peligro".

Continuó diciendo que no hay "falta de claridad" en la Biblia cuando se trata del papel de la mujer en la iglesia, citando 1 Corintios 14:35, en el que Pablo dice que "es inapropiado que las mujeres hablen en reuniones de la iglesia".

Al explicar sus propios puntos de vista sobre el tema, MacArthur dijo: "Las mujeres deben mantener la sumisión a los hombres en todas las iglesias en todo momento. Las mujeres pastoras y predicadoras son la evidencia más obvia que las iglesias se rebelan contra la Biblia. Las mujeres que pastorean y las mujeres que predican en la iglesia son una vergüenza y

reflejan abiertamente la oposición al claro mandato de la Palabra de Dios. Esto es una desobediencia flagrante".

Luego volvió y citó 1 Corintios 14:34, que dice: **"Las mujeres deben permanecer en silencio en las iglesias",** y dijo que esto no debería ser "difícil de entender". "No dices nada", dijo.

Más adelante en su sermón, dijo que las mujeres cristianas "necesitan controlarse y darse cuenta que deben hablar en una iglesia". De lo contrario, dijo que los hombres serían "conquistados", lo que a su vez conduciría a la conquista de las mujeres. "Cuando todos los hombres han sido asesinados, ustedes (las mujeres) pueden sentarse allí con todas sus joyas y basura. Han sido conquistados porque vencieron a sus protectores", dijo.

"No malinterpreten esto: esto es lo que estamos viviendo hoy. Empoderar a las mujeres hace a los hombres débiles. Los hombres débiles hacen que todos sean vulnerables al peligro". Él continuó:

"Déjame decirte algo, si los niños están a cargo, estamos en problemas. Si las mujeres están a cargo, estamos en problemas. Y si miras detenidamente a nuestra nación, tendrías que estar de acuerdo en que son mujeres infantiles, jóvenes, inexpertas e ignorantes las que están ascendiendo al poder. Cuando derrocas el orden divino, los resultados son siempre desastrosos. Y de nuevo, no son anti-mujeres más que anti-niños. Pero es un juicio divino sobre una nación que sus jóvenes y sus mujeres están en el poder". Describió enfáticamente MacArthur.Conclusión o posición final del autor en este capítulo.

Según el punto de vista tomado por Jesús a lo largo de su ministerio, la mujer puede y debe tener un lugar dentro de su ministerio para manifestar su reino; aún más, la mujer puede ser ordenada por Dios, en cualesquiera de los ministerios de Efesios 4:11, y tener su propio ministerio. El no reconocer esta gran verdad ha causado en muchas congregaciones que la mujer sea segregada, relegada o ignorada por completo, de modo que ellas no tengan participación en la obra de Dios. Sin embargo, por ejemplo, la comisión dada por el Señor en Mateo 28 y Marcos 16, incluye hombres y mujeres. Allí no dice que solo los hombres deben y pueden ir.

Mateo 28:18

"Y Jesús se acercó y les habló diciendo: Toda potestad me es dada en el cielo y en la tierra. Por tanto, id, y haced discípulos a todas las naciones, bautizándolos en el nombre del Padre, y del Hijo, y del Espíritu Santo; enseñándoles que guarden todas las cosas que os he mandado; y he aquí yo estoy con vosotros todos los días, hasta el fin del mundo". Amén.

Marcos 16:15

"Y les dijo: Id por todo el mundo y predicad el evangelio a toda criatura. El que creyere y fuere bautizado, será salvo; más el que no creyere, será condenado. Y estas señales seguirán a los que creen: En mi nombre echarán fuera demonios; hablarán nuevas lenguas; tomarán en las manos serpientes, y si bebieren cosa mortífera, no les hará daño; sobre los enfermos pondrán sus manos, y sanarán".

El punto importante aquí es definir desde qué posición podría ser aceptable que una mujer predique y ministre, ya que, existen doctrinas diametralmente opuestas; desde aquellos que menosprecian la obra que una mujer puede realizar, hasta la de aquellos que colocan mujeres en posiciones de liderazgo, como ancianas, como pastoras, apóstoles...

Una mujer no puede enseñarles a los hombres (1 Timoteo 2:11–12):

Veamos 1 Timoteo 2:11–12 donde en el versículo 8, el apóstol dice: "Quiero, pues, que los hombres oren en todo lugar". La palabra "hombres" viene de la palabra Anér que significa esposo, varón; es decir, los esposos "varones" deben orar en todo lugar. Esto incluye la oración pública. Nótese que en el comienzo de este capítulo dos, el apóstol Pablo hace rogativas para que oren, hagan acción de gracias, etcétera, por todos los hombres:

1 Timoteo 2:1

"Exhorto, ante todo, a que se hagan rogativas, oraciones, peticiones y acciones de gracias, por todos los hombres...".

En este verso de 1 Timoteo 2:1, Pablo usa una palabra diferente del griego de su tiempo, usa para hombres la palabra Ándsropos[25] que significa: con cara humana, ser humano, gente, hombre, humano, varón. Significa que Pablo comienza pidiendo que debemos orar por toda la humanidad en general, hombres y mujeres, por toda la gente..., pide que oremos por los reyes, por todos los que están en eminencia, en autoridad sobre nosotros, sean hombres, mujeres, o niños; para que nosotros vivamos bien. En el verso cuatro, Pablo repite la misma palabra para Ándsropos[25], dejando claro que toda la raza humana debe ser salva..., pero observe como en el verso 8, cambia totalmente y usa la palabra Anér, que como ya dijimos, significa: esposo, hombre, marido varón.

Muchos doctores de la ley con justa razón aducen que Pablo está hablando del varón u hombre en general, lo cual es muy válido si leemos ese versículo de forma aislada, pero sigamos leyendo los versículos siguientes para poder comprender realmente el enfoque que el apóstol Pablo le está dando a esta carta.

1 Timoteo 2:8–12

"Quiero, pues, que los hombres oren en todo lugar, levantando manos santas, sin ira ni contienda. Asimismo que las mujeres se atavíen de ropa decorosa, con pudor y modestia; no con peinado ostentoso, ni oro, ni perlas, ni vestidos costosos, sino con buenas obras, como corresponde a mujeres que profesan piedad. La mujer aprenda en silencio, con toda sujeción. Porque no permito a la mujer enseñar, ni ejercer dominio sobre el hombre, sino estar en silencio".

Al leer con detenimiento estos versículos nos podemos percatar que le ordena a los hombres orar en todas partes, y a la mujer que se vistan con ropa decorosa, etcétera, esto significa que Pablo le está hablando a una pareja de siervos dentro de la iglesia, para que den ejemplo a toda la congregación; además de usar las palabras griegas Anér[26] para hombres, y para mujer Guné[27], que significan en griego: Hombre y mujer casados.

1 Timoteo 2:8–12 (Versión pastor Douglas Camarillo).

"Quiero, pues, que los varones casados oren en todo lugar, levantando manos santas, sin ira ni contienda. Asimismo que las esposas se atavíen de ropa decorosa, con pudor y modestia;

no con peinado ostentoso, ni oro, ni perlas, ni vestidos costosos, sino con buenas obras, como corresponde a mujeres casadas que profesan piedad. La esposa aprenda en silencio, con toda sujeción. Porque no permito a la mujer casada enseñar, ni ejercer dominio sobre el esposo, sino estar en silencio".

a. Esta escritura no determina que la mujer no debe enseñar a ningún hombre en general de la Iglesia, sino que trata de la relación entre esposos, en la cual ella debe de estar sujeta a él; no debe pretender enseñarle y mucho menos ejercer dominio sobre su autoridad. Aquí el enfoque es de orden matrimonial y no en general, aplicable en el hogar y donde quiera que la pareja se encuentre, incluyendo la Iglesia.

b. El versículo once de este capítulo dos de Timoteo, dice: "La mujer aprenda en silencio, con toda sujeción...". La palabra silencio, es la palabra griega Hehsuchía, que significa: Silencio sosegado, sosiego. Pablo también usa esta palabra en 2 Tesalonicenses 3:12, "A los tales mandamos y exhortamos por nuestro Señor Jesucristo, que, trabajando sosegadamente, coman su propio pan". 1 Timoteo 2:2 usa la misma palabra: "Para que vivamos quieta y reposadamente", y también 1 Pedro 3:4 dice que la mujer debe tener un espíritu afable y apacible, o sea: quieto y sereno. Como vemos, el verdadero significado de la palabra silencio tiene que ver con la sujeción de la mujer, y no solamente con el no hablar; y va más que todo enmarcado en que a la mujer no le está dada autoridad para ripostar, responder o argüir, a lo que el marido dice o establece, bien sea en público, en la iglesia, o en la privacidad del hogar.

c. Deseo apuntar, en esta explicación del silencio y/o sometimiento de la mujer al esposo; cuando él está emanando órdenes en contra de la voluntad de Dios, la mujer está en libertad de no obedecer, ya que, el que ella vaya en contra de la voluntad de Dios para su vida, le será pedido en el tiempo final de forma individual y personal, al momento de estar en la presencia de Dios; y el esposo al hacer eso, está rompiendo las órdenes dadas por su autoridad en su cadena de mando.

1 Corintios 11:3

"Pero quiero que sepáis que Cristo es la cabeza de todo varón, y el varón es la cabeza de la mujer, y Dios la cabeza de Cristo".

He aquí un testimonio sucedido en nuestra Iglesia en Texas de una hermana que en una cita de consejería que tenía con ella y su esposo, me habla con sabiduría y dice: "Pastor, si en un matrimonio él le dice a su esposa que no diezme u ofrende, y ella desea hacerlo, ¿es legal ante Dios que lo desobedezca?", esto lo habló la señora con pausada voz y hasta en un tono de miedo por no ser reprendida allí mismo por su esposo, por favor imagine por un momento la escena... A lo que respondí: "El esposo no tiene autoridad dada por el Señor para hacerle a su esposa desobedecer la palabra de Dios; ya que, cada quien va a entregar cuentas a Dios personalmente de lo que haya hecho, cuando esté en su presencia".

1 Corintios 14:31–35

"Porque podéis profetizar todos uno por uno, para que todos aprendan, y todos sean exhortados. Y los espíritus de los profetas están sujetos a los profetas; pues Dios no es Dios de confusión, sino de paz. Como en todas las iglesias de los santos, vuestras mujeres callen en las congregaciones; porque no les es permitido hablar, sino que estén sujetas, como también la ley lo dice. Y si quieren aprender algo, pregunten en casa a sus maridos; porque es indecoroso que una mujer hable en la congregación".

En el versículo 33, 34, el apóstol Pablo dice: "...pues Dios no es Dios de confusión, sino de paz. Como en todas las iglesias de los santos, vuestras mujeres callen en las congregaciones; porque no les es permitido hablar, sino que estén sujetas, como también la ley lo dice". Dice el versículo 23, del mismo capítulo: "Si, pues, toda la iglesia se reúne en un solo lugar". Dice el versículo 28, "Y si no hay intérprete, calle en la iglesia", y en el versículo 30, "...y si algo le fuere revelado a otro que estuviere sentado, calle el primero", entonces en el versículo 34, dice: "Vuestras mujeres callen en las congregaciones".

Pablo se refiere a la Iglesia, o a sus congregaciones, o asambleas. Pablo esgrime que por ser Dios un Dios de orden, él debe poner un punto para ordenar esta Iglesia, explica todo el detalle de las lenguas, las profecías, el orar con entendimiento, etcétera, y manda a callar a varias personas... y no solo a las mujeres. En realidad, todos tuvieron que callar en la iglesia con la excepción de las personas autorizadas a hablar, y lo debieron hacer uno por uno y en orden.

Es posible que en 1 Corintios 14:33–35 el apóstol Pablo hable de las mujeres de los profetas o ancianos. Como ya hemos dicho, que todos deben callar menos los autorizados a hablar, uno por uno. Por lo tanto, obviamente la mujer debe callar en la Iglesia. Pero considérese también lo siguiente: Según la gramática, la palabra "vuestras" se refiere a su antecedente más cercano que en este texto es la palabra "profetas".

El apóstol Pablo enseña a los profetas y luego habla inmediatamente de "vuestras mujeres". Estas mujeres mencionadas en este texto deberían preguntar a sus maridos en casa. Esto nos indica dos cosas:

1. Que ellas tenían maridos.

2. Que sus maridos sabían más acerca de las cosas de Dios que ellas.

¿Debe la mujer permanecer callada en la congregación?, la respuesta es sí, si no está autorizada a hacerlo, al igual que los hombres que no han sido facultados a hablar en un momento en específico, para mantener el orden dentro del templo. El punto que el apóstol trata aquí es el desorden causado por las mujeres en las congregaciones, cuando preguntaban a sus maridos lo que no entendían. Debemos entender también que no existía la amplificación del sonido, ni los micrófonos, etcétera, que hoy tenemos, y que las mujeres, de venir de un lugar donde eran totalmente segregadas e ignoradas, en donde no podían ni entrar al templo junto con los hombres a estudiar la Torá, ahora son incluidas y tomadas en cuenta; ante lo cual no tenían el conocimiento, ni la revelación, para comprender lo que hablaban los predicadores.

La mujer tenía y tiene todo el derecho de aprender, pero no debe causar desorden hablando con su marido mientras se predica la palabra de Dios, debe preguntar al final del servicio, o en la tranquilidad de su casa, donde su esposo toma la posición de sacerdote y comienza a instruir no solo a su esposa, sino a toda su familia.

Ministrar significa servir, atender, predicar, enseñar; y si las mujeres no pudieran ministrar a otros, ¿Dios hace entonces acepción de personas?, lo cual no es verdad. Ya que, existen varios ejemplos bíblicos del trabajo de las mujeres, en la biblia.

Antiguo Testamento: Débora, la mujer de Lapidot; Juez, profetisa y gobernante de Israel, fue un gran instrumento de Dios para derrotar a los Cananeos y hacer justicia a su pueblo. (Jueces 4:1–24). María, hermana de Aarón y Moisés, es llamada en Éxodo 15:20: la profetisa. Ella dirigió la alabanza de las mujeres con panderos y danzas después que los judíos habían atravesado el mar en seco. Hulda, la mujer de Salum hijo de Ticva; profetisa, fue usada por Dios para dar a conocer su juicio.

Es notable la actitud del Rey Josías, quien mandó al sacerdote Hilcías y al escriba Safán a consultar a Jehová por medio de Hulda (2 Crónicas 34:22). Ana, la viuda, hija de Fanuel; a pesar de su edad tan avanzada, no se apartaba del templo sirviendo de noche y de día con ayunos y oraciones. Ella fue la primera en predicar a Cristo (Lucas 2:36–38).

Por otra parte, podemos ver que en el ministerio de Jesús hubo muchas mujeres involucradas; desde aquellas que le servían de sus bienes (Lucas 8:2–3), hasta las que predicaron por primera vez el mensaje de la resurrección, predicaron el evangelio de Cristo (Mateo 28:1–10). Y aunque no hubo ninguna mujer entre los 12 Apóstoles, esto no significa que no haya ningún lugar para ellas dentro del ministerio, ya que en Cristo Jesús no hay varón ni mujer (Gálatas 3:28).

Entre otras: Las hijas de Felipe (Hechos 21:8–9), el evangelista Felipe tenía cuatro hijas las cuales tenían el don de profecía. Priscila, esposa de Aquila (Hechos 18:2), ella y su esposo fueron colaboradores de Pablo (Hechos 18:18 y Romanos 16:3).

Enseñaron a Apolos sobre el camino de Dios y llegaron a tener una Iglesia en su casa (1 Corintios 16:19). Febe (Romanos 16:1), reconocida como ministro en la Iglesia de Cencrea. María, Trifena, Trifosa y Pérsida (Romanos 16:6–12). Obreras de la Iglesia de Roma. Evodia y Síntique (Filipenses 4:2–3). Pablo las reconoce como combatientes del evangelio.

La Biblia usa expresiones idiomáticas que parecen ser términos masculinos pero que en realidad incluyen a las mujeres; por ejemplo: 1 Timoteo 2:4;

Hebreos 9:27; Romanos 8: 14–17. Esto constituye otra evidencia bíblica que, en las áreas de servicio en la obra, las mujeres también están incluidas (2 Timoteo 2:21, 1 Timoteo 3:11 y Tito 2:3). Si las mujeres también se encuentran bajo el ataque espiritual del enemigo y están teniendo una lucha contra las potestades, principados y huestes; es porque son parte del mismo ejército al que pertenecen los hombres. Y por esta razón Dios ha provisto para ellas la misma autoridad, armas, respaldo, etcétera, que ha provisto para los hombres. Además, la Escritura también las incluye como coherederas (Romanos 8:17; Efesios 3:6; 1 Pedro 3:7). Delante de Dios, todos tenemos los mismos privilegios y derechos; nuestra herencia es común, las promesas para los hombres son también para las mujeres.

Joel 2:29

"Y también sobre los siervos y las siervas, derramaré mi Espíritu en aquellos días...".

Todas las mujeres creyentes, tienen su lugar dentro del ministerio al igual que los hombres; sin embargo, algunas desarrollan su llamado en Dios, son más consagradas que otras y buscan su propósito en el Reino, y por ello tienen una unción mayor que las demás. Esa unción las capacita para ministrar a otras personas y aún hay otras que son establecidas por Dios como ministros de las oficinas de los dones ministeriales.

1 Timoteo 1:5

"...trayendo a la memoria la fe no fingida que hay en ti, la cual habitó primero en tu abuela Loida, y en tu madre Eunice".

2 Timoteo 3:14–15

"...Pero persiste tú en lo que has aprendido y te persuadiste, sabiendo de quién has aprendido; y que desde la niñez has sabido las Sagradas Escrituras, las cuales te pueden hacer sabio para la salvación por la fe que es en Cristo Jesús".

¿Acaso recibió Timoteo la instrucción de su Padre griego o de su madre que era una mujer judía creyente? La educación de Timoteo era notable. Pablo elogió la calidad de la instrucción que había recibido. Timoteo, venía de un hogar dividido; pues su madre era judía y su padre griego.

Es importante notar que su padre no se opuso a que su madre lo instruyera en las Sagradas Escrituras. Tampoco interfirió con que su hijo se llamara Timoteo, que literalmente significa honra a Dios, o querido por Dios. ¿Por qué Pablo alabó la educación de Timoteo? Porque los judíos reconocían que el centro de la verdadera educación no era la sinagoga sino el hogar. Ciertamente, las sinagogas auxiliaban a los padres en su tarea de educar. Pero no había evasiva; la instrucción de los hijos era responsabilidad de los padres, hubiera sinagoga en la ciudad o no.

El centro de la educación judía era la Palabra de Dios; no tenían otro libro de texto fuera de las Escrituras. Los niños judíos eran educados en el Antiguo Testamento desde la edad de tres o cuatro años, y la educación en aquellos días consistía en memorizar. Los niños aprendían de oído, repitiendo en voz alta con el maestro, hasta que podían repetir pasajes completos.

Quiero dejar estas preguntas en su corazón para que medite en ellas y le pregunte al Espíritu Santo:

1. ¿La Iglesia actual trata a la mujer de la misma forma que lo hizo Jesús?

2. ¿En qué cosas la mujer es tratada de modo discriminatorio?

4. ¿Por qué? ¿Cómo se justifica eso bíblicamente?

3. ¿Si Jesús volviera, trataría así a las mujeres en su Iglesia?

4. ¿Cuál es la enseñanza de Jesús para la Iglesia actual?

5. ¿Tenemos que revisar nuestros planteamientos y emprender acciones hacia un trato igualitario?

6. ¿Qué tenemos que transformar?

7. ¿Qué nos está limitando para poder actuar como lo hizo Jesús?

En conclusión, las mujeres con el llamado de Dios, al igual que los hombres, si pueden estar en autoridad y ministrar a la Iglesia.

– TRECE –

LA SIROFENICIA

Mateo 15:21–28

"Saliendo Jesús de allí, se fue a la región de Tiro y de Sidón. Y he aquí una mujer cananea que había salido de aquella región clamaba, diciéndole: Señor, Hijo de David, ten misericordia de mí. Mi hija es gravemente atormentada por un demonio. Pero Jesús no le respondió palabra. Entonces acercándose sus discípulos, le rogaron, diciendo: Despídela, pues da voces tras nosotros. Él respondiendo, dijo: No soy enviado sino a las ovejas pérdidas de la casa de Israel. Entonces ella vino y se postró ante él, diciendo: Señor, socórreme. Respondiendo él, dijo: No está bien tomar el pan de los hijos, y echarlo a los perrillos. Y ella dijo: Sí, Señor; pero aun los perrillos comen de las migajas que caen de la mesa de sus amos. Entonces respondiendo Jesús, dijo: Oh mujer, grande es tu fe; hágase contigo como quieres. Y su hija fue sanada desde aquella hora".

Marcos 7:24–30

"Levantándose de allí, se fue a la región de Tiro y de Sidón; y entrando en una casa, no quiso que nadie lo supiese; pero no pudo esconderse. Porque una mujer, cuya hija tenía un espíritu inmundo, luego que oyó de él, vino y se postró a sus pies. La mujer era griega, y sirofenicia de nación; y le rogaba que echase fuera de su hija al demonio. Pero Jesús le dijo: Deja primero que se sacien los hijos, porque no está bien tomar el pan de los hijos y echarlo a los perrillos. Respondió ella y le dijo: Sí, Señor; pero aun los perrillos, debajo de la

mesa, comen de las migajas de los hijos. Entonces le dijo: Por esta palabra, ve; el demonio ha salido de tu hija. Y cuando llegó ella a su casa, halló que el demonio había salido, y a la hija acostada en la cama".

Veamos lo que nos dice el evangelio sobre una mujer que arrebata su bendición con desesperación. Esta mujer por su fe, recibe de Jesús la curación de la hija con una actitud humilde pero inflexible. Jesús, ante la gran palabra de fe de ella, en conformarse como perrilla con por lo menos comer de las sobras que caían de la mesa, le responde: Marcos 7:29, "...por esta palabra, ve; el demonio ha salido de tu hija". Nótese que la liberación de esta niña se sucede en el acto de fe de ella, de hacer lo que sea, incluso humillarse al extremo, por la sanidad y/o liberación de su atormentada hija.

En este recuento Jesús y algunos de sus discípulos tienen que viajar a la zona sirio–libanesa, tierra pagana y enemiga del judaísmo, provincia romana que lindaba con el norte de Galilea.

"La región de Tiro era habitada tanto por judíos helenistas, gentiles, y todo tipo de personas apartadas o fuera de la ley de Dios. Tiro era una ciudad liberal, ciudad de amplio acceso al mar, a una distancia promedio de 55 km al norte del Carmelo. Que constituye frontera con Galilea".[88] "En los tiempos de Jesús, Tiro, como una de las ciudades comerciales más importantes de la zona, era fuerte económicamente y con grande influencia político–comercial".[89]

"En el antiguo testamento Tiro es presentada como la ciudad habitada por gente que desprecia Israel".[90]

Ya hemos visto que la entrada de Jesús y sus discípulos en esta área, y la crítica de la tradición rabínica, se colocan preminentemente en Marcos, inmediatamente después de la incomprensión de las multitudes que siguen a Jesús acerca de la naturaleza abierta de su proyecto revolucionario, el cual intentaba cambiar sus vidas y costumbres; por lo tanto, no es casualidad, para los más de los Judíos, mostrarse rebeldes a la necesidad de construir un nuevo reino sin el autoritarismo y la preeminencia de clases establecidas y conocidas por ellos; más Jesús se acerca al mundo pagano, a los que jamás un rabí o profeta iría a predicarles, y mucho menos a sanarles y liberarles de los demonios que les azotaban, lo que

demuestra la importancia de la manifestación e inclusión del ministerio de Jesús hacia los más ignorados.

En la región de Tiro, una gran población en la costa mediterránea, Jesús no vino con la intención de hacer nada público; de su llegada Marcos escribe: "Quería que nadie lo supiera". Pero las circunstancias no son favorables para mantener ese anonimato, "entró en una casa, no se podía esconder", dice Marcos 7:24. ¿Quién era la persona que Jesús había querido visitar? Lo más probable es que fuera un judío helenístico que se había encontrado en Galilea (Marcos 3:8). Allí Marcos habló de la gente de Tiro y Sidón, y de la intención, podríamos añadir, para escuchar los nuevos líderes de Galilea desde el lago de Genezaret, en donde desde la frontera eran a solo 55 kilómetros.

Al entrar en la casa de ese anónimo, Jesús, consciente de su popularidad, había dicho que no le digan a nadie su presencia, pero, obviamente, fue algo que no debe haber trabajado bien, ya que, la Biblia nos dice que no se pudo ocultar, más allá del control del patrón de la casa, o por causas objetivas, independientes de su voluntad. Aquí, sin embargo, parece extraño que una mujer sirofenicia, y por lo tanto totalmente pagana, pudiera entrar en la misma casa. Hebreos y paganos no son muy frecuentes en el plano interno, doméstico familiar, a menos que un pagano no quería convertirse en un prosélito, recordemos cuántas justificaciones da Pedro por su reunión con el centurión Cornelio, que se habla en los Hechos de los Apóstoles (10:28).

Solo en los mercados y ferias era posible un contacto, después de lo cual, sin embargo, había que cumplir estrictamente con un ritual de purificación y limpieza. Así que, aquí está claro que el autor ha querido mostrar cómo Cristo no era más la diferencia abismal de la etnia y el clasismo, que los judíos estaban acostumbrados y vinculados en particular. Hasta ahora, la historia no tiene nada tan descabellado. Los problemas surgen cuando esta mujer se atreve y le pide que cure la hija poseída. Son pocas cosas que podemos entender.

Ciertamente, ella sabía que el nombre de Jesús estaba asociado a sus actividades milagrosas y sanidades, y también tuvo que conocer el lado humano de su personalidad, a la cual apeló sin ningún miedo ni restricción. El evangelio habla de la hija poseída, pero ante la gravedad de ciertas enfermedades mentales primigenias, que, en el tiempo atribuido indistintamente a demonios, lo hacían a causa de la impotencia humana por no encontrar una cura a sus males.

La mujer, que Marcos llama "griega" de nacionalidad "Sirofenicia", no trae a su hija, ella espera una curación a distancia. Hay que tener en cuenta en primer lugar que, en la historia de la mujer, ella no es descrita como judía, o como un prosélito pagano helenístico, dispuesta a convertirse al judaísmo. Para su petición, Jesús responde con dos respuestas de rechazo: "Deja primero y no está bien". "Dejad que los hijos primero sean alimentados y se sacien", es la expresión hebrea que implica el reconocimiento de un previamente honor preeminencia de los judíos, debido a la condición de hijos, el pueblo elegido que se habla, entre otros, en Deuteronomio 14:1, "Hijos sois de Jehová vuestro Dios...", mientras que, por el contrario, se reservó el término perros para los gentiles.

Ella plantea una solemne advertencia que viene de esta pagana anónima: "El Reino de Dios es súper abundante, siempre es más grande de lo que imaginamos, y nosotros los desterrados de ese reino, nos conformamos, aunque sea con las sobras que queden del banquete, o que caigan de la mesa". Esta mujer también ejerce un papel muy importante para Jesús, al sobrepasar las limitaciones culturales de la época, y literalmente, llevarlo a hacer algo por su petición.

"Marcos 7, 25b presenta el comportamiento de la mujer ante Jesús. El gesto de arrojarse a los pies de Jesús, hace hincapié en la urgencia y expresa no solo el desespero de esta mujer, sino también la dignidad de Jesús".[91]

"Porque este comportamiento de la mujer ante Jesús, es un acto de valor, un gran acto de coraje, ya que las mujeres del medio oriente antiguo, tenían que mantenerse en el entorno familiar. No salían de su casa a menudo, ni mucho menos hacían preguntas o hablaban con hombres extraños, especialmente en público. De hecho, el comportamiento de esta mujer, fácilmente podría deshonrar al hombre en cuestión".[92]

Ella era griega de nacimiento, una sirofenicia, una pagana, una impía, una sin valor para los judíos. No es solo una madre angustiada por su hija, pero sobre todo es una mujer irregular, doblemente despreciada, como mujer y como una pecadora execrada de salvación. Jesús acepta el elemento de la crisis que viene de este encuentro. Al principio parece rechazarla buscando en ella una reacción o rendimiento, pero luego no solo evalúa las respuestas, sino que elogia su fe, y lo propone como ejemplo a sus discípulos. La mujer le expone a Jesús la enfermedad que su hija tiene por inferencia directa del diablo sobre ella. Es una enfermedad que puede afectar a cualquier persona, con el fin de dificultar la vida y la autenticidad de la persona, que la configura como uno que no pertenece a nada ni a nadie; le roba la identidad. La referencia a los perros se refiere a un simbolismo con la cual identifican los judíos a los gentiles en ese tiempo, donde el traductor de la Biblia la trata con indulgencia al denominarla perrillos, porque el termino real utilizado fue: "perra".

En la forma de relacionarse con Jesús, encontramos a esta mujer y vemos cómo va pasando de un nivel de fe a otro, antes de llamarlo Hijo de David, y luego Señor, se postra y no abandona ante el aparente rechazo de Jesús y sus discípulos. Hay un camino de fe que celebra y manifiesta esta mujer pagana; y Jesús, después de este poderoso milagro que activó esta mujer inconversa, va a lograr más en el territorio pagano de la Decápolis, como respuesta a la fe de ella. La salvación ya está abierta también a los gentiles, y esto no es una concesión, sino una eliminación de las barreras que se rompieron por el compromiso con lo que creía, por como perseveraba y se disciplinó a sí misma, para aguantar el ser despreciada y rechazada, y así obtener su preciado premio, la salvación de su hija. Piénselo por un minuto, si Jesús viniera en este tiempo y usted fuera esta mujer sirofenicia, ¿Aguantaría usted este alto nivel de desprecio y rechazo, de parte del que está supuesto a amarle, perdonarle y ayudarle?

En el caso de Jesús, la distinción entre lo cercano y lo lejano no tiene sentido. A medida que la distinción entre lo sagrado y lo profano, se abre con los comunes o inconversos, totalmente implicados en Él por amor; las migajas que caen de la mesa se refieren al misterio del Reino; un misterio de sobreabundancia que no se limitará a las categorías o los estrechos límites de la mente humana y sus estamentos sociales, tradicionales o culturales. La Cananea nos lleva a pensar que la vida nueva traída por Jesús es algo demasiado grande para ser limitado a las expectativas de un pueblo o cultura, y que debe extenderse a todos en la creación.

La medida del amor y de la fe que es Cristo, que se entregó por nosotros en la cruz. Los rasgos profundamente humanos que ilumina el carácter del creyente, motivado por la misericordia, la compasión y la discreción, capaz de prudencia y perseverancia; son los sentimientos que pueden ser reconocidos dondequiera que estén los seres disponibles para que el Espíritu del Señor actúe en ellos. Estas virtudes, al igual que en la cananea, nos liberan de la obsesión de las cosas, las costumbres, las culturas, para hacer espacio a las relaciones con los demás, a la obediencia, a la verdad absoluta, al amar sin restricciones, etcétera.

El encuentro de Jesús con la sirofenicia, plantea una delicada pero real cuestión de fe. Esta mujer no tiene ninguna reclamación en contra de Jesús, no tiene ningún derecho de hacerlo, no es parte del pueblo elegido de Dios, no es nadie para un judío, es mirada como un perro. Ella lleva solo el dolor de la pequeña hija que estaba poseída por un espíritu inmundo. No pide nada para ella y se satisface solo con las migajas que se caen de la mesa para los perros, sin ningún tipo de perjuicios, no le importa que la insulten.

Pero esto es precisamente, la grandeza de su fe que Jesús mismo reconoce. La mujer no tiene ningún orgullo, ella ya ha sido trillada por la situación que vivía, y había traspasado las barreras limitantes de su cultura; al saber que aquel al que le hablaba, era el único ser sobre la tierra que podría ayudarla en su desesperación."Los versículos que nos describen el pasaje de la mujer sirofenicia es, sin duda, la misión que esta vez realiza Jesús entre los gentiles. El milagro que Jesús hace en la hija de esta mujer pagana, es un símbolo de la salvación a las naciones, manifestando la fe de ellos en la fe de los judíos. Esta misión para los gentiles deriva probablemente y es justificada en los círculos de la Iglesia primitiva. La necesidad de tal justificación, resulta del hecho que Jesús estaba destinado únicamente a la casa de Israel (cf. Marcos 7:27; Mateo 15:24)".[93]

La fe no es solo confiar en el Señor, sino que también es rendirse a Él por completo y sin restricciones. Porque se necesita muy poco para ser llenado, estar vacío. Esta mujer pagana buscando a Jesús, atraída por su amor, un amor no basado en doctrinas abstractas, sino el sufrimiento de su hija. Esto realmente es fe, así lo enmarcó Jesús. Una fe no madurada en libros de teología, sino de la vida cotidiana hecha de privaciones, desprecios y humillación, la mujer tenía una fe desesperada por no haber encontrado solución en ningún lado al problema de su amada hija. Esta es la fe con la que debemos recibir la palabra de Dios como válida para nuestras vidas, y caminar sobre ella sin prejuicios, orgullos culturales, económicos, o sociales. Si no se está completamente vacío, no puedes ser llenado.

Este encuentro ocurre fuera del territorio judío. El lugar geográfico está entre Galilea, Tiro y Sidón, como ya mencionamos anteriormente. Es decir, es como el espacio fronterizo que se da en nuestros países latinos, como, por ejemplo: entre Venezuela y Brasil. En los territorios que quedan perdidos y sin marcas, donde generalmente hay conflictos culturales, religiosos, políticos, económicos, que tienen otras implicaciones diferentes a los conflictos que se viven en las ciudades del interior. Es en la frontera de estos países donde se encuentra Jesús. Por eso lo que aquí sucede con Él, tiene sentido y relevancia. En estos sitios fronterizos se imponen normas, se define quién tiene el poder.

Además, las fronteras son vigiladas y deseadas por los países a los que pertenecen. Hay mercadería que viene de ambos lados, el comercio es fluido y regularmente muy activo. Esto es lo que sucede en la realidad actual de América Latina. Las personas que tratan de pasar y no tienen documentos migratorios, son sacadas fuera de la frontera y devueltas a su país, entre estos se encuentran campesinos, migrantes, refugiados, desplazados; los sacados a la periferia, los echados afuera, son los sin tierra, los excluidos; ellos y ellas no caben en el país, se encuentran agachados debajo de la mesa. Ahí están las mujeres, como en un lugar simbólico.

Jesús entra en una casa, pero no quiere que nadie se entere porque sabe que este no es su territorio y que le puede ir mal. Pero no puede pasar desapercibido. Porque una mujer, que no quiere esconderse, avanza en pos de un gran premio. Va al lugar prohibido y entra a la casa; traspasa vergüenza y honor, se atreve a quebrantar las reglas sociales. Es bien sabido que era prohibido que una mujer y un hombre conversaran en un espacio público, y más que una impura le hablara a un rabí o profeta; esto era considerado impúdico y perverso. Pero ella, con valentía, rompe con todos los valores negativos de la cultura, fronteras que delimitan lo masculino y lo femenino, lo permitido o no, lo bien hecho social y culturalmente."De su visita a aquellos lugares, Marcos solo recoge la curación de la hija endemoniada de la mujer sirofenicia, y aunque seguramente el Señor tuvo más oportunidades de mostrar su misericordia y ministrarles la Palabra de Dios, sin embargo, parece que el propósito principal del evangelista es mostrarnos el interés del Señor por atender con calma a la formación de sus discípulos y tener un tiempo de descanso con ellos. Por otro lado, no debemos olvidar el clima de oposición que se respiraba en Galilea contra Jesús. Hacía tiempo que los líderes religiosos lo habían marcado como pecador y habían decidido destruirlo porque quebrantaba sus tradiciones y no se sujetaba a su autoridad. Tal vez, en medio de estas circunstancias, salir del país era una decisión acertada que evitaría un desenlace precipitado, antes que sus discípulos hubieran logrado entender quién era realmente Jesús y el significado de su obra en la Cruz".[94]

Veamos quién es esta mujer y qué es lo que la moviliza. En primer lugar, no se menciona su nombre. Se dice que es griega, sirofenicia de nacimiento. Seguramente es una mujer con hijos e hijas, cabeza de familia posiblemente; no se menciona esposo o compañero alguno. No es judía, pero busca y suplica ayuda a un judío. Conoce a Jesús solo de oídas; sabe que Él tiene poder para sanar, pero ella tiene el poder del atrevimiento y quiere arrebatar su bendición. Porque tiene una petición especial y muy importante: que Jesús eche fuera el demonio que se ha posesionado de su hija.

Al igual que esta mujer sirofenicia, muchas mujeres llegan a Él en busca de socorro y alivio a su sufrimiento, necesidades no satisfechas, luchas interminables. La primera lección que deja esta mujer es que decide romper los límites impuestos por el hombre a través de la cultura y la religión. No se queda en la pasividad, solamente orando al interior de la iglesia. Se atreve a actuar con valentía, se atreve a dejar las prohibiciones de su entorno en cuanto a relaciones sociales o de usar el poder de la palabra. Ella sobrepasa estos mandatos y sale de la invisibilidad en que la han mantenido. Ella reconoce a Jesús; su objetivo es buscar y obtener el bienestar y salud de su hija que este hombre, este hacedor de milagros portaba. El profundo amor que siente por ella, por su hija, la salvación de su hija, hace que desafíe y rompa límites establecidos y esquemas de autoridad.

En esta porción está el corazón. Es el desafío central. Jesús tiene clara su misión, que es ir al pueblo de Israel. Usa la figura de la mesa servida a donde es claro para Él a quién ha venido a servir. La mujer le responde que

eso es cierto, pero también es cierto que de la mesa caen migajas y debajo de la mesa están los perros, los cuales comen los pedazos, las sobras que caen. Ella persiste, irrumpe, provoca una ruptura en el pensamiento de Jesús, y Él le responde.

1. El modelo que Jesús plantea, sufre un cambio. La mujer le propone: yo estoy debajo de la mesa, eso no es importante, ella supera el rechazo, desprecio, y humillación, y le dice: me pertenecen esas migajas, son mías y no me las puedes quitar. No me importa que estén en el suelo tiradas debajo de la mesa.

2. A pesar de la exclusión y el desprecio, lo que cae le corresponde. Ella lo considera su derecho. Esto se aparta de una actitud de rechazo, resignación, falsa humildad, etcétera, requiere fuerza, hidalguía y energía; tiene una misión sanadora que se manifiesta en la fuerza de ser capaz de rechazar cualquier obstáculo que se le presente. Lo más relevante para ella en ese momento es la vida de su hija: sanarla, cuidarla. En juego está la vida; no hay fronteras, misiones, no hay nada, y si la vida está en juego eso es lo más importante.

Se realiza el milagro, hay buenas nuevas, pensamientos de vida. Él queda transformado, Jesús se abre a los gentiles; ella, es empoderada. Entrar en diálogo con Él posibilita lo imposible. Ella regresa a casa, no con las manos vacías, regresa a su mundo, a su realidad, a su cotidianidad, a su Iglesia, a su misión, regresa distinta, transformada, feliz, por haber hallado a un judío que le posibilita su transformación interior; se libera ella y además su hija es sanada. Ella amplía su comprensión de Dios como un Dios solidario, que se mueve en espacios de frontera y por debajo de la mesa, Jesús crece como hombre hacia una nueva dimensión, sensible frente a la dinámica patriarcal.

Esta comprensión de hombre diferente a la época, a la experiencia y al encuentro con los demás, lo transforma, como los encuentros genuinos entre hombres y mujeres de Dios.

Compromisos para la mujer de hoy en la Iglesia

Comenzar en el trabajo con las mujeres de la Iglesia para ayudarlas a encontrar esa relación especial con Cristo Jesús, y seguir declarando la vida en libertad para ellas. Arrebatando las bendiciones así y como la mujer sirofenicia lo deja bien plasmado.

1. Las mujeres deben de interpelar y confrontar, con sabiduría y amor, el "status quo" establecido por la religión, que esclaviza y deforma la vida de ellas, en su participación de la Iglesia de hoy.

2. Como cristianos hoy en día hablamos de la doctrina sana. ¿Cómo puede haber iglesias con doctrina sana, si las mujeres no tienen acceso al liderazgo?, en muchos casos no pueden acceder la formación bíblico–teológica; ¿si están silenciadas, neutralizadas y son excluidas de la comunidad y encajonadas solo, en el mejor de los casos, como la esposa del pastor, del anciano, del diácono, diaconisas, etcétera?

3. Debe entender que todo lo que la ata necesita ser revisado, produce enfermedad, esclavismo, temor, y la aleja de Dios, se hace religión

4. La mujer debe entender la importancia de romper barreras y crear nuevas relaciones de género. Ser amigas, solidarias, reconocerse mutuamente, felicitarse, admirar y cultivar amistades en su entorno y fuera de él. Nuevas relaciones de género entre ellas y con ellos. Así los demás digan o hagan lo que desean.

5. El Reino de Dios es un Reino de interrelaciones, de contactos divinos que nos llevan o nos ayudan a llegar al verdadero llamado de Dios en nuestras vidas.

6. Las mujeres están diseñadas por Dios para caminar en espacios de frontera que les permita transformar, convocar y desafiarse a sí misma y a otros. De esta manera las mujeres serán sanadas y podrán ver con ojos nuevos y bendición nueva.

"...podemos reflexionar sobre cuáles son los requisitos para conseguir estas 'migajas' del Señor. Una comprensión adecuada tanto del poder como del amor del Señor. Insistencia en la oración. Y, sobre todo, una fe capaz de vencer todas las pruebas. Por otro lado, este incidente nos trae a la memoria también a otra mujer necesitada que vivió en 'Sarepta de Sidón' en los tiempos del profeta Elías. El relato lo podemos encontrar en (1 Reyes 17:8–16) y nos recuerda cómo Elías fue enviado a aquella región después de anunciar una gran sequía sobre Israel como juicio de Dios por haber rechazado su palabra. En cambio, aquella mujer gentil confió en la palabra del profeta y no le faltó el pan durante todo el tiempo en que Israel pasaba hambre".[95]

En conclusión, podemos decir que la historia de la sirofenicia muestra indirectamente el tema del discipulado, claramente introducido por Jesús en su inclusivo ministerio. Teniendo en cuenta el contexto inmediato, tomamos nota que la falta de la enseñanza de la comprensión de Jesús por sus discípulos (Marcos 7:17), se opone a la comprensión de sus palabras con la mujer, este entendimiento debe ser uno de los rasgos característicos del verdadero discípulo de Jesús. Otro rasgo característico del discípulo de Jesús es la fe.

La mujer sirofenicia está firmemente convencida del poder y la bondad de Jesús. Su confianza, expresada con las palabras y con el gesto de la reverencia, demuestra la fe que conduce a la salvación. Su solicitud puede ser un ejemplo de verdadera súplica hecha a Jesús. Suave insistencia y perseverancia en la oración se hace hincapié en la presentación del diálogo entre Jesús y una madre atormentada por el sufrimiento de su amada hija. Todo el episodio transmite el mensaje salvífico corriendo a través de todos los siglos, mensaje sencillo y profundo, cuyo contenido revela que Dios está dispuesto a ofrecer el don de la salvación a los que piden humildemente y con confianza. Entre ellos, de hecho, los que reconocen a Jesús como el Señor que ejerce su poder sobre todas las formas de la debilidad humana, no son ni judíos ni gentiles. Es solo la actitud de la fe que abre el camino a la salvación para todos.

– CATORCE –

LA MOABITA

El libro de Rut presenta un personaje que es realmente "diferente" al mundo que lo rodea. La providencia divina hace que ella viva y se desarrolle como dentro de una burbuja protectora, para que más tarde sea la esposa de un gran hombre que Dios ya tenía preparado para ella, y de esa forma armar el linaje davídico de donde vendría nuestro Salvador. Este libro se lleva a cabo en una atmósfera de dulzura, amistad, esperanza, valor, calma y lealtad; a diferencia del modelo incestuoso de Moab (Génesis 19:30–38), así como el tortuoso pasado de las mujeres moabitas que habían inducido a Israel a la idolatría (Números 25:1–3).

Por eso la sorpresa que la lectura de Rut produce en nosotros es grande y alegre, al ver una moabita usada por Dios, para traer la descendencia salvadora de la creación. El libro de Rut es un libro que tiene como principales protagonistas a dos mujeres, dos grandes mujeres de valor, una en la decadencia de su vida, y otra en la flor de su juventud; usadas ambas por Dios en su eterno plan. Su lectura nos lleva a descubrir una red de intricadas relaciones entre las alternativas de aquellas mujeres que, aunque vivieron un tiempo difícil, adverso y denigrante para ellas, poseyeron una vida sin celos, argumentos, ni rivalidad sutil, pero con gran hermandad, solidaridad, y un gran afecto profundo y duradero.

Rut, tiene un lugar especial, tanto en el orden de los textos que nos ha legado la traducción de los LXX (Biblia griega de los setenta), como el corazón mismo del pueblo; por ser esta una mujer extranjera, y ser en sí misma, la imagen de una debilidad extrema, que no le impedirá, sin embargo, encontrar la redención completa. De hecho, las dos mujeres son las protagonistas de la narrativa de este importante libro de la Biblia; pero lo que más llama la atención, es el valor atribuido a estas figuras dentro la historia de la alianza entre Dios y su pueblo. Noemí y Rut son mujeres reales que viven su historia en circunstancias y planos totalmente diferentes, porque la primera es una mujer judía, que llega a ser bien bendecida por voluntad divina, y la segunda llegará, de no ser nadie entre los judíos, a estar contada en el linaje de Jesús, el Salvador de la humanidad.

Rut aparentemente puede parecer una mujer privilegiada, ya que es uno de los pocos nombres de mujer que dan su nombre a un libro de la Biblia, y es uno de los cuatro que, además de María, aparecen en la genealogía de Jesús (Mateo 1:1–5). De hecho, el libro de Rut es la historia no de una única mujer, sino de dos mujeres cuyas vidas se entrelazan en un proceso largo de los personajes con sus historias, y la misteriosa presencia divina. Son historias, ciertamente de dos mujeres pobres sin ambigüedades, solas en el mundo.

Estamos en la tierra de Moab, donde Noemí siguió a su marido, Elimelec, cuyo nombre significa: "Mi Dios es rey", con sus dos hijos, los cuales se casaron con mujeres moabitas. Ellos habían ido aquí impulsados por el hambre a emigrar a los campos de Moab, a buscar mejor vida, aunque el trasfondo sea otro, ya que Elimelec huyó temiendo que por su posición todos en esa hambruna, le fuesen a buscar a él, y ahora se encuentran en una situación más dolorosa que la anterior. De hecho, morir Elimelec y también sus dos hijos Mahlón y Quelión, hace más desesperante y crítica la situación de esta familia. La esperanza de estos migrantes parece terminar en derrota y en privación extrema. Así nos encontramos con Noemí, una viuda sin hijos, sin apoyo económico, lista para volver a casa, donde al menos hay una cosecha abundante. Se espera que, en Belén, la Casa del Pan, todavía haya una oportunidad para ella, o tal vez un poco de compasión.

Mateo 1:5

"Salmón engendró de Rahab a Booz, Booz engendró de Rut a Obed, y Obed a Isaí".

La primera página del Evangelio de Mateo es bastante desconcertante para el lector de hoy. Contiene la genealogía humana de Jesús (Mateo 1:1–17), un texto difícil de leer y entender que muchos prefieren ignorar. En la antigua mentalidad semítica, una genealogía es un resumen de la historia, y la historia es el desarrollo de una red de genealogías. Así pues, todo nombre que aparece en este texto representa una síntesis de un fragmento de la historia de Israel y culminará en el plan divino, Jesús, el Mesías. Con esta genealogía, Mateo quiere subrayar la relación entre Jesús, David y Abraham. De hecho, Jesús cumplirá las promesas hechas a estas grandes figuras en el Antiguo Testamento, especialmente las de David sobre quien descansa la promesa mesiánica.

"Entre las antepasadas de Jesús, el primer evangelista recuerda también a Tamar, a Rahab y a la mujer de Urías, tres mujeres pecadoras, pero no desleales, mencionadas entre las progenitoras del Mesías para proclamar la bondad divina más grande que el pecado. Dios, mediante su gracia, hace que su situación matrimonial irregular contribuya a sus designios de salvación, preparando también, de este modo, el futuro".[96]

Cuatro mujeres, bien conocidas en la historia de Israel, irrumpen de forma inesperada en la genealogía de Jesús. No todas son extranjeras y no podrán comportarse de manera inmoral, sin embargo, las cuatro tienen algunas irregularidades en su enfoque de vida: Tamar se relaciona con el incesto y la promiscuidad, se disfraza de prostituta para tener relaciones con su suegro; la prostituta Rahab, quien regentaba un prostíbulo en el tiempo que fueron enviados los espías; Rut, audaz y osada, incluso algo temeraria y atrevida, al meterse entre las sábanas de Booz, haciendo caso de las instrucciones de su suegra (Ruth 3:1–13), y Betsabé, la mujer de Urías, por quien David comete homicidio y adulterio. Cuatro mujeres diferentes que viven en otros ambientes y tienen experiencias disímiles. Cuatro mujeres cuestionables que, por razones desconocidas para nosotros, son y se mencionan en la genealogía de Jesús.

Entre ellas Rut, la moabita, la única de las mujeres mencionadas anteriormente que tienen un libro que lleva su nombre. Cuenta de una amistad entre dos mujeres que se reúnen en una situación dramática. Detrás de una simple historia humana, se esconde la mano providencial de Dios que guía la historia de cada ser humano de acuerdo a su plan de salvación. Tres mujeres deben permanecer solteras debido a las trágicas circunstancias de la vida: Noemí pierde a su marido y luego también a los niños, y Rut y Orfa pierden a sus maridos. Y es la soledad de estas mujeres que desencadena la historia.

"En efecto, aunque a las mujeres extranjeras se las acusa de haber alejado a Salomón del culto del verdadero Dios, en el libro de Rut se nos propone una figura muy noble de mujer extranjera: Rut, la moabita, ejemplo de piedad para con sus parientes y de humildad sincera y generosa. Compartiendo la vida y la fe de Israel, se convertirá en la bisabuela de David y en antepasada del Mesías. Mateo, incluyéndola en la genealogía de Jesús (1, 5), hace de ella un signo de universalismo y un anuncio de la misericordia de Dios, que se extiende a todos los hombres".[97]

Noemí se siente agotada y era demasiado vieja para que pueda empezar de nuevo, con la esperanza de un nuevo matrimonio y tener hijos. Se siente sola y abandonada por Dios, sin hombre, sin hijos, privada de un presente y sin futuro. Con profunda tristeza se despide de sus hijas. En este punto, Rut, diciendo su juramento de lealtad incondicional junto con una confesión de fe, le dice en conclusión que, de ahora en adelante, nada va a separarlas, ni espacio, ni tiempo, ni nacionalidad, o religión, le afirma que su amistad durará para siempre, ...y así lo cumple. Desde el comienzo, Rut se caracteriza por su condición de extranjera, de hecho, se le llama la moabita en seis ocasiones; y sí mismo viene a Booz, como una extranjera (Rut 2:10).

Moab, territorio habitado por tribus relacionadas con Israel, es un lugar importante en la historia de Israel desde la época de los patriarcas. La narración en Génesis 19:30–38, explica el origen de los moabitas y los amonitas, los dos pueblos enemigos de Israel, nacidos de una unión incestuosa entre Lot y sus hijas. Esto confirma y explica el desprecio de Israel hacia Moab. Siendo Lot, a través de Moab, un antepasado de Rut, el origen de nuestra protagonista, lo cual es intencionalmente una mala narración a los ojos de cualquiera.

Pero tenemos que esperar a la reunión con Booz y entender qué tipo de varona es esta mujer moabita. Mujer de valor, Ruth no dudó en obedecer a su suegra y protectora amiga, Noemí, y llegar sigilosamente mientras dormía Booz, a acostarse a sus pies. Ruth le invita a que estire el manto a una pariente desvalida, y la tome bajo su protección casándose, (Rut 3:09). Esa noche se llenarán las expectativas de Rut y de Noemí, que supondrá un matrimonio y una hija digna y al lado de un varón que las represente, un retorno a la vida social y la integración en la historia de un pueblo, de los cuales se convertirá en una de las grandes entre la genealogía de Jesús.

En este enfoque, Noemí a través de su nuera Rut, garantiza una semilla de su difunto marido, Ruth era de actuar con integridad y discreción. Rechazando el engaño, se ha alejado de sus antepasados, de las hijas de Lot, y desde esta unión entre Rut, una extranjera, y Booz, hijo de Salmon y Rahab, quien también era extranjera, nacerá un hijo de Israel Obed, el abuelo de David. La esperanza del pueblo de Belén se vuelve a Booz y a la mujer moabita, el día de la boda se conecta esto con las madres de Israel:

Rut 4:9–11

"Y Booz dijo a los ancianos y a todo el pueblo: Vosotros sois testigos hoy, de que he adquirido de mano de Noemí todo lo que fue de Elimelec, y todo lo que fue de Quelión y de Mahlón. Y que también tomo por mi mujer a Rut la moabita, mujer de Mahlón, para restaurar el nombre del difunto sobre su heredad, para que el nombre del muerto no se borre de entre sus hermanos y de la puerta de su lugar. Vosotros sois testigos hoy. Y dijeron todos los del pueblo que estaban a la puerta con los ancianos: Testigos somos. Jehová haga a la mujer que entra en tu casa como a Raquel y a Lea, las cuales edificaron la casa de Israel; y tú seas ilustre en Efrata, y seas de renombre en Belén".

Sin lugar a dudas, uno de los puntos más positivos del libro de Rut es su apertura a la universalidad. La bondad que el Señor ha dado a Israel, que también se extenderá a todos los pueblos. Cuando analizamos algún libro de la Biblia, siempre hay una tendencia natural de dirigirnos al hecho histórico, análisis teologal, interpretación de los personajes a los cuales hable el libro; la estructura de los capítulos, sus divisiones, la exégesis, la hermenéutica, etcétera, pero en cuanto a los libros que hablan de mujeres tan especiales como Rut, Ester, entre otras, hemos trabajado solo en función de analizar la participación, interpretación y mensaje, del actuar de esa mujer en ese hecho histórico narrado por la Biblia, y proyectarlo a las mujeres de hoy en la Iglesia de Cristo.

Es interesante también recordar que la figura de Elimelec, que es quien provoca con su decisión de dejar su tierra y se suceden todos los hechos descritos en el Libro de Rut, para su desgracia y la de su familia, se destaca el hecho que Elimelec era un juez pudiente y de muy buena posición, que al ver la situación de hambre por la que pasaba su pueblo, decidió irse a Moab, no por razones económicas, o por hambre, lo que hubiera podido justificar moralmente su decisión, sino porque pensó que en esta situación, todos los pobres de Israel vendrían a él a pedirle ayuda. Por este motivo se escapó con su familia a Moab, o sea, el egoísmo de Elimelec y su falta de sentimiento de solidaridad y de responsabilidad respecto a su pueblo, parece ser aquí la causa de su muerte en el exilio, así como de la muerte prematura de sus dos hijos sin descendencia. Noemí se quedó sola cuando su esposo Elimelec y sus hijos, Mahlón y Quelión, murieron.

Por lo tanto, sus nueras, Orfa y Rut también eran viudas, la Biblia dice que había escasez y que pasaban por un mal momento. Esa palabra significa falta de algo y no se refiere solamente al tema económico o alimenticio, sino también al familiar y emocional. Rut y Orfa vivieron situaciones similares, ambas estuvieron expuestas a las mismas situaciones. Ambas quedaron solas sin cobertura ni provisión, estaban afligidas, pero tomaron decisiones contrarias. Orfa demostró no tener compromiso con su actitud al frente del requerimiento de su suegra de volver a su pueblo cada una de ellas. Por el contrario, Rut fue valiente, honesta y consecuente con su senil suegra, se comprometió con Noemí y no la abandonó, ella decidió seguirla radicalmente hasta morir donde su suegra muriera, es decir, le dijo que iría con ella hasta las últimas consecuencias.

Las mujeres solteras, sean viudas o doncellas, tienen la posibilidad de comprometerse total y absolutamente en el servicio al Señor, e ir con Él hasta el final sin importar las consecuencias. Quien no se compromete vive como espectador de la vida de otros, y solo pasa a ser parte de la historia, tal como le pasó a Orfa, pero otras caminan un poco más allá y su actitud ante las situaciones y su integridad, les hace escribir la historia.

La historia de Orfa continúa en la Biblia, Goliat y los otros gigantes de Gat, que se mencionan en los libros de Samuel y Crónicas, son sus descendientes. David era descendiente de Rut, así que las historias vuelven a encontrarse. El enfrentamiento de ellos se interpreta como la lucha entre el bien y el mal, pero realmente fue una batalla familiar. El que la vida se componga de fragmentos de tiempos específicos para una persona en un espacio y un tiempo determinados, pueden parecer meramente circunstanciales. Al contrario, la vida, su sustancia y su sentido, está hecha realmente de una serie de momentos definitorios: momentos de pérdida, riesgo, cambio, transformación, relaciones y supervivencia, que marcan el paso de una mujer a lo largo del tiempo de una forma diferente a la de los hombres que la rodean y que la modelan en su carácter y su caminar.

En Rut, dos de estos momentos aparecen de manera sobria y sin adornos, reducidos a lo esencial y claros en sus desafíos. La forma en que nos enfrentamos a cada uno de esos momentos determina quién y qué somos, quién y qué estamos llamados a ser, quién y qué podemos llegar a ser, tanto en el ámbito espiritual como en el social.

"Observemos la estrategia de Booz. Aunque estaba primordialmente interesado en Rut, al principio, ni siquiera la mencionó. Simplemente mencionó que estaba en cuestión una porción de tierra. Ya hemos visto que la ley de la propiedad implicaba a un pariente cercano–redentor. Esta ley se pondría en vigor cuando la propiedad de una persona podía caer en otras manos por variadas circunstancias. En el caso de Noemí, ella y su familia habían salido de Israel por causa de la hambruna y al regresar, no tenía nada. No podía recuperar su propiedad. Tendría que haber esperado hasta el Año del Jubileo que, suponemos, aún se hallaba lejano. Pero, ¿qué sucedería ahora? ¿Aparecería un pariente–redentor? Booz estaba llamando la atención de este otro pariente, no a la persona de Rut, sino a la propiedad que había pertenecido a Elimelec.

Quería saber si este otro pariente redimiría la propiedad. Era un paso lógico. La propiedad tenía que ser redimida antes que una persona pudiera ser redimida. En otras palabras, Booz le dio a ese hombre la prioridad que le correspondía. ¿Querría este hombre ser el redentor? ¿Redimiría él la propiedad para que esta fuese entregada a Noemí antes del Año del Jubileo? Lo interesante fue que este hombre respondió que sí. Que la redimiría.

Aparentemente, era un hombre generoso que estaba dispuesto a desempeñar el papel de redentor. Si se hubiera negado, podría haber sido criticado y hubiera quedado socialmente desacreditado. "Imaginemos el impacto que esta respuesta le debió causar a Booz". Pero no se dio por vencido. Estaba preparado para esa eventualidad y se dispuso a expresar que en este caso había más implicaciones que una simple propiedad de tierra".[98]

La ley del pueblo de Israel mandaba que una viuda fuera redimida por el varón más cercano a la línea familiar del esposo, hacerlo significaba casarse con ella y darle descendencia. Booz quería asumir la responsabilidad ante Rut, pero no le correspondía, así que consultó a quién por jerarquía debía hacerlo. La historia de las bendiciones que le acontecieron a Rut por tener la actitud correcta y tomar las decisiones adecuadas en el tiempo correcto, lo enmarca la Biblia con suficiente claridad:

Rut 4:1–10

"Booz subió a la puerta y se sentó allí; y he aquí pasaba aquel pariente de quien Booz había hablado, y le dijo: Eh, fulano, ven acá y siéntate. Y él vino y se sentó. Entonces él tomó a diez varones de los ancianos de la ciudad, y dijo: Sentaos aquí. Y ellos se sentaron. Luego dijo al pariente: Noemí, que ha vuelto del campo de Moab, vende una parte de las tierras que tuvo nuestro hermano Elimelec. Y yo decidí hacértelo saber, y decirte que la compres en presencia de los que están aquí sentados, y de los ancianos de mi pueblo. Si tú quieres redimir, redime; y si no quieres redimir, decláramelo para que yo lo sepa; porque no hay otro que redima sino tú, y yo después de ti.

Y él respondió: Yo redimiré. Entonces replicó Booz: El mismo día que compres las tierras de mano de Noemí, debes tomar también a Rut la moabita, mujer del difunto, para que restaures el nombre del muerto sobre su posesión. Y respondió el pariente: No puedo redimir para mí, no sea que dañe mi heredad. Redime tú, usando de mi derecho, porque yo no podré redimir.

Había ya desde hacía tiempo esta costumbre en Israel tocante a la redención y al contrato, que, para la confirmación de cualquier negocio, el uno se quitaba el zapato y lo daba a su compañero; y esto servía de testimonio en Israel. Entonces el pariente dijo a Booz: Tómalo tú. Y se quitó el zapato. Y Booz dijo a los ancianos y a todo el pueblo: Vosotros sois testigos hoy, de que he adquirido de mano de Noemí todo lo que fue de Elimelec, y todo lo que fue de Quelión y de Mahlón.

Y que también tomo por mi mujer a Rut la moabita, mujer de Mahlón, para restaurar el nombre del difunto sobre su heredad, para que el nombre del muerto no se borre de entre sus hermanos y de la puerta de su lugar. Vosotros sois testigos hoy".

Dos hombres estaban decidiendo el futuro de una mujer que supo ser fiel a su compromiso. Finalmente, uno estuvo dispuesto a hacer un pacto por ella y sellarlo con la muestra que marcaba la tradición; quitarse el zapato significaba ponerse en el lugar del otro y asumir una actitud de honor. Según lo que leemos en la Palabra, quien recibía el zapato y redimía debía tener cuatro características:

1. Ser el más cercano según la línea de sucesión.
2. Tener la capacidad de redimir.
3. Estar dispuesto a hacerlo.
4. Pagar el precio por ello

Dios necesita mostrar sus virtudes y bendiciones mediante nosotros, como cuerpo disponible aquí en la tierra; y tanto Rut como Noemí fueron un modelo ejemplar de lo que Dios hace a través de la obediencia, una de las más grandes virtudes en un hijo de Dios.

Rut 1:16–17

"Pero Ruth respondió: No me ruegues que te deje y que me aparte de ti; porque a donde quiera que tú vayas, yo iré; y donde quiera que tú vivas, yo viviré. Tu pueblo será mi pueblo, y tu Dios será mi Dios".

En estas dos mujeres viven la soberanía de nuestro gran Dios. Él guió cada uno de sus pasos para hacerla su hija y cumplir su plan para convertirla en una de las madres en el linaje de Jesucristo (Mateo 1:5).

De la misma manera, nosotros tenemos la seguridad que Dios tiene un plan para cada uno de nosotros. Así como Noemí y Rut confiaron en Él para su provisión, también debemos hacerlo nosotros.

En Rut vemos un ejemplo de la mujer virtuosa de Proverbios

31. Además de ser devota a su familia (Rut 1:15–18; Proverbios 31:10–12), y de depender fielmente de Dios (Rut 2:12; Proverbios 31:30). Vemos en Rut a una mujer de sabias palabras. Sus palabras son amorosas, amables y respetuosas, tanto para con Noemí como para con Booz.

La virtud de Rut, es el mejor ejemplo de una novia ataviada para su marido en santidad. La relación entre Ruth y Booz es el tipo de relación que debe tener la Iglesia con Jesús. Y Booz, es el mejor ejemplo de lo que debe ser la relación entre Jesús y su Iglesia. De la misma manera, la relación entre Rut y Noemí, pone de manifiesto la lealtad, y el compromiso que debe tener la Iglesia con Jesús.

En esta historia Bíblica, se viven las virtudes que una Iglesia debe poseer para con Dios y las deja como enseñanzas, así como el amor, la constancia, humildad, templanza, responsabilidad, la obediencia y sumisión a la ley de Dios, que son valores eternos.

"El principio de su historia comienza dentro de una de las temporadas más tumultuosas en la historia judía: la época de los jueces hubo gran hambre en la tierra. Toda la familia de Rut, su suegra Noemí, su cuñada Orfa y sus tres respectivos maridos se mudaron a la tierra pagana de Moab, donde nació Rut, a fin de encontrar alimentos (Rut1:1–2). Después de diez años en Moab, la situación se deterioró para las tres mujeres debido a la muerte de sus maridos durante ese mismo período. Fueron abandonadas e indigentes, puesto que no tenían maridos para suplir provisiones, y tampoco tenían hijos propios.

Esta situación fue equivalente a una sentencia de muerte, para Noemí en especial, quien ya estaba bastante avanzada en edad para tener hijos y para volverse a casar. Tendría que pedir limosna por el resto de su vida. Su futuro se veía realmente sombrío. Por otro lado, Rut y Orfa aún tenían su juventud, probablemente rondando los 25 años de edad. Cuando Noemí se enteró que el hambre había cesado (Rut 1:6), estaba decidida a volver a Israel. Ella liberó a Rut y Orfa de cualquier compromiso que tenían con ella. Después de todo, eran de Moab, ¿por qué debían volver a una tierra extranjera? Ella les aconsejó que se volvieran con sus familias, se casaran nuevamente, y rehicieran sus vidas.

Orfa siguió su consejo, pero Rut se rehusó (Rut 1:8– 18), después de diez años viviendo con Noemí, Rut se había convertido en una compañera fiel e incluso una amiga muy cercana. Rut no tenía obligación alguna para quedarse con Noemí. Su marido se había muerto. Toda adhesión física a Noemí había sido cortada. La cultura moabita de Rut era muy distinta a la de Noemí.

Rut había adorado a dioses paganos y no al Dios de Noemí. Rut podría fácilmente haber tenido una vida muy cómoda en Moab, siendo recibida de vuelta en la casa de su padre y casarse nuevamente. A la inversa, le esperaba un futuro bastante difícil e incierto en Israel, siendo una viuda e inmigrante. El hecho de volver a Israel aseguraba que Rut sería limosnera y que permanecería sin marido e hijos por el resto de su vida. A pesar de todo eso, "Rut se quedó con ella". (Rut 1:14).

Cuando Rut rehusó volver a los dioses de sus padres, de manera simultánea se quedó con el Dios de Israel. Era de esperarse que durante los diez años que vivió en la casa de Noemí, ellas desarrollaran una profunda amistad. Es probable que Rut escuchara las historias del Dios de Israel, de sus grandes obras y de la liberación de su pueblo de la mano del Faraón. Puede que su corazón hubiera sido conmovido mientras escuchaba las historias. No lo sabemos. Pero lo que sí sabemos es que cuando le fue dada la opción, Rut eligió a Jehová, Dios de Israel. Cuando Rut se quedó con Noemí, también se quedó con el Dios que Noemí adoraba. Rut no se quedó con Noemí de mala gana. La quería con una devoción inusual. Ella aceptó la realidad de un futuro desolado y desafiante porque Noemí la necesitaba. Su lealtad a Noemí fue radical y entera".[99]

– QUINCE –

UNA REINA OSADA Y CON DENUEDO

Era una fresca mañana de la acalorada Susa que la reina Ester, cuyo nombre hebreo era Hadassah, avanzaba lentamente al encuentro del rey de Persia, su amado Asuero. No en posición de reina, sino como mujer enamorada, esposa, amiga, y amante. Su nombre significa Mirto, un arbusto silvestre que nace en el desierto, de cuyas flores exhala una agradable fragancia al ser trituradas. Ella paulatinamente camina cortos e interminables pasos, dejando mover su cuerpo con la cadencia que siempre le adornaba, hasta llegar a su esposo y rey, entendiendo que el destino de su pueblo está sobre sus espaldas.

Aunque al principio la hermosa Hadassah solo comprendía el riesgo que enfrentaba, el inmenso peligro que implicaba esta intromisión a los aposentos reales y gubernamentales de su amado esposo; lo hacía poseída por la fascinación de su objetivo. Ella continúa caminando hacia su triunfal victoria u oprobioso y mortal fracaso. En ese instante histórico, en ese segundo en que puede sentir el corazón palpitando acelerado dentro de su pecho, decide seguir adelante segura que dentro de sí lleva el Dios vivo al cual sirve; que Él la puso en ese lugar y momento específico; y que ella es la puerta para la salvación de Israel.

Al entrar al salón real ataviada no solo con sus mejores vestidos y joyas, y perfumada con las más exquisitas y caras fragancias existentes de la época; un silencio total cayó sobre aquella inmensa sala del palacio. Un silencio tan profundo y tenso, que se podía escuchar el mover del suave viento que entró al abrir ella esa prohibida puerta, ...Ester, ante aquel intenso y absoluto mutismo, puede oír el roce de su vestido al caminar, el cliquineo de las prendas de lujo que colgaban de él, el sutil y raudo sonido de la voz de los invitados al murmurar; pero ella solamente buscaba la

mirada de su amado tratando así sea de conseguir un pequeño atisbo de aprobación. Todos la miran atónitos, asombrados y esperando una fuerte reacción y corrección del rey ante este inminente atrevimiento de la reina. Ella no puede ser distraída por el esplendor de la corte, ni por la incisiva mirada de los dignatarios y eminencias que la conforman; tampoco por la imponencia del salón real con elegantes columnas de madera tallada de cedro del Líbano, vestimentas reales y cetros de autoridad de los presentes, techo de madera con apliques de oro y plata, entre otros.

Toda su atención estaba centrada en el hombre sentado en el trono real, sus ojos solo miraban la dulce, autoritaria e inquietante mirada de su amado esposo; el hombre de cuyas manos su vida y la de su pueblo, dependían. Ella sabía y estaba plenamente convencida que la existencia de la patria que la vio nacer, dependía de ese histórico momento. Pero aún más que este importante hecho, estaba segura del amor y consideración de su amado hacia ella, y que él no haría nada en lo que le hiciera daño; esperaba que prevalecería el afecto con que la eligió siendo una doncella del pueblo, y que él la protegería y cuidaría en este momento y por siempre.

Con sus miradas, en un mudo lenguaje íntimo, y por esa especial conexión que tuvieron el primer día que ligaron sus almas, ese momento en que se volvieron uno y sin emitir palabras, le dice: **"Cuando te conocí hubo algo que hizo que yo penetrara en tu corazón y tú en el mío, esa conexión me da este acceso a tí amado mío. Si tú no estás para mí hoy mi vida no será más, mi vida se me va, no sé qué haré si no te consigo amado y dulce esposo. Si tú no estás aquí y ahora, para mí no hay mañana, no hay futuro ni norte que seguir, ya que no solo estaré muerta físicamente, sino que también en mi corazón. Mírame amado mío, mírame; mira mi ser y existencia, y mi gran amor que tengo por tí y para tí".**

Mientras tanto, el rey fija su mirada y extiende hacia ella el cetro de oro al saber que debía colocar su autoridad y protección sobre su amada Ester, la elegida entre miles, la que le hace sentir vivo cada noche que dedican a amarse y ofrecer el uno al otro cada segundo de esos interminables momentos de intensa pasión, gozo, y felicidad. Es un gesto simple, pero que para Ester significa vida, o muerte; porque así es como el rey perdona su presencia sin invitación. Alcanzado el trono, Esther estira el brazo y en agradecimiento, tocando la punta del mismo..., susurra: "Uffffffff, al fin llegué, me salvé...," exclama ella muy dentro de sí misma con un largo y profundo suspiro, sabiendo que por lo menos ya no morirá por haber hecho semejante interrupción.

El aspecto de rey habla de su inmensa riqueza y su enorme poder. El manto real que lleva sobre sus hombros tiene un valor incalculable. Ester, con una sutil y suave sonrisa se las arregla para ver a los ojos de su marido algún rastro de afecto, una respuesta tierna. Ella sabe que él la ama con amor delicado, aunque a su manera. Él le dice: ***"¿Qué tienes, reina Ester, y cuál es tu petición? ¿por qué te has atrevido a entrar así? Hasta la mitad del reino te daré, sino que también te he dado mi vida...".*** Todos a su alrededor miraban intensamente esperando una reacción diferente del rey. El aire de palacio era cortante, se sentía el tiempo detenido...

Ester, con su piel erizada al ver los ojos de su amado y oír sus palabras de amor, salvación y afirmación, pero llenas de gran autoridad y poder, se atreve a hacerle una gran y atrevida petición: **"Si a mí amado le parece bien venir a mis aposentos en compañía de Aman, tu primer ministro, a un especial banquete que he preparado para tí...", a lo que el rey contesto con alegría y un gran brillo en sus ojos, al estar complacido con ese especial detalle de su amada, de honrarlo y festejarlo junto a sus amigos, "Sí, de seguro ahí estaremos. Dense prisa, vayamos todos ahí, llamen a Aman que vamos a festejar en gran manera un banquete preparado para mí por mi amada, bella y dulce esposa...".**

Ester ya había mostrado un firme coraje y fe fuera de lo normal: se presentó al rey con la intención de proteger a su pueblo de una trama para exterminarlo. Hasta este momento se hace oír y llama la atención de su amado esposo y rey, sin mayores problemas, pero se enfrentará a obstáculos aún mayores. Debe convencer al monarca orgulloso que su más fiel consejero, su mano derecha, no es más que un hombre malvado que le había engañado, porque él decretó el final del pueblo judío, fue manipulado y despiadado.

Ella podía haber revelado todo esto delante de los espectadores. Pero de esta manera amenazaba con humillar al rey y su envestidura de autoridad, así como dar tiempo a Amán para contrarrestar sus acusaciones. ¿Qué hizo entonces? Siglos antes del sabio rey Salomón fue inspirado a escribir: "Para todo hay un tiempo señalado, ...un tiempo de callar, y un tiempo para hablar", (Eclesiastés 3: 1:7). Lo más probable es que el fiel Mardoqueo, el padre adoptivo de Ester, enseñara estos principios, a la joven reina. Así que Ester era consciente de la importancia de elegir el buen momento para hablar. Es allí donde ella siente ese derecho, esa irreverencia de querer romper los esquemas y pensamientos, y llegar así a esos lugares impensables, sin considerar la gente que los rodeaba, sino solo vivir el momento verdadero y hacer lo que había ido a hacer. Ella con verdadero denuedo y atrevimiento, deja sus miedos de lado y arriesga todo por conseguir aquello que era su llamado y propósito..., ella estaba segura que, si había llegado a palacio, era para eso, para hacer la voluntad de Dios. De esta forma imaginamos que sucedieron estos acontecimientos que envolvieron los hechos de este importante libro de Ester, en la historia de salvación de Israel como nación.

¿Quién era Esther?

Ester era el nombre persa de esta digna descendiente de Benjamín y se deriva de Áster, que expresa: estrella, lo que significaba buena suerte para el mundo de la época. Ella fue sin duda la estrella de la esperanza que brilla todavía hoy en la galaxia de las mujeres judías del pasado, y de todas aquellas que toman este libro de inspiración.

El cambio de nombre de Hadassah a Ester puede indicar el tipo de belleza por el cual ha sido famosa para esta chica. Además de ser una doncella bien parecida en forma y de lucir bien. Ester se revela como una mujer con una sentencia firme, un magnífico dominio de sí misma y la total capacidad para el sacrificio máximo. Esta mujer del Antiguo Testamento, pertenecía a una familia puesta en cautiverio junto con el profeta Jeremías alrededor del 600 a. C., que prefirió permanecer en un país extranjero en lugar de regresar a Jerusalén. Ester era la hija de Abihail, tío de Mardoqueo (Ver Ester 2:15) de la ciudad de Susa, en el reino de Persia.

A la muerte de sus padres se fue bajo el cuidado de Mardoqueo, un funcionario del palacio que estaba bien relacionado con la realeza. Mardoqueo era muy especial con Ester y la consideraba su hija. Ester siempre fue obediente a su tío, e incluso cuando se convirtió en la reina, continuó siguiendo su consejo. Confiaba en este buen judío como su padre.

La historia de Ester es un relato de los hechos sobre el cautiverio de los judíos en Persia, un país cuya ley y prejuicios impedían que una niña judía pudiese convertirse en reina. El matrimonio del rey Asuero con Ester estaba en contra de la ley y requería que el rey persa se case con una mujer perteneciente a una de las siete grandes familias persas. Ester lo hizo y se describe este hecho como vívido e intenso, en diez capítulos, y su historia es uno de los más dramáticos relatos en la Biblia. Una peculiaridad del libro de Ester es que, como el Cantar de los Cantares, no menciona a Dios ni cualquier nombre divino ni una sola vez. Sin embargo, las velocidades de los acontecimientos demuestran inequívocamente la soberanía providencial de Dios para llevar a Ester en el trono en ese momento tan específico.

El libro empieza durante un período de paz y de bendición cuando el rey da una gran fiesta para los señores del reino. Al lugar acuden cientos de miles de personas y la fiesta dura seis meses. Durante este tiempo, el rey no tuvo otra cosa que hacer que exhibir con esplendidez la gloria y la belleza de su reino.

Con el tiempo, un hombre altivo llamado Amán es elevado al cargo de primer ministro. Furioso porque Mardoqueo no se inclina, ni se postra ante él, trama un plan para acabar con todos los judíos del Imperio persa. Amán convence al rey Asuero para que emita un decreto ordenando el exterminio inmediato del pueblo judío.

Mardoqueo se viste de "saco y ceniza". Ha llegado el momento que Ester intervenga. La reina organiza un banquete privado en honor del rey y el primer ministro, al que ellos asisten con gusto. Entonces, les pide que vuelvan al banquete que les preparará al otro día. Amán se siente muy complacido. No obstante, se encoleriza cuando ve que Mardoqueo se niega a honrarlo, y hace planes para matarlo antes del banquete del día siguiente. Así comienza esta historia donde una gran mujer, dispuesta y obediente a su autoridad inmediata y a su Dios, comienza una gran travesía que muy bien le pudo costar la vida.

No obstante, Dios había ya puesto en movimiento la secuencia de eventos que desbaratarían los planes de Amán. Antes que se promulgara el malvado decreto de Amán contra los judíos, la reina Vasti fue ejecutada y Ester fue elegida como la nueva soberana. Era la sobrina de Mardoqueo, quien se convirtió más tarde en miembro de los Hombres de la Gran Asamblea de Persia. Mardoqueo y Ester eran mensajeros de la Providencia Divina. Impulsaron a sus hermanos judíos a ayunar, orar y hacer actos de arrepentimiento de todo corazón.

Ester preparó un banquete para él y Amán, en el que le rogó a Asuero la abolición del decreto contra su pueblo. Cuando el rey le preguntó quién había tramado destruir a su pueblo, ella señaló a Amán. Asuero ordenó que Amán fuera colgado, pero no podía abolir el decreto porque según la ley persa un rey no podía anular un decreto sellado con su anillo. En su lugar, dio permiso para que los judíos se defendieran militarmente. Así hicieron y ganaron una entusiasta victoria sobre sus enemigos. Aquellos días críticos se transformaron "de angustia en regocijo y de duelo en fiesta". Fue en el día catorce de adar que los judíos de Persia fueron salvados por Dios, mediante los esfuerzos de Ester y Mardoqueo, de la malvada trama de Amán para destruirlos.

Esta historia se lee en la Meguilá (un pequeño rollo de pergamino) al anochecer y en la mañana de Purim. Es una fiesta jubilosa con mucha alegría. El dramático impacto de este milagroso rescate sobre el pueblo judío fue tan grande que su conmemoración a través de la festividad de Purim se integró al cuerpo del calendario judío".

Este libro muestra el gran poder protector de Dios sobre la vida de sus hijos, de su pueblo, de su gente, de los que le pertenecemos, como lo fueron los judíos esparcidos por Persia y Palestina, quienes siguen siendo la niña de sus ojos, y a quienes les salvó de la muerte. Dios de nuevo, usa una mujer como ejemplo de perseverancia y conquista, y es a través de ella que Dios interviene en los asuntos del hombre para cumplir su voluntad y coloca su pueblo en lugares correctos, en los momentos correctos para el avance de su Reino. Ester 4:14

¿Qué lecciones podemos aprender de Ester?

- Ester fue una persona que cumplió su palabra.
- Ayunó y se preparó espiritualmente antes de la batalla.
- Ella diligentemente obedeció a su padre adoptivo.

- Ester amó y fue seriamente atacada en su identidad, aunque secretamente, su linaje despreciado pero honorable, fue escondido, y le dio la fortaleza de estar a la altura y talla del momento.
- Ester fue una verdadera patriota y en el momento crítico no se avergonzó de su familia, sino que arriesgó todo por ella.
- La lección que debemos aprender de este momento dramático en el que revela su identidad judía, es esta: Cuando una persona nace en lugares altos, en posiciones de poder y superioridad, debe tener la fuerza y la belleza de carácter, para actuar a favor de sus raíces; tal como lo hizo Moisés.

¿Qué podemos aprender del carácter de Ester?

- Búsqueda de la guía divina en tiempos de crisis.
- Ella estuvo preparada para renunciar a su posición, su egoísmo, sus comodidades, y se dedicó a actuar por el bien de los demás.
- Apreciar y buscar la cooperación de otros.
- Disponer de una audacia ilimitada en el favor y gracia de Dios.
- Pudo reconocer a Dios como autor de todas las misericordias.
- Por la intervención divina de esta mujer, Amán recibe exactamente lo que había propuesto para el otro. Se le pagó con la misma moneda.
- Ester fue una mujer valiente y con carácter de hierro para tomar decisiones difíciles en momentos de crisis, y logró mantenerse enfocada, sin importar lo que pasaba.

– DIECISÉIS –

JESÚS REIVINDICA A LAS MUJERES

Jesús valora a la pecadora consabida

Lucas 7:39

"Cuando vio esto el fariseo que le había convidado, dijo para sí: Este, si fuera profeta, conocería quién y qué clase de mujer es la que le toca, que es pecadora".

El relato que nos narra la Biblia de este encuentro de Jesús con la mujer pecadora es muy conmovedor y contundente. Nos muestra la gran misericordia que Él tiene hacia las almas necesitadas y que genuinamente le buscan y le sirven. Toda persona que ha sido alcanzada por esa misericordia experimenta un agradecimiento para con Dios sin límites. Jesús se deja tocar por una pecadora consabida, posiblemente prostituta o adultera, muy bien pudiera ser la misma María Magdalena, y le perdona ante la sorpresa del fariseo que lo había invitado a su casa. Esto demuestra que Jesús quiere a todas las personas por igual y que las perdona por su fe y por su amor, no por sus hechos.

Aunque hay mucho qué hablar, teológica, histórica y espiritualmente al respecto de este cuadro narrado por Lucas 7:37– 39, solo deseo mencionar que en la cultura de esa época era dado por normas de asepsia, receptividad y honra, a quien te visitaba, el lavarle los pies; ya que lo que pisaban en su caminar por las calles, era pura inmundicia e insalubridad, entre otros el desecho de animales y bestias; a lo cual el fariseo no lo hace, ni envía uno de sus siervos a hacerlo, así que esta mujer entra y se roba esa gran bendición.

Jesús valora la extranjera

Juan 4:5–7

"Vino, pues, a una ciudad de Samaria llamada Sicar, junto a la heredad que Jacob dio a su hijo José. Y estaba allí el pozo de Jacob. Entonces Jesús, cansado del camino, se sentó así junto al pozo. Era como la hora sexta. Vino una mujer de Samaria a sacar agua; y Jesús le dijo: Dame de beber".

Cuando Jesús salió hacia Galilea, por Samaria, se detuvo en el pozo de Jacob, en Sicar. Cuando llegó una mujer de Samaria a sacar agua del pozo y Jesús le dijo: "Dame de beber", ya por este simple hecho, Jesús hizo algo "revolucionario" para la época en la que estaba, por tres motivos:

1. Por hablar con una mujer. En esa época las mujeres eran rechazadas y rara vez, por no decir casi nunca, un hombre extraño y mucho menos judío, hablaba directamente con una mujer a solas.
2. Porque la mujer era samaritana. Y en ese tiempo los judíos no se llevaban nada bien con los samaritanos, por considerarlos impuros.
3. Porque esa mujer con la que habló había estado casada cinco veces. Y ese hecho en una época como esa era algo demasiado fuerte para poder ser aceptado.

...Es importante que digamos algo sobre los samaritanos. Lo primero que debemos entender es su ubicación geográfica. En cualquier atlas bíblico del Nuevo Testamento podemos ver que en los tiempos de Jesús Palestina estaba dividida en tres regiones: Judea en el sur, Galilea en el Norte y Samaria que ocupaba la zona central en medio de las dos. Estas divisiones reflejaban las grandes diferencias culturales y religiosas que había entre judíos, samaritanos y galileos. Por ejemplo, los samaritanos eran una mezcla de judíos con personas de otras nacionalidades.

La historia del origen de los samaritanos la podemos encontrar en (2 R 17:24–41). Allí leemos que cuando el rey de Asiria conquistó el reino del norte, transportó a la mayoría de los judíos a otras tierras de sus dominios, y pobló las ciudades samaritanas con gente que trajo de otros lugares. Con el tiempo se produjo una mezcla racial, pero también religiosa, porque los pueblos que vinieron de otras partes trajeron sus dioses y prácticas idolátricas, que fueron incorporadas al culto de Jehová.

Más tarde, cuando los judíos regresaron del cautiverio en Babilonia y comenzaron la reconstrucción del templo y la ciudad, los habitantes de Samaria se opusieron a esta obra y fueron sus principales opositores (Esd 4). Con el tiempo ellos mismos erigieron su propio templo en Gerizim, y disponían también de ejemplares del Pentateuco, aceptando lo revelado por Moisés, pero rechazando todos los demás escritos del Antiguo Testamento.

Todo esto nos da una idea de por qué "judíos y samaritanos no se trataban entre sí", (Jn 4:9). Aunque, de hecho, no debemos entender simplemente que no se hablaban entre ellos, sino que había un verdadero odio arraigado en los corazones de ambas partes. Tal era así que cuando los judíos quisieron insultar a Jesús, le dijeron que era "samaritano y que tenía demonio", (Jn 8:48). Y como era de esperar, tampoco los samaritanos recibían a los judíos cuando pasaban por su territorio. Recordemos el incidente cuando en una ocasión Jesús envió a algunos de sus discípulos a una aldea de Samaria para hacer ciertos preparativos y los samaritanos no quisieron recibirlos porque su aspecto era como de ir a Jerusalén. A lo que los discípulos respondieron pidiendo al Señor que cayera fuego del cielo sobre ellos y los consumiera (Lc 9:51–56).[103]

Tras el acto de pedirle Jesús agua a la samaritana, esta, asombrada, le preguntó a Jesús por qué hablaba con ella siendo samaritana y Él judío. Jesús le responde enseñándole los contenidos más destacados de su mensaje, cosa insólita en esta época en la que ningún maestro perdía el tiempo enseñando a una mujer, ni mucho menos de Samaria. Cuando llegan los apóstoles y ven a Jesús hablando con esta mujer, se escandalizan y mucho más que le enseñe, lo que muestra que, si no son capaces de asumir ese hecho, quiere decir que aún no están preparados para predicar y amar, tal y como lo hizo Jesús. Él trata igual a los hombres y a las mujeres. En este caso cuenta cómo, a pesar de ser una mujer samaritana y además adultera y/o prostituta, a Él no le importa y se pone a hablar con ella. Cuando sus discípulos le ven, se quedan sorprendidos, pero ninguno le dice nada, la mujer fue a llamar a más samaritanos y Jesús se quedó con ellos dos días a pesar que Él era judío.

Jesús valora la mujer en el matrimonio

Mateo 19:3–6

"Entonces vinieron a él los fariseos, tentándole y diciéndole: ¿Es lícito al hombre repudiar a su mujer por cualquier causa? Él, respondiendo, les dijo:

¿No habéis leído que el que los hizo al principio, varón y hembra los hizo?, y dijo: Por esto el hombre dejará padre y madre, y se unirá a su mujer, y los dos serán una sola carne. Así que no son ya más dos, sino una sola carne; por tanto, lo que Dios juntó, no lo separe el hombre".

Actualmente, el 50 por ciento de las parejas casadas en su primer matrimonio se divorcian, el 62 por ciento en las de su segundo matrimonio, y el 62 por ciento en las de tercer matrimonio. Lo más alarmante de esa estadística presentada por la agencia EFE, no es eso, sino que este índice no es mucho menor entre parejas cristianas.

¿De dónde proviene esta impertinencia para deshacer la unión más solemne y sagrada de la tierra? ¿Cuál es la enseñanza bíblica completa sobre este tema tan delicado? ¿Cómo debemos actuar nosotros mismos al respecto, y orientar a personas que están a las puertas del divorcio? Este relato bíblico nos muestra que la mujer y el hombre deben tener los mismos derechos, y que tanto ellos como ellas merecen respeto. Él deja claro una serie de basamentos que crean un piso de seguridad para las desvalidas mujeres, que eran objeto del abuso y maltrato del machismo reinante en la época.

Jesús valora y sana a mujer enferma

Lucas 13:10–13

"Enseñaba Jesús en una sinagoga en el día de reposo; y había allí una mujer que desde hacía dieciocho años tenía espíritu de enfermedad, y andaba encorvada, y en ninguna manera se podía enderezar. Cuando Jesús la vio, la llamó y le dijo: Mujer, eres libre de tu enfermedad. Y puso las manos sobre ella; y ella se enderezó luego, y glorificaba a Dios".

Un sábado Jesús curó a una mujer que estaba encorvada y la gente que lo vio le dijo que un sábado no era día de hacer eso y Él responde diciendo que curar a esa mujer, que llevaba 18 años encorvada, era más importante que cumplir la letra de la ley.

En este capítulo, se ve un ejemplo del inmenso amor de Dios. Jesús sanó a una mujer que había estado encorvada por 18 años. Imagíneselo tan solo por un momento, por favor póngase en lugar de ella: una pobre anciana, Jesús dijo que era hija de Abraham, había sido libertada después de haber estado atada por el diablo por casi dos décadas. Era de esperar que los principales del templo se regocijaran por lo que Jesús había hecho, debían haber festejado por una de ellos que se había sanado. Pero no fue así, más bien se enojaron porque había sanado en el día equivocado y a una mujer que de seguro se encontraba aparte por su padecimiento, ellos creían que una persona así pagaba el pecado de ella o de sus antepasados.

La religión no los dejaba ver el inmenso amor de Dios para con su pueblo, especialmente para los desvalidos y rechazados. Esos mismos líderes religiosos, que criticaron a Jesús por sanar en el día de reposo, pudieron haber ministrado sanidad a esa mujer en cualquiera otro día de la semana si en verdad les hubiera importado hacerlo. Por ese motivo Jesús se indignó con ellos. Jesús ministró apoyado en el mismo pacto de Abraham que ellos tenían, pero su religión había tenido atada a esa mujer en lugar de haberla libertado. Siempre sucede así.

Mateo 12:28

"Pero si yo por el Espíritu de Dios echo fuera los demonios, ciertamente ha llegado a vosotros el reino de Dios".

Aunque es otro tema que no estamos tratando, debemos recordar esto la próxima vez que alguien trate de debatir sobre la sanidad o la liberación, y más dentro de la Iglesia. Si alguien necesita ser liberado de un demonio, simplemente hágalo. No se enrede en cuestiones teológicas o religiosas sobre ese demonio: si está en el cuerpo, o en la mente, o en el espíritu, o quizá esté en el bolsillo, solamente hay que echarlo fuera.

Mientras usted piensa en esas cosas, el demonio estará volviendo loco a la pobre persona y enfermándola. Esa es una de las diferencias entre la religión y el amor de Dios manifestado en su Reino aquí en la tierra. La religión discute, el amor actúa. Todos debemos escoger hoy el amor de Dios y la manifestación de su Reino.

Jesús valora y sana la suegra de Pedro

Marcos 1:29–31

"Al salir de la sinagoga, vinieron a casa de Simón y Andrés, con Jacobo y Juan. Y la suegra de Simón estaba acostada con fiebre; y en seguida le hablaron de ella. Entonces él se acercó, y la tomó de la mano y la levantó; e inmediatamente le dejó la fiebre, y ella les servía".

Aquí se explica toda la fuerza que tiene el poder de la fe y cómo esa mujer queda curada con tan solo ser tocada por Jesús, y de cómo Jesús atendió de inmediato la petición de sus discípulos que sanara a esa mujer.

Jesús valora la fe de ella, y sana la mujer que padecía flujo de sangre

Marcos 5:25–34

"Pero una mujer que desde hacía doce años padecía de flujo de sangre, y había sufrido mucho de muchos médicos, y gastado todo lo que tenía, y nada había aprovechado, antes le iba peor, cuando oyó hablar de Jesús, vino por detrás entre la multitud, y tocó su manto. Porque decía: Si tocare tan solamente su manto, seré salva. Y en seguida la fuente de su sangre se secó; y sintió en el cuerpo que estaba sana de aquel azote. Luego Jesús, conociendo en sí mismo el poder que había salido de Él, volviéndose a la multitud, dijo: ¿Quién ha tocado mis vestidos? Sus discípulos le dijeron: Ves que la multitud te aprieta, y dices:

¿Quién me ha tocado? Pero Él miraba alrededor para ver quién había hecho esto. Entonces la mujer, temiendo y temblando, sabiendo lo que en ella había sido hecho, vino y se postró delante de Él, y le dijo toda la verdad. Y Él le dijo: Hija, tu fe te ha hecho salva; ve en paz, y queda sana de tu azote".

Esta mujer, después de haber gastado todo su dinero y no haber obtenido ningún resultado, decidió ir a ver a Jesús y tocarlo, aunque solo fuese su vestimenta. Al tocarle el borde del manto, la mujer se curó de su enfermedad y Jesús le dijo que había sido gracias a su fe. ¿Por qué Él le dice que por su fe había sido sanada? Ella había oído de un ungido de Dios que estaba haciendo muchas sanidades y milagros, y que sobre todo no hacia distinción en ministrar también a las mujeres.

Ella busca tocarle el borde del manto, ya que allí se encontraban los flecos del mismo, con los nudos correspondientes a su envestidura, donde se acumulaba el aceite de la unción que caía sobre su cabeza, al ministrar y ser ministrado por Dios. Ella colocó su fe en esa creencia y obtuvo el resultado de su sanidad, y por el atrevimiento de ella al salir de su encierro y caminar entre la multitud y tocar a un rabí, aun a costa de ser muerta por lapidación, según lo explica Deuteronomio con respecto a la manera de cómo se debía comportar y manejar una mujer con flujo de sangre.

Aquí Jesús establece un gran principio muy importante para poder manifestar el Reino de Dios aquí en la tierra, el principio del ciclo de la fe, a través de esta mujer: El principio o ciclo de la fe esta mujer lo muestra así: Ella oyó hablar de Jesús como un sanador y liberador, ella creyó que él la podía sanar, ella declaró con fe su sanidad, ella actuó y fue a arrebatar lo que le pertenecía. Entonces el ciclo de la fe, es:

1. Oigo.
2. Creo.
3. Declaro.
4. Practico.

Jesús valora la vida de una mujer y resucita la hija de Jairo

Marcos 5:35–43

"Mientras él aún hablaba, vinieron de casa del principal de la sinagoga, diciendo: Tu hija ha muerto; ¿para qué molestas más al Maestro? Pero Jesús, luego que oyó lo que se decía, dijo al principal de la sinagoga: No temas, cree solamente. Y

no permitió que le siguiese nadie sino Pedro, Jacobo, y Juan hermano de Jacobo.

Y vino a casa del principal de la sinagoga, y vio el alboroto y a los que lloraban y lamentaban mucho. Y entrando, les dijo: ¿Por qué alborotáis y lloráis? La niña no está muerta, sino duerme. Y se burlaban de Él. Mas Él, echando fuera a todos, tomó al padre y a la madre de la niña, y a los que estaban con Él, y entró donde estaba la niña. Y tomando la mano de la niña, le dijo: Talita cumi; que traducido es: Niña, a ti te digo, levántate. Y luego la niña se levantó y andaba, pues tenía doce años. Y se espantaron grandemente".

Jairo, el jefe de la sinagoga busca a Jesús para que cure a su hija, pide ayuda para salvar a su hija. Esta muere y le avisan que ya había muerto. Jesús se acerca a ella, la toma de la mano y le dice: "Muchacha, a ti te digo, levántate". La muchacha se levantó al instante y se puso a andar.

"Así que Jairo, un hombre respetable en su comunidad, llegó a los pies de Jesús y le pidió por su hija moribunda. Todos los que somos padres sabemos el dolor que se siente cuando vemos a nuestros pequeños enfermos o amenazados por la muerte. Así que, postrado a los pies de Jesús, con una intensa ansiedad y un tierno afecto hizo su ruego: "mi hijita está agonizando, ven...". Es evidente que Jairo tenía fe en Jesús. ¿Por qué entonces el Señor no hizo como en la historia del centurión en que con una palabra bastó para sanarlo (Lc 7:1–10), evitando así el sufrimiento del padre y la misma muerte de la niña?

Seguramente quería enseñar a Jairo, y también a todos nosotros, un principio fundamental: allí donde hay fe, el Señor la probará para que crezca. La fe de Jairo alcanzaba a saber que Jesús podía sanar a su hija gravemente enferma, pero el Señor quería que avanzara hasta llegar a comprender que también tenía poder para resucitar a los muertos.

Pero para poder llegar a aprender esto, no había otra manera que esperar hasta que su hija muriera, lo que sin duda convirtió aquellos momentos en que Jairo intentaba abrirse paso entre la multitud junto a Jesús camino de su casa, en una angustia inimaginable".[104]

Jesús Valora una viuda sola, la viuda de Naín

Lucas 7: 11–15

"Aconteció después, que Él iba a la ciudad que se llama Naín, e iban con Él muchos de sus discípulos, y una gran multitud. Cuando llegó cerca de la puerta de la ciudad, he aquí que llevaban a enterrar a un difunto, hijo único de su madre, la cual era viuda; y había con ella mucha gente de la ciudad. Y cuando el Señor la vio, se compadeció de ella, y le dijo: No llores. Y acercándose, tocó el féretro; y los que lo llevaban se detuvieron. Y dijo: Joven, a ti te digo, levántate. Entonces se incorporó el que había muerto, y comenzó a hablar. Y lo dio a su madre".

Jesús al ver a una viuda que llevaba a enterrar a su único hijo, tuvo compasión de ella y le dijo: "No llores". Se acercó al féretro y dijo: "Joven, a ti te digo, levántate". El joven se incorporó y Jesús se lo dio a su madre. Jesús aquí se mueve más que a misericordia, Él sabía que esa mujer al ser viuda y sin hijos iba a quedar mendigando en las calles, ya que, en la época a la mujer le daba valor el hombre que tenía como autoridad, como lo son: padre, esposo, hijo primogénito. Aquí Jesús protege a la mujer, al igual que lo hace con su madre al dejarla en manos de Juan, su medio hermano.

Jesús valora una mujer pagana

Mateo 15:21–28

"Saliendo Jesús de allí, se fue a la región de Tiro y de Sidón. Y he aquí una mujer cananea que había salido de aquella región clamaba, diciéndole: Señor,

¡Hijo de David, ten misericordia de mí! Mi hija es gravemente atormentada por un demonio. Pero Jesús no le respondió palabra.

Entonces acercándose sus discípulos, le rogaron, diciendo: Despídela, pues da voces tras nosotros. El respondiendo, dijo: No soy enviado sino a las ovejas pérdidas de la casa de

Israel. Entonces ella vino y se postró ante Él, diciendo: ¡Señor, socórreme! Respondiendo Él, dijo: No está bien tomar el pan de los hijos, y echarlo a los perrillos.

Y ella dijo: Sí, Señor; pero aun los perrillos comen de las migajas que caen de la mesa de sus amos. Entonces respondiendo Jesús, dijo: Oh mujer, grande es tu fe; hágase contigo como quieres. Y su hija fue sanada desde aquella hora".

Aunque ya este relato lo tocamos en profundidad, pero a la luz del evangelio según Marcos, en donde está el relato de la mujer sirofenicia, aquí no podemos dejar de mencionarla como una de las reivindicadas. Jesús curó a la hija de la cananea, que estaba muy enferma, porque la mujer tenía mucha fe. Jesús pone como modelo de fe en la salvación que Cristo trae a una mujer, que además no era judía: era extranjera, es decir, despreciada por los judíos.

Jesús valora la viuda pobre

Lucas 21:1–4

"1 Levantando los ojos, vio a los ricos que echaban sus ofrendas en el arca de las ofrendas. 2 Vio también a una viuda muy pobre, que echaba allí dos blancas. 3 Y dijo: En verdad os digo, que esta viuda pobre echó más que todos. 4 Porque todos aquellos echaron para las ofrendas de Dios de lo que les sobra; mas esta, de su pobreza echó todo el sustento que tenía".

La mujer viuda del templo es más caritativa porque era pobre y echó todo lo que tenía, sin embargo, hubo hombres que tenían mucho dinero y no dieron una donación más que de lo que les sobraba. Jesús pone como ejemplo de las personas que perseveran en Él, a otra pobre viuda. La viuda pedía justicia y el juez no le hacía caso, finalmente decide hacerle justicia para que deje de molestarlo, a esto Jesús le dijo que a Dios también le suplicaban día y noche y no hacía esperar su justicia.

Jesús valora a las mujeres que le acompañaban

Lucas 8:1–3

"Aconteció después, que Jesús iba por todas las ciudades y aldeas, predicando y anunciando el evangelio del reino de Dios, y los doce con Él, y algunas mujeres que habían sido sanadas de espíritus malos y de enfermedades: María, que se llamaba Magdalena, de la que habían salido siete demonios, Juana, mujer de Chuza intendente de Herodes, Susana, y otras muchas que le servían de sus bienes".

Lucas 23:27–29

"Y le seguía gran multitud del pueblo, y de mujeres que lloraban y hacían lamentación por Él. Pero Jesús, vuelto hacia ellas, les dijo: Hijas de Jerusalén, no lloréis por mí, sino llorad por vosotras mismas y por vuestros hijos. Porque he aquí vendrán días en que dirán: Bienaventuradas las estériles, y los vientres que no concibieron, y los pechos que no criaron".

Jesús no solo tenía discípulos, sino que también tenía discípulas, aunque solo se haya hablado de ellos. A ellas también les hablaba y les enseñaba. Jesús iba por las ciudades acompañado de sus doce apóstoles, pero también acompañado por algunas mujeres. Jesús también consideraba discípulas a las mujeres y les pedía que se preocuparan por ellas mismas.

Jesús valora y perdona a la mujer adúltera

Juan 8:3–11

"Entonces los escribas y los fariseos le trajeron una mujer sorprendida en adulterio; y poniéndola en medio, le dijeron: Maestro, esta mujer ha sido sorprendida en el acto mismo de adulterio. Y en la ley nos mandó Moisés apedrear a tales mujeres. Tú, pues, ¿qué dices? Mas esto decían tentándole, para poder acusarle. Pero Jesús, inclinado hacia el suelo, escribía en tierra con el dedo.

Y como insistieran en preguntarle, se enderezó y les dijo: El que de vosotros esté sin pecado sea el primero en arrojar la piedra contra ella. E inclinándose de nuevo hacia el suelo, siguió escribiendo en tierra. Pero ellos, al oír esto, acusados por su conciencia, salían uno a uno, comenzando desde los más viejos hasta los postreros; y quedó solo Jesús, y la mujer que estaba en medio.

Enderezándose Jesús, y no viendo a nadie sino a la mujer, le dijo: Mujer, ¿dónde están los que te acusaban? ¿Ninguno te condenó? Ella dijo: Ninguno, Señor. Entonces Jesús le dijo: Ni yo te condeno; vete, y no peques más".

"Partamos diciendo que el pasaje enfrenta problemas de autenticidad textual. Los manuscritos más antiguos y otros testimonios de la antigüedad no incluyen este pasaje (7:53–8:11), en el Evangelio de Juan. En algunos códices que contienen el relato, este aparece a continuación de 7:44, al final del Evangelio de Juan, o después de Lucas 21:38. El pasaje tiene evidencia de contener alguna tradición antigua que fue incluida tardíamente en los escritos canónicos. Además, la naturaleza del relato coincide con el carácter del Señor Jesús y su criterio para enfrentar situaciones como la que se presenta en el episodio".[105]

La escena relatada en estos versos bíblicos nos presenta a Jesús sentado, enseñando en el templo de Jerusalén, después de una corta estancia en el monte de los olivos, donde Él acostumbraba visitar para orar y buscar de su Padre. Es interesante que sean los escribas y fariseos quienes se presentan ante Él con una mujer sorprendida en adulterio y le inquieren si deben apedrearla, ya que, la ley de Moisés así lo relata y esta mujer debía ya haber muerto por lapidación.

Los escribas y fariseos entregan a Jesús una mujer adúltera para apedrearla, pero Él la perdona. Castigan a la mujer por sus pecados y Jesús les dice que quien esté libre de pecado empieza el castigo, todos se callan, nadie actúa. El hombre también peca y no es castigado por ello. Jesús revierte la acción con sabiduría divina, avergüenza a los acusadores, y despide a la mujer totalmente libre, perdonada y sin culpa.

Llama poderosamente la atención en el pasaje que los escribas y fariseos queden al desnudo en una interpretación maliciosa de la Biblia que se

centraba en las mujeres, haciendo caer solamente sobre ella el peso de la sanción del adulterio y la fornicación; aquí salta una pregunta interesante: ¿Qué hay del adúltero? En efecto, nos avisa el texto que los fariseos apelan a la ley de Moisés para justificar su acción punitiva.

Castigarán a la mujer adúltera porque así lo manda la ley de Moisés. Los fariseos hacen referencia implícita al texto de Deuteronomio 22:22: "Si fuere sorprendido alguno acostado con una mujer casada con marido, ambos morirán, el hombre que se acostó con la mujer, y la mujer también; así quitarás el mal de Israel". Como se ve, el texto conmina a dar muerte a los dos trasgresores. La sorpresa de Jesús no podría ser mayor: el texto declara que los dos deben morir, ¡pero solamente le traen a la mujer!

El acto doloso de los fariseos queda al descubierto en su misma petición: "La ley de Moisés ordena que mujeres como estas mueran apedreadas". Esta es, al menos, una media verdad, y las medias verdades suelen ser las más grandes mentiras, y son igualmente pecado ante Dios. La Ley de Moisés no mandaba que las mujeres fueran apedreadas, sino que ambos transgresores sufrieran la misma pena y murieran por ella. La argumentación farisea excluye de culpabilidad al trasgresor varón.

Con este tipo de argumentaciones e interpretaciones sesgadas, los fariseos hacían lo que hoy llamaríamos una interpretación sexista o de género de la norma mosaica. Por eso resulta también importante que en el relato los acusadores hayan dicho con claridad que la mujer había sido sorprendida en flagrante adulterio, es decir, en la realización concreta del acto sexual. ¿Cómo habrá hecho el varón implicado para escapar de los descubridores? ¿No sabrían, los que llevaron el caso ante los tribunales religiosos, quién era el hombre involucrado en esta relación sancionada por la Ley de Moisés?

Ante esta clara, dolosa, y maliciosa manipulación de la Ley divina, Jesús no puede sino quedar anonadado. Hay quienes sostienen que el acto de ponerse a escribir sobre la tierra manifiesta, precisamente, la incapacidad de Jesús de soportar una hipocresía tan evidente, su estupefacción ante la bajeza de una interpretación de la Escritura que, arropada tras el aparente cumplimiento de la voluntad divina, termina descargando el castigo solamente en la parte más débil de la cadena de pecado.

La acción misericordiosa de Jesús está directamente dirigida a la defensa de la mujer, la parte más vulnerable de la errada interpretación de la ley divina que ofrecían los fariseos. Nunca más, después de esto, deberá usarse la Palabra de Dios para santificar o justificar los ataques en contra de la mujer.

En la comunidad nueva fundada por Jesús, todos, hombres y mujeres, somos responsables ante Dios de nuestros actos, pero la acción de la justicia humana debe también ser equitativa, sin descargar su peso en los más débiles. No son pocos los temas actualmente en discusión en las Iglesias cristianas en los que tenemos que estar alerta para no usar los textos bíblicos para aumentar el sufrimiento de algunas categorías de personas.

La inequidad de género en los tribunales, Iglesias, hogares, sigue siendo una constante aun en países declaradamente cristianos, como en tiempos de Jesús, también ahora, nuevos escribas y fariseos, se esfuerzan por exculpar a quienes, por ser varones, pareciera que tuvieran permiso de ser violentos en contra de las mujeres o de los más débiles y despreciados por la sociedad.

Jesús valora a sus amigos

Lucas 10:38–42

"Aconteció que, yendo de camino, entró en una aldea; y una mujer llamada Marta le recibió en su casa. Esta tenía una hermana que se llamaba María, la cual, sentándose a los pies de Jesús, oía su palabra.

Pero Marta se preocupaba con muchos quehaceres, y acercándose, dijo: Señor, ¿no te da cuidado que mi hermana me deje servir sola? Dile, pues, que me ayude. Respondiendo Jesús, le dijo: Marta, Marta, afanada y turbada estás con muchas cosas. Pero solo una cosa es necesaria; y María ha escogido la buena parte, la cual no le será quitada".

Marta se dedica a los quehaceres de la casa y le llama la atención a María. Jesús le dice que María había escogido la mejor parte. Porque María sea mujer no tiene por qué ayudar a Marta en las tareas de la casa, ha elegido

otra opción que también es válida. En este episodio Jesús nos muestra otro de sus actos "revolucionarios". En esa época, y hasta hace muy poco, la mujer debía hacer solamente de ama de casa y no se le permitía estudiar ni trabajar.

Mientras Marta hace las tareas de casa, tal y como debieron enseñárselo sus padres y familiares, María escucha a Jesús, es discipulada, y aprende de Él, estudia a los pies del maestro. Marta se queja ante Jesús de su hermana, pero Jesús le dice que cada uno elige su camino, y que María ha elegido el mejor, el de aprender; es decir, Jesús apoya el aprendizaje de la mujer frente a la ignorancia de esta en esa época.

¿Alguna vez te has puesto a pensar en lo que harías si Jesucristo fuera a visitar tu casa? Bueno, para empezar, espero que no hubiera nada que le tendrías que esconder. Más allá de eso, sin embargo, sería natural querer darle lo mejor. Ya me imagino algunas de las conversaciones: ¿Qué le vamos a dar? ¿No tengo nada en la refrigeradora? ¡Ve rápido a comprar algo! ¿No sería mejor llevarlo a algún restaurante? Mira, no me alcanzan las tortillas, arepas, o el pan para todos. ¿Crees que le podríamos pedir que las multiplique, como lo hizo con el pan y los peces?

Marta se encontraba con ese afán. Debemos tener presente que, con Jesús, como mínimo, iban doce discípulos. Sabemos que a veces los que acompañaban a Jesús eran más que doce. Marta, entonces, se encontró con la responsabilidad inesperada de dar de comer a por lo menos doce o más hombres hambrientos.

No nos sorprende, entonces, que Marta se haya sentido un poco ajetreada. Parece que Marta era la mayor de las dos hermanas, puesto que la casa se describe aquí como suya. Tenemos la escena clásica de la hermana mayor responsable, que se preocupa por los quehaceres de la casa, y la hermana menor irresponsable, que prefiere algo más interesante. Lógicamente, Marta espera que Jesús la apoye.

Quizás Marta, de niña, había tenido que recurrir a sus padres para que obligaran a María a hacer las tareas que le correspondían. Quizás pensaba que con Jesús sería lo mismo. Jesús, sin embargo, la sorprende, y nos sorprende a nosotros también. La primera sorpresa es que Jesús defiende a María, siendo ella mujer.

En aquellos días era inaudito que un maestro o rabino, como a Jesús se le consideraba, tuviera estudiantes femeninas. Se creía que las mujeres carecían de la capacidad mental y espiritual para comprender las profundas verdades de las Escrituras. Algunas personas incluso dudaban que las mujeres tuvieran almas. Me imagino, entonces, que algunos de los discípulos de Jesús se habrán sorprendido que Él aceptara a una mujer como alumna, en lugar de mandarla a la cocina, que "era su lugar".

Jesucristo no hace distinción de personas. No importa el valor que te asigne la sociedad; Jesús te invita a sentarte a sus pies y aprender de Él. Jesús aceptaba a los marginados, los niños, los pobres, las mujeres, y aun hoy los sigue aceptando.

La segunda sorpresa es que Jesús defendió a María, en lugar de tomar el lado de Marta. Después de todo, acababa de dar la parábola del buen samaritano. Es probable que esta parábola se haya dado antes que llegaran a la casa de Marta y María, pero imaginemos por un momento que Marta la hubiera escuchado.

Seguramente se podría haber defendido de la siguiente forma: yo te estoy sirviendo, Señor, así como el samaritano que pusiste de ejemplo en la historia. En lugar de refugiarme en la religión, estoy haciendo algo, exactamente como lo hizo el samaritano.

¿No nos enseñaste que deberíamos de ayudar a los demás? Esto nos lleva a una conclusión muy importante. Es el reconocimiento que Cristo no está buscando que simplemente le sirvamos. Él busca servicio que nazca de una relación viva y real con Él.

Jesús valora la mujer del frasco de alabastro

Marcos 14:3–9

"Pero estando Él en Betania, en casa de Simón el leproso, y sentado a la mesa, vino una mujer con un vaso de alabastro de perfume de nardo puro de mucho precio; y quebrando el vaso de alabastro, se lo derramó sobre su cabeza. Y hubo algunos que se enojaron dentro de sí, y dijeron: ¿Para qué se ha hecho este desperdicio de perfume? Porque podía haberse vendido por más de trescientos denarios, y haberse dado a los pobres.

Y murmuraban contra ella. Pero Jesús dijo: Dejadla, ¿Por qué la molestáis? Buena obra me ha hecho. Siempre tendréis a los pobres con vosotros, y cuando queráis les podréis hacer bien; pero a mí no siempre me tendréis. Esta ha hecho lo que podía; porque se ha anticipado a ungir mi cuerpo para la sepultura. De cierto os digo que dondequiera que se predique este evangelio, en todo el mundo, también se contará lo que esta ha hecho, para memoria de ella".

"...una mujer de la ciudad, que era pecadora, al saber que Jesús estaba a la mesa en la casa del fariseo, trajo un frasco de alabastro con perfume. La fama, la popularidad y el conocimiento que el Señor Jesús, había visitado la casa de Simón el fariseo era de todo el pueblo de Betania, entonces una mujer que era pecadora (es posible que fuera prostituta o tuviera ese trabajo de prostituta, o era esposa de un publicano, cobrador de impuestos) con toda seguridad al ver las puertas abiertas entró con un frasco de alabastro entre sus manos, de gran precio.

Esta mujer tenía gran necesidad de Dios y de encontrar la ayuda a su deplorable y humillante vida, ella escuchó tal vez los comentarios de las personas, o escuchó un testimonio, pero de lo que estamos seguros es que nadie la invitó, ella solo fue movida por la mano de Dios tratando con ella, y ella dijo voy a ir, voy a conocer al Salvador de la promesa, al Mesías, al Cordero de Dios, al Rabí, ella pensó esta es mi oportunidad y la voy a usar. (Alabastro era una piedra parecida al mármol, traslucido generalmente de color blanquecino) el frasco de alabastro era de gran precio por dos motivos.

1) Por el gran trabajo que se realizaba en aquella piedra de color blanquecina.

2) Porque aquel frasco de alabastro, contenía una libra de perfume de nardo delicioso, 453 gramos de finísimo perfume, cuyo valor en esa época era de 300 denarios, el denario era el salario de un jornalero por día, en realidad el frasco de alabastro, costaría el trabajo de diez meses cosa que pocas personas hubieran podido comprar".[106]

Este pasaje nos cuenta que una mujer de la aldea de Betania, derramó un frasco de perfume muy caro sobre Jesús, se podría afirmar hoy valorado en más de diez mil dólares, porque sintió en su corazón honrar al Maestro

con lo más valioso que ella tenía. Probablemente ella nunca se imaginó que la recordarían por un acto que inicialmente criticaron algunos por considerarlo un desperdicio y algo inapropiado.

Pero Jesús silenció las críticas contra ella diciendo: "Dejadla, ¿por qué la molestáis? Buena obra me ha hecho". Y después profetizó algo que con seguridad dejó a todos boquiabiertos: **"De cierto os digo que dondequiera que se predique este evangelio, en todo el mundo, también se contará lo que esta ha hecho, para memoria de ella".**

Cuando el famoso escultor Frank Eliscu tenía 22 años de edad, terminó el primer encargo que se le hizo: una pequeña estatua que se puede agarrar con una mano. Esta estatua se otorga todos los años al jugador universitario de fútbol norteamericano más destacado de los Estados Unidos. El pequeño trofeo, conocido como Trofeo Heisman, es la pieza de arte más codiciada de este escultor. Nunca pudo haber pensado Eliscu que esta sería su obra principal, en lugar, por ejemplo, de "La cascada de libros" que hay afuera del Congreso de los Estados Unidos, o "El Águila Presidencial" en la Casa Blanca.

"No es una de mis mejores obras de arte —declaró el escultor—, pero terminó siendo como la Estatua de la Libertad: no hermosa, pero muy querida por la gente".

Nuestras obras verdaderamente inmortales serán como la de María de Betania y la viuda pobre: actos sencillos de amor por el Señor Jesús, aceptados y alabados por Él. Estas obras mostrarán al mundo la calidad de nuestra fe y nuestro amor por Dios, mucho más que todo lo que podamos expresar con palabras.

Se demuestra que Jesús amaba a las mujeres y ellas lo amaban a Él porque permanecieron con Él hasta el último momento, Jesús quiere que el discípulo trate a María, su madre, como si fuera la suya propia, y le dice a ella que lo trate a él como a un hijo. Desde entonces el discípulo hizo bien en acoger a la madre en su casa. Jesús quería que, aunque Él no estuviera, siguieran tratando bien a las mujeres.

Jesús valora a una endemoniada

Juan 20:11–18

"Pero María estaba fuera llorando junto al sepulcro; y mientras lloraba, se inclinó para mirar dentro del sepulcro; y vio a dos ángeles con vestiduras blancas, que estaban sentados el uno a la cabecera, y el otro a los pies, donde el cuerpo de Jesús había sido puesto. Y le dijeron: Mujer, ¿por qué lloras? Les dijo: Porque se han llevado a mi Señor, y no sé dónde le han puesto.

Cuando había dicho esto, se volvió, y vio a Jesús que estaba allí; mas no sabía que era Jesús. Jesús le dijo: Mujer, ¿por qué lloras? ¿A quién buscas? Ella, pensando que era el hortelano, le dijo: Señor, si tú lo has llevado, dime dónde lo has puesto, y yo lo llevaré. Jesús le dijo: María. Volviéndose ella, le dijo:

¡Raboni! (que quiere decir, Maestro). Jesús le dijo: No me toques, porque aún no he subido a mi Padre; mas ve a mis hermanos, y diles: Subo a mi Padre y a vuestro Padre, a mi Dios y a vuestro Dios. Fue entonces María Magdalena para dar a los discípulos las nuevas de que había visto al Señor, y que Él le había dicho estas cosas".

"María he Magdalené, así llamada probablemente por ser de Magdala, ciudad de pescadores de la costa del mar de Galilea, entre Cafarnaúm y Tiberíades. María Magdalena aparece en la tradición cristiana como una figura especialmente vinculada con Jesús. Cierta literatura gnóstica la ha convertido en su amante, pero en un sentido espiritual, no físico, porque la gnosis suele ser contraria a la experiencia y cultivo del amor sexual. El hecho que no llevara unido el nombre (apellido) de su padre o marido, sino el de su ciudad, indica que era independiente: no estaba sometida a otras personas y tenía autonomía para formar parte del grupo de Jesús.

María formó parte del círculo más íntimo de los discípulos de Jesús, formado por doce varones que simbolizaban las tribus de Israel, pero que tenían también otros componentes, hombres y mujeres, quizás más importantes o activos que los doce".[107]

En el relato de la aparición de Jesús resucitado a María Magdalena, en la conversación que esta mantiene con Él, a quien confunde en un principio con el jardinero del cementerio, ella termina reconociendo a Jesús cuando este menciona su nombre (Juan 20:16). Al interior de la teología del último evangelista parece haber aquí una alusión al texto de Juan 10:3–5 en el que Jesús, hablando de sus discípulos, los compara con ovejas a quienes el pastor conoce. No en balde, al escuchar su nombre y reconocer a Jesús, María clama Raboni, que quiere decir Maestro y que es una expresión técnica en el lenguaje del discipulado. María es, pues, auténtica discípula y muy posiblemente apóstol.

Aun siendo una pecadora, Jesús acepta a María Magdalena y le habla, además es la primera persona a la que se le aparece, allí estaban los discípulos varones, por lo menos se reconocen a Pedro y Juan, pero ninguno lo vio. Jesús había hecho muchos milagros en la persona de muchas mujeres, como María Magdalena, las cuales le seguían, le servían, y le asistían con sus bienes. Aquí se ve que Jesús, además de sus doce apóstoles, iba acompañado sobre todo de mujeres que eran despreciadas y desechadas por la sociedad, y no solo simples mujeres, ya que, de María Magdalena había expulsado siete demonios.

Jesús valora a su madre terrenal

Lucas 1:30–33

"Entonces el ángel le dijo: María, no temas, porque has hallado gracia delante de Dios. Y ahora, concebirás en tu vientre, y darás a luz un hijo, y llamarás su nombre JESÚS. Este será grande, y será llamado Hijo del Altísimo; y el Señor Dios le dará el trono de David su padre; y reinará sobre la casa de Jacob para siempre, y su reino no tendrá fin".

Juan 19:25–27

"Estaban junto a la cruz de Jesús su madre, y la hermana de su madre, María mujer de Cleofás, y María Magdalena. Cuando vio Jesús a su madre, y al discípulo a quien Él amaba, que estaba presente, dijo a su madre: Mujer, he ahí tu hijo. Después dijo al discípulo: He ahí tu madre. Y desde aquella hora el discípulo la recibió en su casa".

María era servicial, dispuesta, pendiente de todo, fuerte. Saca de Jesús su primer milagro. María aparece en la Biblia como una mujer trabajadora, activa, con iniciativa y pendiente de Jesús. El hablar de María, el vaso usado por Dios Padre para traer la salvación a este mundo, dentro del cristianismo, es verdaderamente delicado e intrincado. Porque así y como levanta pasiones y argumentos de parte de los religiosos que la adoran, idolatran, y/o "veneran", también muestra muchas luces rojas dentro de los que somos lavados en la sangre de Jesús y redimidos por su muerte y resurrección. Esto lo decimos porque hay mucho pueblo cristiano evangélico que no sabe o conoce los detalles de ese acto tan maravilloso hecho en mujer alguna. De hecho, la Biblia dice que siempre le dirán bienaventurada.

El solo hecho de ella decirle al ángel que le hablaba: "He aquí la sierva del Señor; hágase conmigo conforme a tu palabra", fue una respuesta revolucionaria y retadora para ese momento. El que una virgen de aproximadamente 14–16 años saliera encinta sin haberse ya ido con su esposo, era considerado adulterio, y era reo de culpa de muerte por lapidación, según lo enmarca claramente el pentateuco. Por esto es que todos, religiosos o no, debemos imitarla y decidir enfrentar cualquier persecución o problema, incluso de muerte, por obedecerle y seguirle a Él.

El tema aquí tratado por Jesús es el saber que, al Él morir, ella, quien se asume que ya era viuda, quedaría desamparada por perder a su primogénito. Recordemos por qué Jesús resucita al hijo de la viuda de Naín, descrita en Lucas 7:11–15, por el mismo punto o problema. Ante esta situación, claramente vivida como tradición en esa época, Jesús le presenta a su discípulo amado y le encarga que la reciba como su madre para que la cuide y proteja. Es tan cierto y verídico este punto que el verso 27, de Juan 19, termina diciendo: "...y desde aquella hora el discípulo la recibió en su casa".

Ellas sí pueden

Douglas Camarillo, PhD.

Pastor de la Iglesia El Rey Jesús, Texas

- CITAS DE LOS CAPÍTULOS -

1. Wikipedia, Las siete cartas auténticas de Pablo. http://es.wikipedia.org/wiki/ Ep%C3%ADstolas_paulinas (Tomado del Internet el 15 de mayo de 2015).

2. Mercaba, El documento "Q". http://www.mercaba.org/mediafire/Vidal%20 Manzanares,%20cesar%20%20El%20Primer%20 Evangelio.%20El%20 Documento%20Q.pdf. (Tomado del Internet el 15 de mayo de 2015).

3. RAE, Androcentrismo: Visión del mundo y de las relaciones sociales centrada en el punto de vista masculino. http://lema.rae.es/drae/?val=androcentrismo (Tomado del Internet el 8 de noviembre de 2013).

4. James Strong. Nueva concordancia Strong exhaustiva, Nashville, TN–Miami, FL, EE. UU. p.p. 4: Editorial Caribe, Inc., una división de Thomas Nelson, Inc., 2002. Akoloudséo: Estar en el mismo camino, acompañar como discípulo, #G190 del diccionario de las palabras griegas.

5. James Strong. Nueva concordancia Strong exhaustiva, Nashville, TN–Miami, Fl, EE. UU. p.p. 21: Editorial Caribe, Inc., una división de Thomas Nelson, Inc., 2002. Diaconéo: Actuar como diácono, ayudar, ministrar, servir, administrar, #G1247 del diccionario de las palabras griegas.

6. James Strong. Nueva concordancia Strong exhaustiva, Nashville, TN–Miami, Fl, EE. UU. p.p. 51: Editorial Caribe, Inc., una división de Thomas Nelson, Inc., 2002. Madsétria: alumno, discípulo #G3102 del diccionario de las palabras griegas.

7. Ekklesía: Convocación, asamblea reunida. Gran diccionario enciclopédico de la Biblia, editor: Alfonso Ropero, Berzosa, publicado por editorial Clie, tercera revisión de febrero 2014 p.p. 1220.

8. Misoginia: Del griego: μισογυνία; odio a la mujer, se define como odio o aversión hacia las mujeres o niñas. Concepto tomado de Internet: https://es.wikipedia.org/wiki/Misoginia

9. Daniel Mark Epstein. Sister Aimee: The life of Aimee Semple McPherson, Orlando, Florida: Daniel Mark Epstein, re-impreso con permiso de Harcourt Brace and company, 1993. Páginas 3, 80, 81.

10. ¿Irás?, Ibid., página 73.

11. Protestante digital, Mario Escobar Golderos, Aimee Semple McPherson (II). http://protestantedigital.com/magacin/8309/Aimee_Semple_McPherson_II Publicado el 2 de abril de 2006. (Tomado del Internet el 12 de abril de 2011).

12. Protestante digital, Mario Escobar Golderos, Aimee Semple McPherson (II). http://protestantedigital.com/magacin/8309/Aimee_Semple_McPherson_II Publicado el 2 de abril de 2006. (Tomado del Internet el 28 de abril de 2011).

13. Ku Klux Klan: Es el nombre adoptado por varias organizaciones de extrema derecha en Estados Unidos creadas en el siglo XIX, que promueven la xenofobia, la supremacía de la raza blanca, el antisemitismo, racismo, anticomunismo, homofobia, entre otros. Wikipedia, Ku Klux Klan. http://es.wikipedia.org/wiki/ Ku_Klux_Klan (Tomado del Internet el 28 de abril de 2011).

14. Roberts Liardon. Los Generales de Dios, Buenos Aires, Argentina: Publicado por editorial Peniel, página 272.

15. Daniel Mark Epstein. Sister Aimee: The life of Aimee Semple McPherson. (Hermana Aimee: La Vida de Aimee Semple McPherson), Orlando, Florida: reimpreso con permiso de Harcourt Brace and company, 1993, página 119.

16. Roberts Liardon. Los Generales de Dios, Buenos Aires, Argentina: Publicado por editorial Peniel, página 298.

17. James Strong. Nueva concordancia Strong exhaustiva, Nashville, TN–Miami, Fl, EE. UU. p.p. 82: Editorial Caribe, Inc., una división de Thomas Nelson Inc., 2002. Mashal: Gobernar, palabra #H4910 del diccionario de las palabras hebreas.

18. James Strong. Nueva concordancia Strong exhaustiva, Nashville, TN–Miami, Fl, EE. UU. p.p. 122: Editorial Caribe, Inc., una división de Thomas Nelson Inc., 2002. Radáh: Señorear, palabra #H7287 del diccionario de las palabras hebreas.

19. Bereshith, Daniel Alejandro Flores, Génesis–Bereshit (En el principio). http://bereshith-genesis.blogspot.com/2007/07/gnesis-316-la-mujer-dijo-multiplicar-en.html (Publicado el 21 de Julio de 2007, tomado del Internet el 21 de julio de 2012).

20. Indubiblia, Análisis histórico de 2 Timoteo, estudio inductivo de la Biblia. http:// www.indubiblia.org/2-timoteo-1 (Tomado del Internet el 21 de julio de 2012).

21. James Strong. Nueva concordancia Strong exhaustiva, Nashville, TN–Miami, Fl, EE. UU. p.p. 3: Editorial Caribe, Inc., una división de Thomas Nelson Inc., 2002. Adam: palabra#H120 del diccionario de las palabras hebreas.

22. James Strong. Nueva concordancia Strong exhaustiva, Nashville, TN–Miami, Fl, EE. UU. p.p. 35: Editorial Caribe, Inc., una división de Thomas Nelson Inc., 2002. Zakar: Hombre como género masculino, varón, palabra #H2145 del diccionario de las palabras hebreas.

23. James Strong. Nueva concordancia Strong exhaustiva, Nashville, TN–Miami, Fl, EE. UU. p.p. 35: Editorial Caribe, Inc., una división de Thomas Nelson Inc., 2002. Nequebá: Hembra, mujer como género femenino, palabra #H5347 del diccionario de las palabras hebreas.

24. Dr. Myles Munroe. Entendiendo el propósito y el poder de la oración, Ministerio internacional de fe de las Bahamas, PO. Box N9583, Nassau, Bahamas: Impreso en USA 2005 por el Dr. Myles Munroe en Whitaker House, 1030 Hunt Valley Circle, New Kesington, PA 15068, páginas 39 y 40.

25. James Strong. Nueva concordancia Strong exhaustiva, Nashville, TN–Miami, Fl, EE. UU. p.p. 8: Editorial Caribe, Inc., una división de Thomas Nelson Inc., 2002. Ándsropos: Hombre como ser humano, palabra #G444 del diccionario de las palabras griegas.

26. James Strong. Nueva concordancia Strong exhaustiva, Nashville, TN–Miami, Fl, EE. UU. p.p. 8: Editorial Caribe, Inc., una división de Thomas Nelson Inc., 2002. Anér: Hombre casado, palabra #G435 del diccionario de las palabras griegas.

27. James Strong. Nueva concordancia Strong exhaustiva, Nashville, TN–Miami, Fl, EE. UU. p.p. 19: Editorial Caribe, Inc., una división de Thomas Nelson Inc., 2002. Guné: Mujer casada, esposa, palabra #G1135 del diccionario de las palabras griegas.

28. James Strong. Nueva concordancia Strong exhaustiva, Nashville, TN–Miami, Fl, EE. UU. p.p. 13: Editorial Caribe, Inc., una división de Thomas Nelson Inc., 2002. Arjen: Hombre como género masculino, varón, palabra #G730 del diccionario de las palabras griegas.

29. James Strong. Nueva concordancia Strong exhaustiva, Nashville, TN–Miami, Fl, EE. UU. p.p. 39: Editorial Caribe, Inc., una división de Thomas Nelson Inc., 2002. Dshlus: Mujer como género femenino, hembra, femenina, palabra #G2338 del diccionario de las palabras griegas.

30. Iglesia Reformada, M. Lloyd Jones, El Matrimonio, Efesios 5:22–33. http://www. iglesiareformada.com/Lloyd_Jones_Matrimonio_1.html (Tomado del Internet el 18 de agosto de 2012).

31. Iglesia.net, Ministerio de las mujeres, escrito por Pablo Blanco, Sacerdote católico de Pamplona, España. Miembro de la facultad de teología sistemática y profesor académico de la Universidad de Navarra, España. http://www.iglesia.net/ index.php/estudios-biblicos/leer/el-ministerio-de-las-mujeres/?fb_comment_id=10150213296601597_22179858#f1abd0b153c8a08 (Tomado de la página la web cristiana en internet el 07–18–2015).

32. Scribd, Escritura e Interpretación en la Divinity School de la Universidad de Harvard, escrito por Elisabeth Schüssler Fiorenza, Bilbao 1989, pp. 17. http:// www.scribd.com/doc/27178847/Schussler-Fiorenza-El-discipulado-de-iguales- en-el-movimiento-de-Jesus (Tomado del Internet el 18 de agosto de 2012).

33. Karen Torjesen. Cuando las mujeres eran sacerdotes. Página 18. Córdoba: Ediciones El Almendro, 1996.

34. Carmen Bernabé. 10 mujeres escriben Teología. Biblia. Mercedes Navarro, directora. Editorial Verbo Divino. Estella Navarra, 1993. Página 39.

35. La Iglesia de Cristo, Justo Dorantes, Una Mujer Virtuosa. http://laiglesiadecristo. com/Paginas/lecciones_assets/UNA%20MUJER%20 VIRTUOSA.pdf (Tomado del Internet el 4 de septiembre de 2012).

36. Reina Valera 1569 "La biblia del Oso". Es una de las primeras traducciones de la Biblia al castellano. Su traductor fue Casiodoro de Reina, un religioso español convertido al protestantismo. Tomado del internet el 08-11-2020, https://www. bibliatodo.com/la-biblia/La-biblia-del-oso-1569/romanos-16

37. Wikipedia, La Biblia Darby se refiere a la Biblia según la traducción del hebreo y griego por John Nelson Darby. Darby publicó una traducción del Nuevo Testamento en 1867, con ediciones revisadas en 1872 y 1884. http://en.wikipedia.org/wiki/ Darby_Bible (Tomado del Internet el 8 de noviembre de 2012).

38. James Strong. Nueva concordancia Strong exhaustiva, Nashville, TN–Miami, Fl, EE. UU. p.p. 21: Editorial Caribe, Inc., una división de Thomas Nelson Inc., 2002. Diákonos: Mesero, maestro, pastor, ministros, servidor, siervo, sirviente, palabra #G1249 del diccionario de las palabras griegas.

39. Wol.jw, Whatch tower Online Library, Whatch Tower Bible and Tract Society of Pennsylvania. http://wol.jw.org/en/wol/d/r4/lp-s/1200003474 (Tomado del Internet el 5 de noviembre de 2013).

40. James Strong. Nueva concordancia Strong exhaustiva, Nashville, TN–Miami, Fl, EE. UU. p.p. 72: Editorial Caribe, Inc., una división de Thomas Nelson Inc., 2002. Prostátis: Patrona, auxiliadora, ayudadora, palabra #G4368 del diccionario de las palabras griegas.

41. RAE, Androcéntricos/Androgénicas: Visión del mundo y de las relaciones sociales centrada en el punto de vista masculino. http://lema.rae.es/ drae/?val=androcentrismo (Tomado del Internet el 8 de noviembre de 2013).

42. Dr. Myles Munroe. Entendiendo el propósito y el poder de la mujer, un libro para las mujeres y para los hombres que las aman. Bahamas Faith Ministry, PO Box N9583, Nassau Bahamas: Publicado por Editorial Whitaker House, p.p. 220-221.

43. Joachim Jeremías. Jerusalén en tiempos de Jesús. Publicado por ediciones cristiandad, cuarta edición 2000, p.p. 372.

44. Johannes Leipoldt y Walter Grundmann. Ediciones Cristiandad, tercera edición, 1971, p.p. 191.

45. Shalom Haverim, La palabra hebrea Talmud significa "enseñanza recibida por un discípulo". Discípulo en hebreo se escribe "Talmid". El Talmud lo componen dos partes: La Mishna y la Gemara. La Mishna se basa en las tradiciones y enseñanzas transmitidas desde Moisés hasta Rabí Yehuda HaNasi. http://shalomhaverim.org/ el_talmud.htm (Tomado del internet el 01–15–2014).

46. Una visión distorsionada de la opinión de Dios, tomado del Internet el 02–10– 2014, en la página web: https://www.jw.org/es/publicaciones/ revistas/ wp20120901/opini%C3%B3n-de-dios-sobre-la-mujer/

47. J. Lee Grady. 10 mentiras que los hombres creen sobre las mujeres. Versión al español por Editorial Casa Creación, en febrero de 2011, página 197.

48. Stanley Grenz. Women in the Church: A Biblical Theology of Women in Ministry, (Downers Grove: InterVaristy, 1995), Página 93.

49. Douglas Moo (nacido el 15 de marzo 1950) es un estudioso del Nuevo Testamento que, después de haber enseñado durante más de veinte años en el Trinity Evangelical Divinity School en Illinois, se ha desempeñado como profesor de Nuevo Testamento en la Escuela de Graduados Universidad de Wheaton desde el año 2000. Recibió su Ph.D. en la Universidad de St. Andrews, en St. Andrews, Escocia.

50. Douglas Moo. The Epistle to the Romans, The New International Commentary on the New Testament. (Grand Rapids: Eerdmans, 1996), 921; James Walters, "Phoebe and Junia(s)-Rom. 16:1-2, 7", in Essays on Women in Earliest Christianity: Volume I, ed. Carroll Osburn (Joplin, Missouri: College Press, 1995), 186.

51. UBS4 United Bible Society, cuarta edición revisada del griego del Nuevo Testamento. Está diseñado para ser usado por traductores y estudiantes, por su fácil manejo y entendimiento.

52. NA27 Nestle-Aland Nuevo Testamento Griego 27a ed. Está diseñado para la investigación académica.

53. Douglas Moo. The New International Commentary on the New Testament, página 922.

54. Ibid.

55. Ibid.

56. Wikipedia, John Stephen Piper, nació el 11 de enero de 1946. Es un predicador cristiano, bautista calvinista, de las iglesia: Bethlehem Baptist Church in Minneapolis, Minnesota por 33 años. https://en.wikipedia.org/wiki/ John_Piper_(theologian)

57. Wikipedia, Wayne A. Grudem, nacido en 1948, es teólogo evangélico, profesor y autor. Es co-fundador de: Council on Biblical Manhood and Womanhood, y sirve como editor general de ESV Study Bible. http://en.wikipedia.org/wiki/ Wayne_Grudem

58. Icf, Ariel Álvarez Valdés, sacerdote católico, doctor en teología, profesor de teología en la universidad católica de Santiago del Estero, Argentina. https:// www.workingpreacher.org/profile/default.aspx?uid=2_%C3%A1lvarez_ vald%C3%A9s_ariel

59. John Piper and Wayne Grudem. An Overview of Central Concerns: Questions and Answers, inRecovering Biblical Manhood and Womanhood: A Response to Evangelical Feminism. Eds. J. Piper and W. Grudem (Wheaton, IL: Crossway Books, 1991), Página 80.

60. Ibid.

61. Icf, Ariel Álvarez Valdés, sacerdote, Doctor en teología, profesor de teología en la universidad católica de Santiago del Estero, Argentina. https:// www. workingpreacher.org/profile/default.aspx?uid=2_%C3%A1lvarez_ vald%C3% A9s_ariel

62. James Walters. Phoebe and Junia(s). Página 186.

63. Wikipedia, Concepto de papiro 46. https://es.wikipedia.org/wiki/Papiro_46 (Tomado del internet el 06–18–2014).

64. Church of god dfv. Bernadette Brooten. "Junia", Women in Scripture (2000):109: citado por Dianne D. McDonnell, "Junia, A Woman Apostle". Articulo online disponible en la web, en: http://www.womencanbepriests.org/classic/brooten.asp

65. David Alan Black. New Testament Textual Criticism, A Concise Guide. (Grand Rapids: Baker Books, 1994), Página 19.

66. Wikipedia, Leonard J Swidler, nacido el 6 de enero de 1929, es catedrático de la universidad de Filadelfia, Pennsylvania, desde 1966. Swidler, entre otros, es doctorado en filosofía St. Norbert College, en 1950; Doctorado en teología en St. Norbert College, en 1952; Doctorado en filosofía y literaturas menor en Marquette University, en 1955; Doctorado en historia bíblica y teología, y en teología sacra, en la universidad de Wisconsin, en 1958 y en 1959; Ph.D. in historia, en la universidad de Wisconsin, en 1961. http://en.wikipedia.org/wiki/Leonard_Swidler

67. Wikipedia, Stanley James Grenz, (1–7–1950 / 3–12–2005). Él fue un teólogo cristiano experto en ética de la tradición bautista. http://en.wikipedia.org/wiki/ Stanley_Grenz

68. Stanley Grenz. Women in the Church: A Biblical Theology, página 95.

69. Moo. The New International Commentary on the New Testament, página 923.

70. Wikipedia, Joseph Barber Lightfoot (4–13–1828 / 12–21–1889), conocido como

J. B. Lightfoot, fue un teólogo, obispo de Durham. http://en.wikipedia.org/wiki/ Joseph_Lightfoot

71. Walter Schmithals. The Office of Apostle In the Early Church. Transcrito por John

E. Steely, (New York: Abingdon Press, 1969), página 62.

72. Icf, Ariel Álvarez Valdés, sacerdote católico, doctor en teología, profesor de teología en la universidad católica de Santiago del Estero, Argentina. https:// www.workingpreacher.org/profile/default.aspx?uid=2_%C3%A1lvarez_ vald%C3%A9s_ariel

73. Leonard Swidler. Biblical Affirmations of Woman. (Philadelphia: Westminister Press, 1979), página 299.

74. John Piper and Wayne Grudem. An Overview of Central Concerns: Questions and Answers. In recovering Biblical Manhood and Womanhood, página 80.

75. Wikipedia, Craig Keener es un profesor norteamericano académico del Nuevo Testamento en el Seminario Teológico de Asbury. Craig recibió su Ph.D., en Estudios del Nuevo Testamento y los orígenes cristianos de la Universidad de Duke. Antes de Asbury Theological Seminary, fue profesor de Nuevo Testamento en el Seminario Teológico Palmer de la Universidad del Este durante casi 15 años, donde también fue uno de los pastores asociados en una iglesia bautista de afroamericanos en Filadelfia. http://en.wikipedia.org/wiki/Craig_Keener

76. Craig S. Keener, Paul. Women and Wives. (Peabody, MA: Hendrickson Publishers, 1992), página 242.

77. Guillermo Maldonado. El ministerio del apóstol. Publicado por ERJ Publicaciones. Primera edición 2006, impreso en USA, páginas 38–39.

78. ¿Got Questions?, Las mujeres con la cabeza rapada, significado en el tiempo de Pablo. https://www.gotquestions.org/Espanol/velos.html (Tomado del Internet el 03–02–17).

79. William Barclay. Las epístolas a los Corintios, octubre 2002, página 109.

80. Bruce W. Winter. Después que Pablo dejó Corinto: Wm. B. Eerdmans Publishing Co. ISBN0-8028-4898-2. Páginas 121–141, 2001.

81. Quien se beneficia de tu hombría, Quién conquistó el voto femenino. https:// quiensebeneficiadetuhombria.wordpress.com/2015/10/17/quien-conquisto- el-voto-femenino/ (Artículo publicado el 17 de octubre de 2015, de autor desconocido, tomado de Internet el 03–04–17).

82. Biblia de Bosquejos y sermones, tomo 4, Lucas, Editorial Portavoz, PO Box 2607, Grand Rapids, Michigan 49501, USA. www.portavoz.com, ISBN978-0- 8254-1009-3, página 122.

83. Encuentra, portal católico, Las mujeres al pie de la cruz. https://encuentra.com/ sin-categoria/las_mujeres_al_pie_de_la_cruz_de_cristo 13869/ (Tomado del Internet el 03–05–17).

84. Ministerio tiempo de victoria, El espíritu de engaño. http://www.ministeriotiempodevictoria.com/estudios/estrategia/espiritu-de-engano/ (Tomado del internet el 03–05–17).

85. Alan Highers. Los Vientos de Cambio, La Espada espiritual, El Rol de la Mujer en La Iglesia, Volumen 22, enero 1991, No. 2, Editorial, p.p. 3, Versión al español: César Hernández Castillo. https://predicandoelevangeliodotcom.files. wordpress.com/2014/02/el-rol-de-la-mujer-en-la-iglesia1.pdf

86. Hardeman Nichols. Los Argumentos en Contra de las Mujeres Predicadoras, La Espada espiritual, El Rol de la Mujer en La Iglesia, Volumen 22, enero 1991, No. 2, p.p. 27, Versión al español: César Hernández Castillo. http:// andandoenlaverdad.wordpress.com/La Espada Espiritual – El Rol de la Mujer en La Iglesia., http://andandoenlaverdad.files.wordpress.com/2014/01/el-rol- de-la-mujer-en-la-iglesia.pdf.

87. Pastor Cash Luna, ¿Puede una mujer predicar desde el púlpito? http://www.cashluna.org/index.cfm/category/mujeres/page/view/show/1355/¿Puede-una-mujer-predicar-desde-el-púlpito

88. Simón Légasse. L'Évangile de Marc, LeDivC 5, I–II, Paris 1997; tr. italiana, Marco, Roma 2000, p. 375.

89. Gerd Theissen. Lokalkolorit und Zeitgeschichte in den Evangelien. Sozialkolorit in der Geschichte von der syrophönikischen Frau (Mk 7, 24–30), ZNW 75(1992), p. 214–217.

90. H. Van der Loos. The Miracles of Jesus, Supplements to Novum Testamentum IX. Leiden 19682, p. 412.

91. Robert Horton Gundry, Mark. A. Commentary on His Apology for the Cross. Grand Rapids 1993, p. 372.

92. Hisako Kinukawa. Women and Jesus in Mark. A Japanese Feminist Perspective, The Bible and Liberation Series. New York 1994, p. 54–55.

93. Gerhard Lohfink. Die Korrelation von Reich Gottes und Volk Gottes bei Jesus. ThQ 165(1985), p. 180.

94. Escuela Bíblica, Estudio bíblico: La fe de la mujer sirofenicia, por Luis de Miguel. http://www.escuelabiblica.com/estudios-biblicos-1.php?id=45 (Tomado del internet el día 03–17–17).

95. Ibid.

96. Vatican, Audiencia general de Juan Pablo II del 10 de abril de 1996. http:// w2.vatican.va/content/john-paul-ii/es/audiences/1996/documents/hf_jp-ii_ aud_19960410.html (Tomado del internet el 03–17–17).

97. Ibid.

98. Escuela bíblica, Estudio bíblico de Rut 4:1–22. https://www.escuelabiblica.com/ estudio-biblico.php?id=334 (Tomado del internet el 03–17–17).

99. Rut, retrato de amor y lealtad, tomado del Internet el 03-15-17, de la página web: https://www.coalicionporelevangelio.org/articulo/rut-retrato-de-amor-y- lealtad-mujeres-de-la-biblia/

100. Dr. Myles Munroe. Entendiendo el propósito y el poder de la mujer, Ministerio internacional de fe de las Bahamas. PO. Box N9583, Nassau, Bahamas, Impreso en USA 2003 por el Dr. Myles Munroe en Whitaker House, 1030 Hunt Valley Circle, New Kesington, PA 15068, ISBN-13:978-0-88368-314-9, página 104.

101. Jabad, Breve relato de la historia de Ester, desde el punto de vista hebreo. http://www.jabad.org.ar/festividades/purim-festividades/la-historia-de-purim- sus-leyes-y-ensenanzas/ (Tomado del internet el 03–17–17).

102. Marilyn Hickey, Marilyn Hickey Ministries. Seein Jesus, P.O. Box 6589, Englewood, CO 80155-6598, Printed in USA 2013, ISBN # 978-0-9830274- 2-3, Page 143.

103. Escuela Bíblica, Estudio bíblico: Jesús y la mujer samaritana. https://www. escuelabiblica.com/estudios-biblicos-1.php?id=116 (Tomado del Internet el 03–17–17).

104. Escuela Bíblica, Estudio bíblico: La hija de Jairo y la mujer que tocó el manto. http://www.escuelabiblica.com/estudios-biblicos-1.php?id=35 (Tomado del Internet el 03–17–17).

105. Vive y permanece para siempre, Un análisis de Juan 8:1–11, "La mujer adúltera". http://viveypermanece.blogspot.com/2012/06/exegesis-de-juan-81-11-la- mujer.html (Tomado del Internet el 03–17–17).

106. No y te avergüences de Jesús, La historia de la mujer con el frasco de alabastro de perfume. http://blog.m633.com/2013/02/la-historia-de-la-mujer-con-el-frasco. html (Tomado del Internet el 03–17–17).

107. María Magdalena, Gran diccionario enciclopédico de la Biblia, editor general, Alfonso Ropero Berzosa, editorial Clie, C/Ferrocarril, 8, 08232 Viladecavalls, Barcelona, España, febrero 2014, ISBN 978-84-8267-3, páginas 1620–1621.

108. Noticia publicada en noviembre 18, en Internet, en el portal: Noticias Cristianas, por Joe Irizarri: https://www.joeirizarrynoticiascristianas.com/2019/11/18/las- pastoras-son-una-desgracia-dice-john-macarthur/. Tomada el día 03–04–2020, sobre la predica del pastor John MacArthur en la conferencia "Truth Matters", en octubre de 2019, al criticarla como género femenino, y decirle a la pastora Beth Moore: "Que se vaya a su casa, ya que las mujeres no pueden enseñar, predicar, estar en autoridad sobre el hombre, ni ser pastoras, según 1 Timoteo 2:12".

- BIBLIOGRAFÍA -

1 Richard P. Saller, Pater Familias, Mater Familias, and the Gendered Semantics of the Roman Household, CP 94 (1999) 182-197.

2 John G. Peristiany, ed., Mediterranean Family Structures (Cambridge: Cambridge University Press, 1976);John G. Peristiany - Julian Pitt-Rivers, eds., Honor and Grace in Anthropology (Cambridge: Cambridge University Press, 1992); Halvor Moxnes, Honor and Shame, The Social Sciences and New Testament Interpretation, ed. Richard L. Rohlbaugh (Peabody, MA: Hendrickson, 1996), 19-40; Bruce J. Malina, The New Testament World: Insights from Cultural Anthropology (Louisville: Westminster John Knox, 32001; versión cast.: El mundo del Nuevo Testamento: perspectivas desde la antropología cultural. Trad. Víctor Morla Asensio. Estella: Editorial Verbo Divino, 1995).

3 Bernadette J. Brooten. Jewish Women's History in the Roman Period: A Task for Christian Theology, HTR 79 (1986) 22-30; y Judith Plaskow, Christian Feminism and Anti-Judaism, Cross Currents 28 (1978) 306–309.

4 H. Van der Loos. The Miracles of Jesus, Supplements to Novum Testamentum IX, Leiden 19682.

5 Carolyn Osiek, David Balch. Families in the New Testament World: Households and House Churches (Louisville: Westminster John Knox, 1997), 57–60.

6 Susan Treggiari. Jobs for Women, American Journal of Ancient History 1/2 (1976) 76–104; y Deborah Hobson. The Role of Women in the Economic Life of Roman Egypt, Echos du monde classique / ClassicalViews28 n.s. 3 (1984) 373–390.

7 Vitrubio, Sobre la arquitectura 6.10.1-5, análisis en Osiek - Balch, Families, 6-10. Michael H. Jameson, Domestic Space in the Greek City State, Domestic Architecture and the Use of Space, An Interdisciplinary Cross-Cultural Study, ed. Susan Kent (Cambridge: Cambridge University Press, 1990).

8 Stephen C. Barton. Paul's Sense of Place: An Anthropological Approach to Community Formation in Corinth, NTS 32 (1986) 225–246.

9 Sharon Lee Mattila. Where Women Sat in Ancient Synagogues: The Archaeological Evidence in Context, Voluntary Associations in the Greco–Roman World, ed. John S. Kloppenborg–Stephen G. Wilson (London: Routledge, 1996), 269.

10 Kerstin Aspegren. The Male Woman: A Feminine Ideal in the Early Church, ed. René Kieffer (Uppsala: Almqvist & Wiksell, 1990).

11 http://es.wikipedia.org/wiki/Ignacio_de_Antioquia

12 http://escrituras.tripod.com/Textos/EpIgnacio.htm

13 Hisako Kinukawa. Women and Jesus in Mark. A Japanese Feminist Perspective, The Bible and Liberation Series, New York 1994.

14 http://www.thegreatlecturelibrary.com/index.php?select=speaker&data=346

15 Bonnie Bowman Thurston. The Widows: A Women's Ministry in the Early Church

(Minneapolis: Fortress, 1989), 64s.

16 Robert Horton Gundry, Mark. A Commentary on His Apology for the Cross, Grand Rapids 1993.

17 http://www.aurora-israel.co.il/articulos/israel/Festividades

18 Joan D. Chittister. The story of Ruth. Twelve moments in every woman´s life. Nueva Altamira minor 33, ISBN 978-84-301-1520-4. Fecha de edición: abril 2009, primera edición: abril 2004, traducido por: Francisco J. Molina de la Torredel, original inglés: Ediciones sígueme.

19 De Lima Silva, Silvia Regina. "Transgresión y proclamación en tierra de frontera". En, ¿Quiénes somos? Nuestros Mestizajes. Revista Conspirando no. 43, mayo 2003, pág. 24.

20 Lederach, Juan Pablo. La imaginación moral: El arte y el alma de construir la paz. Bogotá: Ed. Norma, febrero, 2009.

21 Pereira Souza, Ana Mercedes. Mujeres desplazadas y espiritualidades para la paz. En Espiritualidades, Desarrollo y Paz. Bogotá: Ed. CMC-Red Ecuménica de Mujeres por la Paz, julio 2007, pág.63.

22 Homero C. Hoeksema. Redimido de Sentencia, vol. 1, Capítulo 12: "Hijo de la Virgen, el signo de la salvación".

23 Joachim Jeremías. Jerusalén en tiempos de Jesús.

24 Simón Légasse. L'Évangile de Marc. LeDivC 5, I–II, Paris 1997.

25 Gerd Theissen. Lokalkolorit und Zeitgeschichte in den Evangelien. Sozialkolorit in der Geschichte von der syrophönikischen Frau (Mk 7, 24–30), ZNW 75(1992).

- EPÍLOGO -

En el mundo de hoy lo material prevalece sobre lo espiritual, nos hemos convertido en seres marquistas y nos olvidamos que para Dios eso no es importante, aunque si es verdad que Él desea que tengamos una vida sana, que nos cuidemos y tengamos buena alimentación, lo que realmente le interesa al Señor de nosotros es el crecimiento espiritual. Y por que digo esto o toco este tema - muy sencillo y hablando de las mujeres de la Biblia - aunque en las escrituras se muestra que eran damas muy hermosas y de excelente aspecto físico, eso no era lo que a Dios le importaba; si es verdad, estas mujeres llegaron a ser maravillosas, pero no por su propia cualidad, sino por el simple hecho que el padre trabajó perfectamente en ellas y las convirtió en mujeres extraordinarias, solo por reconocerlo como el grande, glorioso, poderoso y darle la honra al Dios verdadero, con el que tuvieron un encuentro.

Son muchas las mujeres que existieron en la Biblia, pero vamos a enfocarnos en estas diez (10) y conocer cuales eran sus pensamientos:

- Sara: ella decía que nada absolutamente nada es imposible para Dios.
- Ana: en su pensar estaba que Dios contesta las oraciones.
- Rut: comentaba, que nada se acaba hasta que Dios dice se acabó.
- Débora: afirmaba que la mujer si puede ser usada por Dios.
- Agar: convencida estaba que hasta en el desierto Dios cumple.
- María: decía que definitivamente se hará con cada uno de nosotros según la palabra de Dios.
- Rahab: establecía que Dios puede usar a cualquiera.
- Ester: comentó que Dios es poderoso y puede transformar a un indigno en un noble.
- Isabel: declaraba que aunque la edad sea avanzada, se podrá dar a luz lo Profético.

- La mujer con el flujo de sangre: afirma que cuando todo ha fallado, Dios nunca falla, Él sigue sanando.

Y si profundizamos un poco más, podemos observar las cualidades con las que se refieren a la mujer en general, y como ejemplo citamos los siguientes libros:

1 Corintios 16:13, es valiente y fuerte

Efesios 1:3, es hija bendecida

Lucas 4:18, es ungida

Colosenses 3:1, es escogida

Mateo 132:45-46, es perla preciosa

Cantares 4:7, es hermosa

Proverbios 16:20, es dichosa

Jeremías 31:3, es amada

Salmos 139:13, es creada

Salmos 32:7, es cuidada

Proverbios 31:25 - 29, es de carácter fuerte.

Proverbio 31:10, es virtuosa

Proverbios 31:13,19,21-22,24,27, es trabajadora

Proverbios 31:14,16, es ahorrativa

Proverbios 31:26, es de caminar con sabiduría

Definitivamente para el Señor, la mujer es una joya preciosa; y podemos resumir diciendo en pocas palabras que: las mujeres de la Biblia dieron un cambio en los hechos históricos, y que las mujeres en sí, no solo son hijas, madres, esposas, sino también criaturas importantes para afectar sus propios destinos y entorno.

Lic. Genmar Padrón

EDITORIAL
GROUP

Made in the USA
Columbia, SC
25 August 2024

0d674d39-e9cc-41e7-96e2-ebb1120ce83eR01